中华经典直解

孟子直解

徐洪兴 ◎ 撰

复旦大学出版社

目 录

再版序言 …………………………………………………… 1
前言 ………………………………………………………… 1

梁惠王上 …………………………………………………… 1
梁惠王下 …………………………………………………… 25
公孙丑上 …………………………………………………… 56
公孙丑下 …………………………………………………… 77
滕文公上 …………………………………………………… 100
滕文公下 …………………………………………………… 121
离娄上 ……………………………………………………… 143
离娄下 ……………………………………………………… 169
万章上 ……………………………………………………… 195
万章下 ……………………………………………………… 214
告子上 ……………………………………………………… 232
告子下 ……………………………………………………… 256
尽心上 ……………………………………………………… 278
尽心下 ……………………………………………………… 309

主要参考书目 ……………………………………………… 336

再版序言

时间真快,倏忽二十载过去了。

由复旦大学出版社出版的这部《孟子直解》,完稿于2003年8月,于2004年6月正式出版。当时是应出版社出中华经典直解系列而接受的一项工作,其间因出国原因还延宕了一些时日交稿。此书上架后不久,正逢国内一股"国学热"兴起,所以很快就售罄了。到现在我这里也只仅剩一本当时的样书。后来,复旦大学出版社又为我出版了供社会爱好者阅读的《孟子一百句》(2007年)和供研究生研读的教材《孟子精读》(2010年)。但我个人始终认为这部《孟子直解》是最好的,尽管它的篇幅大了点。因为我始终认为,读经典一定还是要完整地读原著。所以,出版社此次能再版此书,我自然很高兴——套用一句孟老夫子的话:"不敢请耳,固所愿也!"

此次再版,除了校改了少量的误植外并无大动。而此书的特点,在本书原"序言"中都已提及,这里就不再赘。

徐洪兴
2024年春于沪上寓所

前　言

在旧时的中国，孟子几乎是个家喻户晓的人物，而《孟子》也可说是读书人自幼起就必读的书。这里我们就先说说孟子其人、其书吧。

一、孟子其人其书

孟子名轲，战国中期邹（今山东邹城）人。孟子的生卒之年，学术界历来有许多说法。据统计，光孟子的生年之说就有九种之多，然后又由于各种推算的不同，以及对他寿数的说法不同，可衍生出更多关于孟子卒年之说。这里仅取一种相对通行的说法，即孟子生于约公元前372年，卒于约公元前289年。

古人除名之外又有字。关于孟子的字，《孟子》书中未提，西汉的司马迁在其《史记》中也无记载。到东汉末的赵岐，他在注解《孟子》时就更不清楚了，只能说孟子"名轲，字则未闻也"（《孟子题辞》）。但从魏晋开始，突然冒出孟子字"子车""子舆"或"子居"的几种说法，由于这些说法晚出，且其中有的又是公认的"伪书"，所以学界对其说持不以为然态度者居多。

孟子的远祖是鲁国贵族孟孙氏，后来家道衰微，从鲁国迁居邹国。据说孟子幼年丧父，孟母艰辛地将他抚养成人。孟母的管束甚严，世传有孟母"迁地教子""断机训子""烹豚存教"等故事，其说虽不一定可靠，但却也成为流传千古的美谈，是后世母仪之典范。

孟子的师承关系不十分清楚。司马迁说他"受业于子思之门人"，但"子思门人"是哪位？缺乏进一步的说明。从中唐韩愈开始，不少儒家学者都说孟子的老师是子思,子思的老师是曾参,此说虽然后来流传甚广,但没有确切证据,所以也有部分学者不同意。孟子自己曾说过:"予未得为孔子徒也,予私淑诸人也。"(《离娄下》)①这里说的"人"是谁?不知道,或可能是"子思之门人"吧。而所谓"私淑",按一般的理解,是指敬仰某人的学问但未能登堂入室为其弟子的说法。至于这个"诸",在这里作介词用,相当于"于"这个词。因此,孟子直接的老师是谁,我们无法断定。

但不管怎样,有两点似无可怀疑:其一,孟子是儒家学派中人。孟子一生服膺儒学的创始人孔子,认为"自生民以来,未有盛于孔子也"(《公孙丑上》),并以一生学习孔子为志愿,说:"乃所愿,则学孔子也。"(同上)其二,孟子确与战国儒学中子思一派关系颇深,这可从《孟子》书中及战国儒家对孟子的评价中看出:首先,在《孟子》书中曾多次引述子思的言论,同时也多次引述传为子思老师曾子的言论,可以说除孔子外,《孟子》书中引前儒之言以子思、曾子为多;其次,《孟子》书中有不少思想与传为子思所作的《中庸》有密切关联,如论"诚"等;再次,与孟子生活时间相去很近的荀子②,在其论衡当时诸家之学时,明确把子思和孟子作为一派并提,所谓"子思唱之,孟轲和之"(《荀子·非十二子》),荀子是战国儒家的殿军,应该对思孟间的关联比较清楚。所以,说孟子是子思思想的传人,与事实相去不会太远。

孟子的生平经历,与其崇敬的孔子有颇多相似之处,这主要表现在:一、与孔子一样,他也长期开门授徒,即使在游历诸国时,学生们还是伴随其左右;二、与孔子一样,他也有强烈的从政愿望,希望把自己的政治理想付诸实践,因此中年开始他也周游列国游说,而"仆仆于道路"的结果和孔子也差不多,没有哪位国君真正愿意接受其政治主张;三、与孔子一样,晚年时孟子也退居故里,与学生一起讨论学问、著书

---

① 本书中凡引《孟子》语者,书名省略,仅列篇名。
② 按较通行的说法,孟子约卒于公元前289年,荀子约生于公元前313年,那么孟子卒时,荀子已二十四岁。

立说。这里我简单叙述一下孟子以上三方面的情况：

孟子曾说过："君子有三乐，而王天下不与存焉。父母俱存，兄弟无故，一乐也；仰不愧于天，俯不怍于地，二乐也；得天下英才而教育之，三乐也。君子有三乐，而王天下不与存焉！"（《尽心上》）孟子用先秦特有的强调句式即前后的复句，来强调从事教育之"乐"，说明他把从事教育看得比称王天下还要有价值，看来他确实在长期的教学活动中获得过很大慰藉。由于长期从事教育，孟子的学生尽管没有孔子"弟子三千，贤人七十"那么多，但可以想见也一定不少。如他在游历齐国时，已经是"后车数十乘，从者数百人"（《滕文公下》），这所"从""数百人"，都是他的学生。只是由于没有类似司马迁为孔子学生专作的《仲尼弟子列传》这种比较可信的资料，所以我们对孟子学生的情况了解不多。现在能确定的也仅有乐正子、万章、公孙丑、公都子、陈臻、充虞、咸丘蒙、陈代、彭更、屋庐子、桃应、徐辟、孟仲子等十几人，他们都见于《孟子》中。后世有学者在这方面做过不少研究和考证，但其结论未被学界普遍接受，而所增人数也实在有限，所以不提也罢。

孟子中年开始带领弟子们周游列国，从事政治活动，历时二十多年。关于孟子的游历活动，历来有各种不同说法，学者们的考证更是不少，远的就不说了，如元代的程复心，明代的陈士远，清代的阎若璩、周广业、魏源、张宗泰、崔述，近人钱穆、罗根泽、杨伯峻等的研究，可谓言人人殊，莫衷一是。所以，我不想用那些复杂的考证来困扰读者了，这里仅笼统叙述一下孟子的游历。

大致说来，孟子是四十来岁开始其政治游历的。在此之前，他或已有了短暂在邹从政的经历。孟子的游历，到过齐、宋、薛、鲁、滕、梁（魏）等国，其间还曾返回过邹国。孟子在各国的时间有长有短，有的仅是路过，有的则去过数次，旅居时间也较长。其中，去过次数最多、旅居时间最长的是齐国。孟子所以屡次游齐，并在那里的时间最长，有各种解释。较合理的推想不外三点。一、当时齐国（威王、宣王统治时期）是"战国七雄"中军事上最强大的国家之一。尤其是公元前 341

年(齐威王十六年)齐国在著名的"马陵之战"中,用孙膑之计,大败魏军,俘杀魏太子申,迫使魏将庞涓自杀。此战不仅使同为"战国七雄"之一的魏国势力从此衰落,也使齐国成为当时东方最强大的国家。孟子就是在此时游历齐国的,如果他的政治主张能被采纳,则推行于天下显然要比一般的小国容易得多,因此孟子多次赴齐及在齐留滞时间最长是可以理解的。二、当时齐国又是思想文化最繁荣的国家之一。威、宣之际,是齐国"稷下学宫"的鼎盛期。当时的稷下学宫容纳了诸子百家中几乎所有学派,如道、儒、法、名、兵、农、阴阳、轻重、纵横诸家。而汇集的天下贤士最多时达千人以上,其中不乏名流,如淳于髡、邹衍、田骈、慎到、接予、季真、环渊、彭蒙、宋钘、尹文、田巴、倪说、鲁仲连、邹奭,及稍后的荀子等。而孟子也是当时稷下学宫中的著名学者之一,尽管有少数学者对此持不同意见。在稷下学宫中,无论学术派别、思想观点、政治倾向,包括国别、年龄、资历等,都可以自由发挥观点,战国时期所谓"百家争鸣"之真正体现,以这里为最典型。孟子之所以在齐游历时间最长,这点无疑也是重要因素。事实上,从孟子的整个思想来看,可说他既吸收诸家思想,又批判诸家思想,这是齐国稷下学宫为他提供的条件。三、从功利立场来说,齐宣王时,孟子已成为当时稷下学宫中所谓"不治而议论"(《史记·田敬仲完世家》)、"不任职而论国事"(《盐铁论·论儒》)的"上大夫"(也称"卿"),这或也是孟子居齐时久的原因吧？当然,这只是一般条件而非必要条件,当齐宣王使孟子很失望时,即使宣王想在国都临淄建一居所、又附赠很多钱财("万钟"),想以此作为其优礼天下士大夫的典范,结果还是遭到了孟子的断然拒绝(事见《公孙丑下》)。

至于孟子游历诸国所提的政治主张,基本上是一以贯之的,那就是主张"王道"而反对"霸道",反复申论"仁政"的重要性、必要性和可行性。孟子在其游说中提出:"仁政"源于先王的"不忍人之心",而从正经界、划井田开始,其中包括了"省刑罚,薄税敛,深耕易耨"等内容;他认为这可以使老百姓有一定的"恒产"(土地),能安居乐业,老人们能衣帛食肉,进而再使年轻人受到道德教育;在孟子的"仁政"思想中,"民"具有关键意义,其地位高于国家,更高于君王,所以君王必须能安民、养民和保民;如果能做到这样,那么即使是弱国、小国,国君即使是好勇、好货、好色之徒,即使用木棒为武器,也可以打败秦、楚这种有"坚甲利兵"的强国、大国;就可以使其军队成为"王者之师",别国的人民就会"箪食壶浆以迎王师"。

孟子在诸国颇受各国君主的优礼,明显要比当年的孔子来得幸运,这也与当时各国普遍有"礼贤下士"的风气有关。孟子在游说时,常慷慨陈词,咄咄逼人,摆出一副"说大人则藐之"的架势,经常弄得那些国君狼狈不堪,只能"顾左右而言他"。但当时的君主都是一些讲究实际功利的人,他们都崇尚霸道,大国热衷于如何兼并,小国则关心如何在夹缝中求生存。所以孟子那些陈意很高的理想,在这些国君眼里就不能不是"迂远而阔于事情",如司马迁所说:"当是之时,秦用商君,富国强兵;楚、魏用吴起,战胜弱敌;齐威王、宣王用孙子、田忌之徒,而诸侯东面朝齐。天下方务于合纵连衡,以攻伐为贤,而孟轲乃述唐、虞、三代之德,是以所如者不合。"(《史记·孟子荀卿列传》)

经过这么多年的东奔西走、四处碰壁后,孟子最终明白,那些诸侯国君主虽然在"重士"的风气下对自己很客气,但却从来没有认真对待过自己的主张,他的"王道""仁政"的理想是难以实现了。到这种境地,他又一次以孔子为榜样,放弃从政愿望,回归故里,与弟子们一起讲学论道,著书立说,希望通过这种形式,把自己的思想传于后世。于是就有了我们今天还能读到的《孟子》这部著作。

有关《孟子》这部书的作者、篇数,也有不同意见。关于作者,按司马迁的说法,主要是由孟子自著,而其弟子万章、公孙丑等参与其事;按赵岐、朱熹、焦循等的观点,认为是孟子自著;而韩愈、苏辙、晁公武等的意见则认为是弟子万章、公孙丑之徒的追记。就目前学术界的看法,较多是采取司马迁的说法。至于篇数,司马迁说"作《孟子》七篇",可《汉书·艺文志》却著录"《孟子》十一篇"。现存最早的《孟子》注作者赵岐,分《孟子》为"内书"七篇,"外书"四篇,并提出:《性善辨》《文说》《孝经》《为政》四篇"外书","文不能宏深,不与内篇相似,似非《孟子》本真,后世依放而托也"。所以他不予作注。以后这四篇《外书》亡佚了。今存的"外书",学术界公认为明代人的伪作。

今存的《孟子》一书共七篇,篇目依次是:梁惠王、公孙丑、滕文公、离娄、万章、告子、尽心。每篇各分上下,共261章(有的分为260章)。篇名取自每篇首章中前几个字,没有特定含义。篇目的排列顺序,按赵岐的说法则有特定含义:"孟子以为圣王之盛,惟有尧舜。尧舜之道,仁义为上,故以梁惠王问利国,对以仁义,为首篇也。仁义根心,然后可以大行其政,故次之以公孙丑问管、晏之政,答以曾西之所羞也。政莫美于反古之道也,滕文公乐反古,故次之以文公为世子,始有从善思礼之心也。奉礼之谓明,明莫甚于离娄,故次之以离娄之明也。明者当明其行,行莫大于孝,故次以万章问舜往于田号泣也。孝道之本,在于情性,故次以告子论情性也。情性在内而主于心,故次以尽心也;尽己之心,与天道通,道之极也,是以终于尽心也。"(《孟子篇叙》)

二、孟子升格过程

历史上有一种通行观点:孔子后"儒分为八",到战国中后期演变为两支。一支始于子夏,讲文献之学,数传至荀子;一支始于曾参,究义理之学,二传至孟子。以后,荀子便是汉代经学家所尊信的大部分儒家经传的先师,孟子则成为两宋起道学家所崇敬的不祧之祖。儒家内部这两派的分野,也就是所谓"学统"与"道统"之别,"汉学"与"宋学"之分。对这个说法,学界历来意见不同,这里不必细究。此说至少有一点不错,即孟子其人其书的重要性确是从两宋开始凸显的。这以后,"孔孟之道"几乎成了儒家思想的代名词。

孟子去世后,由他为代表的儒家中的一派似无太大发展。到战国晚期,由荀子代表的一派渐露头角。荀子稍晚于孟子,他长期居齐,因学问博洽,三次出任"稷下学宫"的"祭酒"。他精通多种儒经,被认为是儒家经学早期传授中十分重要的人物。荀子在《非十二子》中,对子思、孟子一派有严厉的批评,说他们"略法先王而不知其统,犹然而材剧志大,闻见杂博。案往旧造说,谓之五行,甚僻违而无类,幽隐而无说,闭约而无解。案饰其辞而祗敬之曰:此真先君子之言也"。荀子的批评只能说是当时儒家内部的派别斗争。

秦汉以降至两宋以前,孟子地位一直不高。孟子其人,只被视为一般的儒家学者;孟子其书,只能归入"子部"一类。在官私文献中,多是"周孔"或"孔颜"并提,鲜见有"孔孟"合称的。值得注意的是,东汉赵岐在注解《孟子》时,曾把孟子尊为"亚圣",还提到西汉文帝时设置过《孟子》的"传记博士"。可"亚圣"之名,未被宋朝以前的官方认可过;而"传记博士"即使存在过也为时很短,且不说此事因不见于《史》《汉》记载而颇启后人疑窦。当时,也有人批评孟子,最典型的是东汉的王充,他在《论衡》中专立了《刺孟》一篇,列举了孟子八个方面加以批评。唐高祖、太宗、高宗三朝,争论国子学当祭"周孔"还是"孔颜"时;唐太宗时,增加从左丘明到范宁二十二位儒者从祀孔庙时;唐玄宗封颜渊为"亚圣"和"兖国公",封"孔门十哲"和"七十子"为侯、伯时;孟子都只字未被提及。当时科举考试的"明经"科目中只有《周礼》《仪礼》《礼记》《左传》《公羊传》《穀梁传》《周易》《尚书》《毛诗》这"九经",《论语》和《孝经》被列入"兼通",而《孟子》一书没有资格入选。

但从中唐起,情况发生了变化。渐渐地,孟子之名被厕于孔子之后,成为仅次于孔子的"贤人";孟子其人被政府封了爵号,从祀孔庙;孟子其书被增入儒经之列,悬为科举功令,不久又超越"五经"而跻身于"四书",变成中国士人必读的官方教科书。这个变化过程,就是历史上的"孟子升格运动"①。

　　变化最早出现在唐代宗宝应二年(763年),礼部侍郎杨绾上疏,建议把《孟子》与《论语》《孝经》并列为一"兼经",增为"明经"科目。此事虽未见允,但却开启了《孟子》由"子"升"经"的先声。

　　真正揭开孟子升格序幕的是韩愈。韩愈在《原道》中首次提出儒家"道统",并把孟子的名字升到孔子之后,与那些"古圣先王"相提并论。韩愈以尊"孔孟"取代唐初的尊"孔颜",在当时学界引起了一些学者的关注。如唐末的皮日休,他于唐懿宗咸通四年(863年)上书朝廷,建议将《孟子》作为国家"明经"考试的单独一经。但韩、皮之说只是少数人的呼吁,并没有得到统治者的重视。

　　赵宋立国伊始,承袭唐代旧制,国子监所祭仍为"孔颜",明经取士仍考"九经"。宋太祖、太宗、真宗三朝,重视孟子其人其书只有柳开和孙奭。柳开受皮日休影响,十分推崇孟子,但影响不大;孙奭乃三朝宿儒,宋真宗大中祥符年间曾受命校勘《孟子》,由此"请以孟轲书镂板",并撰成《孟子音义》二卷。

　　孟子升格被重新唤起,是在宋仁宗庆历之际。当时学坛上出现了一股社会思潮,而"尊孟"也成为思潮的取向之一。庆历思潮的领袖人物是范仲淹和欧阳修,他们都属于"尊孟"一派。如范仲淹发挥孟子"乐以天下,忧以天下"的思想,标举出"先天下之忧而忧,后天下之乐而乐"的宋代新儒家的理想人格风范。欧阳修推尊孟子,认为"孔子之后,唯孟子最知道"。当时最推崇孟子的是孙复、石介师徒,他们反复强调儒家从尧、舜、禹、汤、文、武、周公、孔子到孟子、扬雄、王通、韩愈这样一个圣贤相续的"道统"。他俩作为北宋前期首出的经学家和教育家,在当时学术界有很大影响。在思想界出现"尊孟"的同时,实质性"尊孟"的行动也开始出现,那就是山东兖州邹县孟庙的建立。宋仁

---

　　① 有关这个过程,其中因需考证的内容很多,注释也太多,这里一般就不具体出注,详细注释可参看拙作《唐宋间的孟子升格运动》一文,载于《中国社会科学》1993年第5期。

宗景祐五年(1038年),出知兖州的孔子第三十五世孙孔道辅,在邹县建成孟庙,以公孙丑、万章等配享,还专请孙复为此事写了记文。

自庆历以后,孟子升格进入了迅速发展期,到了宋神宗的熙宁、元丰年间(1068—1085年)达到高潮。当时,二程的"洛学"、张载的"关学"及王安石的"新学",尽管政见相左,却都属于"尊孟"之列的。二程兄弟及张载尊孟的言论很多,后来南宋的理学大师朱熹之所以会把"四书"单独拿出来作"集注",明显受到了二程和张载的影响,这方面的资料在他们的文集中随处可见,不必一一引证了。我们主要来谈谈不太为人注意的王安石。

王安石一生服膺孟子,他把孟子引为自己的千古知己,把成为孟子式的人物当作人生的目标。王安石之"尊孟"是时人公认的,其弟子陆佃评价乃师曰:"言为《诗》《书》,行则孔、孟。"其政敌司马光也说他:"介甫于诸书无不观,而特好孟子、老子之言。"王安石之学得力于孟子,故其治《孟子》一书亦勤,有《孟子解》十四卷,今已佚。其"新学"一派中人对《孟子》也多有钻研。王安石一派由于掌握着当时的国家权力,所以在行动上将"尊孟"积极付诸实践。孟子升格此时在政治上已获得朝廷支持,请看下列进展:

熙宁四年(1071年)二月,《孟子》一书首次被列入科举考试的科目之中。

熙宁七年(1074年),支持王安石变法的经学家常秩,请立孟轲像于朝廷。

元丰六年(1083年)十月,孟子首次受到官方的封爵,诏封为"邹国公"。

元丰七年(1084年)五月,官方首次批准,允许孟子配享孔庙。

政和五年(1115年),政府方面承认兖州邹县所建的孟庙,诏以乐正子配享、公孙丑以下十七人从祀。

宣和年间(1119—1125年),《孟子》一书首次被刻成石经,成为"十三经"之一。

在上列事实中，熙宁间为王安石当政期间，元丰间王安石虽已经退隐，但执政者蔡确、章惇等均为"新党"中要人，故一向诋诟王安石的朱熹，也不得不承认"孟子配享，乃荆公请之"；政和至宣和间是蔡京当国，亦号称行"新法"。因此，王安石及其"新党"，实在堪称孟子升格运动中之功臣。

宋室南渡以后，孟子升格已进入尾声。当时，王安石"新学"尽管遭到排斥，但"尊孟"取向却为统治者全盘接受。到宋宁宗嘉定五年（1212），国子司业刘爚奏准将朱熹的《论语孟子集注》作为官方之学。差不多同时，目录学家陈振孙撰《直斋书录解题》，正式从目录学上把《孟子》一书由"子部"升格至"经部"。至此为止，孟子升格运动已告基本完成。到元朝的至顺元年（1330年）元文宗加封孟子为"亚圣公"，这可说是整个孟子升格运动的句号。

唐宋间的这场孟子升格运动，不是偶然事件。从本质上看，它是适应当时中国统治思想转型的需要而产生的，易言之，也就是中国近古时代思想文化大整合的一个组成部分。唐宋间思想家所以选择孟子作为儒学更新实践的重要内容，是因为孟子的思想中有他们需要的东西，即孟子思想本身所具有的特点，与当时思想家们普遍关注的时代课题密切相关。概言之，这些特点包括了道统论、辟异端、谈心性、辨王霸诸方面。

当然，孟子升格运动也不是一帆风顺的，其间出现了不少逆向的言行，即删孟、议孟、疑孟、辩孟、黜孟乃至诋孟的思想倾向。举其重要者言之，如唐末林慎思作《续孟子》，把《孟子》中他以为不是孟子"原意"的内容加以改写。北宋庆历之际的李觏作《常语》，提出孟子不续"道统"，孟子背叛孔子，孟子怀疑六经，孟子不尊王，反对孟子的性善论、反对孟子排斥功利。李觏的学生陈次公、傅野等则附和乃师之说。北宋熙丰之际，司马光著《疑孟》，对孟子加以批评。司马光的"疑孟"，从政治上讲，目的是攻击王安石变法；从学术上讲，是因为他信奉西汉扬雄的思想。司马光的门人晁说之著《儒言》，反对孟子的态度较其师更激烈,而矛头所指也是王安石。他公开上疏,反对当时立《孟子》于学科。南宋初的郑厚作《艺圃折衷》,对孟子进行人身攻击,极尽诟骂之能事,说孟子是借孔子思想而"卖仁义"。南宋中期的叶适,在其《习学纪言序目》中,比较系统地提出了反对当时的尊孟风气,他否定孟子一系独传"道统",批评孟子专言心性,批评孟子不切实际的政治思想等。认为孟子身上存在着四个毛病,"开德广,语治骤,处己过,涉世疏"。

以上诸人的反孟言行,由于不适应时代潮流,所以不可能产生真正的效果。倒是后来的明太祖朱元璋曾掀起过一点反孟的小浪。作为绝对专制独裁的封建君主,朱元璋对孟子"民贵君轻"的思想十分反感,开始想罢去孟子在孔庙配享的资格,后在大臣冒死进谏下只能作罢。但他却下令删除《孟子》书"激进"的话共八十五条,出版了一本名为《孟子节文》的书,规定科举考试不能出现已被删掉的文字①。但即便权倾一时的皇帝,也不能改变已深入人心的文化传统。所以,"怪胎"式的《孟子节文》一书,并没有流传开来。

三、孟子思想略述

有关孟子思想的研究,代不乏人,两宋后尤多专家。这里只是很简略地叙述一下,有兴趣者则应进一步去阅读那些专家之作。我把孟子思想分为四方面来讲,这仅是就其重要者而言的。

1. 人性本善

人性学说是孟子思想的基础。在中国思想史上,人的本性究竟如何? 这是一个受到特别重视并经常讨论的问题,与中国文化注重人间性、注重人有很大关系。中国第一个系统提出并讨论人性问题的思想

---

① 详可参阅容肇祖《明太祖的〈孟子节文〉》,《容肇祖集》齐鲁书社 1989 年版。

家就是孟子。在孟子之前,孔子偶尔提到过人性,但并没有讲人性的善恶问题。孟子首先提出了"人性本善"的命题,以后他的理论引起了长期而热烈的争论。

就当时言,与孟子展开争辩的是告子。告子认为人性无所谓善恶,就像流水不分东西南北一样。这一观点遭到孟子激烈的批评。孟子确认,人具有一种先验的善性,他也用水来作喻:"人性之善也,犹水之就下也;人无有不善,水无有不下。"(《告子上》)而人性之所以本善,是因为人生来就有"善端",就好比人生来就有四肢一样。这种"善端"不仅是先验的,也是超功利的,他说:

> 人皆有不忍人之心者,今人乍见孺子将入于井,皆有怵惕恻隐之心,非所以内交于孺子之父母也,非所以要誉于乡党朋友也,非恶其声而然也。由是观之,无恻隐之心,非人也;无羞恶之心,非人也;无辞让之心,非人也;无是非之心,非人也。恻隐之心,仁之端也;羞恶之心,义之端也;辞让之心,礼之端也;是非之心,智之端也。人之有是四端也,犹其有四体也。(《公孙丑上》)

这就是著名的"四端"说,亦即孟子的"性善"论。

孟子认为:"仁义礼智,非有外铄于我也,我固有之也,弗思耳矣。"(《告子上》)是"不学而能"的"良能"和"不虑而知"的"良知"(《尽心上》)。他通过"同类相似"的逻辑来论证人普遍具有善性:

> 口之于味也,有同耆焉;耳之于声也,有同听焉;目之于色也,有同美焉。至于心,独无所同然乎?心之所同然者,何也?谓理也,义也。圣人先得我心之所同然耳。故理义之悦我心,犹刍豢之悦我口。(《告子上》)

孟子在强调人的本性存在先验的"善"之同时,提出:人之所以会有不善,是由于两方面的原因所造成的。

其一是外界影响。他说:"今夫水,搏而跃之,可使过颡;激而行之,可使在山。是岂水之性哉?其势则然也。人之可使为不善,其性亦犹是也。"(同上)他还举了"牛山之木"为例来说明,牛山上的树木曾经十分茂盛,但由于它靠近都市,人们经常用斧子去砍伐树木,把树木都砍光了;山上长出一些树枝的新芽,又被人们放在山上的牛羊吃掉了。所以,现在牛山上变得光秃秃的。人们看到牛山光秃秃的,便误以为山上从没长过树木,这实际不是它的本来面目。人也是如此,人人都有仁义之心,人之所以会丧失善性,就如同斧子老去砍树木一样,是外界总去影响他的缘故。

其二是人自己是否有向善的主观愿望。孟子说:"人之异于禽兽者几希,庶民去之,君子存之。"(《离娄上》)在孟子看来,一个人如果不愿意向善,那就是"自暴""自弃""自贼"的行为。

孟子与告子实质上讲的是不同的"性"。告子说的是人的本能,人人皆然,无所谓善恶,这本来也不能说就是错的。告子的失误在于仅仅把人的本能当作人性,这就使得人与动物没有区别了。而孟子强调的是人之所以为人的"性",即"人之所以异于禽兽"的"人性",其主要的标志就在于人有道德意识,即有仁义之心。但孟子对"人性本善"的论证是有漏洞的,他实际上没讲清人之所以会恶的真正根源,光讲受外界影响,但外界的恶又究竟是从哪里来的呢?正因为存在这一缺陷,所以后来又有荀子"人性本恶"命题的出现。

为了使人的"善性"能够得到保存并扩充,孟子提出了一整套修身养性的方法,这其中既包含了他的认识论,也包含了他的道德哲学。如:"尽心"——"尽其心者,知其性也;知其性,则知天矣"(《尽心上》);"存心养性"——"存其心,养其性,所以事天也;夭寿不贰,修身以俟之,所以立命也"(同上);"寡欲"——"养心莫善于寡欲"(《尽心下》);"求放心"——"学问之道无他,求其放心而已矣"(《告子上》);"思诚"——"诚者,天之道也;思诚者,人之道也。至诚而不动者,未之有也;不诚,未有能动者也"(《离娄上》);"自反"——"万物皆备于我,反身而诚,乐莫大焉;强恕而行,求仁莫近焉"(《尽心上》);"养气"——"我善养吾浩然之气"(《公孙丑上》);"其为气也,至大至刚,以直养而无害,则塞于天地之间。其为气也,配义与道;无是,馁也。是集义所生者,非义袭而取之也;行有不慊于心,则馁也"(同上)等。此外,孟子还提出了"不动心""存夜气""先立其大""知耻"等修养心性的命题。

孟子关于"人性本善"的命题,肯定了人类道德生活的可能性和重要性,揭示了人类与动物之间的根本区别之所在,这在中国思想文化史上有积极意义,对推动中国古代伦理学的发展起到很大作用,可以说,中国人性论的基调是以孟子的理论为主的,尽管也有反对孟子的观点。

2. 王道"仁政"

从性善论出发,孟子提出了关于"仁政""王道"的政治学说。

孟子认为:"尧舜之道,不以仁政,不能平治天下"(《离娄上》);"如施仁政于民,省刑罚,薄税敛,深耕易耨,壮者以暇日修其孝悌忠信,入以事其父兄,出以事其长上,可使制梃以挞秦、楚之坚甲利兵矣"(《梁惠王上》)。"仁政"源于先王的善性,即"不忍人之心"(《公孙丑上》),而"必自经界始"(《滕文公上》),即从划定土地开始的。孟子提出的理想状况应该是:

> 五亩之宅,树之以桑,五十者可以衣帛矣。鸡豚狗彘之畜,无失其时,七十可以食肉矣。百亩之田,勿夺其时,数口之家,可以无饥矣。谨庠序之教,申孝悌之义,颁白者不负戴于道路矣。老者衣帛食肉,黎民不饥不寒,然而不王者,未之有也。(《梁惠王上》)

在孟子的"仁政"思想中,包括了他"制民之产"的理论,即主张以"恒产"来求得老百姓对国家的"恒心"。他认为:

> 无恒产而有恒心者,惟士为能。若民则无恒产,因无恒心。苟无恒心,放辟邪侈,无不为已。及陷于罪,然后从而刑之,是罔民也。(《梁惠王上》)

这里的"恒产"指稳定的生产资料,"恒心"指正常的道德行为。而所说的"士",特指有学识修养的知识分子。孟子认为,一般人如果没有一定的生产资料作为其稳定的经济来源,就不可能有正常的道德意识,就会违法乱纪、无所不为。如果统治者不能保障人民必需的生活来

源,等到老百姓犯了法再去惩罚他们,那等于在陷害老百姓。所以,孟子提出"制民之产"的主张:

> 是故明君制民之产,必使仰足以事父母,俯足以畜妻子,乐岁终身饱,凶年免于死亡,然后驱而之善,故民之从之也轻。(同上)

"制民之产"就是要让老百姓拥有一定的财产,在当时说来就是拥有一些土地。老百姓的财产要足以赡养父母,抚养妻子儿女;要能保证丰年衣食不愁,灾年不至于饿死。有了这样的条件,才可能引导老百姓讲道德,即前面提到的"谨庠序之教,申孝悌之义",而老百姓也容易接受。孟子"制民之产"的思想,肯定了物质生产活动和物质生活条件对于人的思想意识及道德行为的决定作用,是正确的,在当时来说有很大的进步意义。

孟子的"仁政"思想突出强调了"民"的地位,具有明显的民本色彩。他提出,在社会的政治生活中,老百姓才是国家的根本。他说过一句很有名的话:

> 民为贵,社稷次之,君为轻。(《尽心下》)

在一个社会中,国家政权要比国君重要,而老百姓又比国家政权重要,这就是"民贵君轻"思想。孟子引用《尚书》的话来论证自己的观点,说:"天视自我民视,天听自我民听",这就把"天"与"民"等同了起来,而"重民"也就与"尊天"具有了同样重要的意义,这在两千多年前来说确实很了不起。

正是基于这一思想,孟子不仅提出了"保民而王"、"得其民,斯得天下矣"(《离娄上》)的政治主张,而且还引申出君臣关系相对性的观点:"君之视臣如手足,则臣视君如腹心;君之视臣如犬马,则臣视君如国人;君之视臣如土芥,则臣视君如寇仇。"(《离娄下》)君臣不是绝对服从的关系,只有当君主敬重和爱护臣下时,臣下才可能忠于君主,反之若君主不把臣下当人看,那么臣下也有理由敌视君主,这是对孔子"君使臣以礼,臣事君以忠"(《论语·八佾》)思想的发挥。比孔子更进一步的是,孟子还肯定了臣下和人民有反抗暴君的权力:

> 齐宣王问曰:"汤放桀,武王伐纣,有诸?"孟子对曰:"于《传》有之。"曰:"臣弑其君可乎?"曰:"贼仁谓之贼,贼义谓之残。残贼之人,谓之一夫。闻诛一夫纣矣,未闻弑君也。"(《梁惠王下》)

这可认为已具有反专制暴君的民主倾向,而不仅是民本思想了。正由于孟子对专制暴君的有力针砭,所以也不断引起历史上一些暴君的不安和恼怒,如明代的朱元璋就是一例。而孟子的这种思想,反过来成为历代人士反对暴政的理论根据。此外,在孟子的政治学说中还有"王道"与"霸道"之辨、义利之辨等。

3. 理想人格

从孔子开始,理想人格就成为儒家所强调追求的人生目的。儒家所谓的理想人格,就是强调主体的自觉与超越。通俗一点讲,就是一个人——很大程度上指作为知识阶层的"士"——应该提高自己的精神境界,讲求修身养性,培养气节,锻炼意志,自我节制,重视品德操守,充分发挥自己的主观能动性,执着地追求真善美。同时要发奋立志,以天下国家为己任,有救邦国于危难、拯生民于涂炭的理想,并应该努力地去践履。

在孔子那里,理想人格的目标是有等级的,它们依次是圣人、贤人、仁人、志士、君子。在《论语》中,有很多关于理想人格的论述,有的是孔子本人的话,有的是其弟子的话,如:"志士仁人,无求生以害仁,有杀身以成仁"(《论语·卫灵公》);"君子固穷,小人穷斯滥矣"(同上);"君子成人之美,不成人之恶"(《论语·子路》);"君子无终食之间违仁,造次必于是,颠沛必于是"(《论语·里仁》);"可以托六尺之孤,可以寄百里之命"(《论语·泰伯》);"士不可以不弘毅,任重而道远。仁以为己任,不亦重乎!死而后已,不亦远乎"(同上)。

孟子进一步发挥了孔子以来儒家强调追求理想人格的思想,他有一系列关于理想人格的论述,较为人所熟知的如:

> 忧以天下,乐以天下。(《梁惠王下》)

> 居天下之广居,立天下之正位,行天下之大道,得志与民由

之;不得志,独行其道。富贵不能淫,贫贱不能移,威武不能屈,此之谓大丈夫。(《滕文公下》)

鱼,我所欲也,熊掌,亦我所欲也;二者不可兼得,舍鱼而取熊掌者也。生,我所欲也,义,亦我所欲也;二者不可兼得,舍生而取义者也。(《告子上》)

人皆可以为尧舜。(《告子下》)

天将降大任于斯人也,必先苦其心志,劳其筋骨,饿其体肤,空乏其身,行拂乱其所为,所以动心忍性,曾益其所不能。(同上)

待文王而后兴者,凡民也。若豪杰之士,虽无文王犹兴。(《尽心上》)

天下有道,以道殉身;天下无道,以身殉道。(《同上》)

以上种种,都可谓是激励人心、传颂千古的名言。

孟子所提倡的理想人格,其思想基础就是人贵在"有义",这种价值观使得在人类固有的理想意向即追求真善美的过程中,突出了人的道德精神和为理想而勇于牺牲的大无畏的精神境界。在孟子看来,人生的最高价值就在于实现自我的道德理想。他肯定了人的生命的重要性和可贵性,但却强调有比人的生命更重要的东西,那就是"义",就是道德。所以,人应该去追求道德理想的实现。而当生命与道德发生冲突时,人不应该苟且偷生。这是一种道德优先,或曰价值优先的原则。在伦理学上来说,这属于义务论伦理学的范畴,它具有一种崇高的境界,在西方哲学中,康德的实践理性与之是属于同一类型的。

孟子关于追求理想人格的思想,及其"舍生取义"的理论,在中华民族的历史上曾放射过经久而夺目的光辉。中国历史上无数的志士仁人、忠臣英烈们,他们为真理和正义、为人民和祖国而勇于献身的壮举,可以说都回响着孟子"舍生取义"的主旋律,都程度不同地受到了孟子思想的感染。因此,这是中国传统思想文化中的精华。

4. 排斥"异端"

孟子一向以"圣人之徒"和儒学捍卫者自居,面对当时"诸子蜂起,百家争鸣"的思想格局,他当然不能袖手旁观。于是,"拨乱反正""攻乎异端",对各家各派学说进行批判,自然成了他的责任和使命,用他的话说:"我亦欲正人心,息邪说,距诐行,放淫辞,以承三圣(禹、周公、孔子)者。"(《滕文公下》)

由此,使孟子有了"好辩"之名,但他认为这是"不得已","予岂好辩哉?予不得已也"(同上)。就事论事,无论从逻辑推论、语言技巧、判断能力、应变策略诸方面看,孟子都称得上是个辩论高手。他也自称"我知言","诐辞知其所蔽,淫辞知其所陷,邪辞知其所离,遁辞知其所穷"(《公孙丑上》)。孟子口才之雄辩,即使在其书面语言的表达上也充分体现出来。孟子的文章,语言生动、个性鲜明、流畅犀利、气势磅礴,这使得《孟子》一书在中国文学史上有很高地位。

孟子"好辩"表现在许多方面,如与人讨论、政治游说、思想争辩等。这里叙述他在思想层面上的争辩,即主要对其他学派的批判。这方面最著名的如斥告子的人性论,拒杨朱、墨子的"为我""兼爱"思想和驳许行的"并耕"思想。其中第一点前面已提过,现简略地看看孟子对后面三派的批判:

孟子之所以要拒杨、墨,是因为当时这两家的思想影响很大,"圣王不作,诸侯放恣,处士横议,杨朱、墨翟之言盈天下,天下之言不归杨,则归墨"(《滕文公下》)。而两家之言都与儒家思想不合。

杨朱是道家中人,生于孟子之前,其生卒年代已不可考,大约生活在战国初期。杨朱没有留下著作,他的思想片断散见于《孟子》《庄子》《韩非子》《吕氏春秋》和《淮南子》中。他主张"贵生""重己""为我","全性葆真,不以物累形","拔一毛而利天下不为也"。孟子认为,杨朱"为我",其问题的实质"是无君也"(《滕文公下》)。孟子的定性是否准确可以讨论,因为杨朱的"为我",是想表达既反对别人对自己的侵夺,也反对侵夺别人,这其中有合理因素。但从儒家立场而言,孟子的定性又无可厚非。儒家强调稳定的社会等级秩序,主张尊卑有别、长幼有序,君君、臣臣、父父、子子。杨朱"为我",强调个人,社会等级秩序就无法保证,而首当其冲的就是"君"的地位受到冲击。所以孟子说这是"无君",进一步言,"无君"就等于"禽兽"(同上)。

墨家是当时与儒家齐名的"显学",墨子主张"兼爱""非攻""节葬""非乐"等,"摩顶放踵利天下为之"。孟子认为,墨子"兼爱",其问题的实质"是无父也"(同上)。儒家也讲"仁者爱人",但儒家所讲是从人之常情出发的"爱有差等",是一种推己及人、由近及远的爱,所谓"老吾老以及人之老,幼吾幼以及人之幼"(《梁惠王上》)。而墨家所讲的是"爱无差等",爱没有亲疏远近之分。这在孟子看来是泯灭了人与人之间的亲疏之别,将人父等同于己父,那等于没有己父,实为大逆不道。此外,孟子还对墨家"薄葬"的理论予以驳斥(见《滕文公上》)。

许行是战国中期农家的代表人物,楚国人。关于他的情况,全赖《孟子》一书中保存了片断资料。从《孟子》书中我们知道,许行属于农家中主张"神农之言"一派的,他认为"贤者与民并耕而食,饔飧而治"(同上),即人人必须劳动,自食其力,虽国君也不例外。这种主张貌似平等,却是违背人类历史发展规律的、反文明的思想,实际就是要退回到原始的社会状态中去。孟子与许行弟子陈相展开了辩论,有力地批判了这种思想。他通过指出许行理论的内在矛盾,强调了随社会生产发展而产生的不同生产者之间产品交换的必要性,进而论证了社会分工的必要性和重要性。很明显,孟子的这一理论较许行的思想合理,代表了一种社会进步的思想,即使在今天仍有其重要意义。

有关《孟子》一书的版本及对文本研究、诠释的著作,历史上有许多。就通行的版本言,有宋刻巾箱本、宋刻大字本、明崇祯十三年锡山秦氏求古斋刻本、清乾隆间武英殿刻本、清嘉庆道光间江都焦氏雕菰楼本等;就影响重大的注释言,有东汉赵岐的《孟子章句》、南宋朱熹的《孟子集注》、清代焦循的《孟子正义》、今人杨伯峻的《孟子译注》等。

本"直解"努力争取做到择善而从,不主一家。在"评析"上则尽可能吸取各种研究成果,尤其是今人的成果。当然,限于本人的学养识见,书中的诠解是否准确,评析是否允当,则不敢自必,尚祈识者批评指正。

最后要说明的一点是,本书早就应该交稿。延宕的原因除了作者不够勤奋之外,也另有外因。由于本人于2001年9月至2002年8月,作为美国富布莱特(Fulbright)项目的高级访问学者,赴美国哈佛大学作了一年的访问研究,书稿的写作就被拖了下来。感谢复旦大学出版社的关心和耐心,使我得以完成这一极有意义的课题。

徐洪兴
于复旦大学
2003年8月5日

梁 惠 王 上

【解题】

本篇被列为《孟子》之首,据说是有深意的,因此历来受到研究与注解者的重视。大多数研究者认为,本篇是孟子政治思想的关键之所在。孟子一心想以尧舜之道来"平治天下",拯救当时社会的动乱,他的政治理想和抱负,以及一些很具体的主张,大多都包含在本篇之内了。

本篇的上篇凡七章,前五章是孟子与梁惠王的对话,第六章是孟子与梁惠王之子襄王的对话及对其的评价,末章是孟子与齐宣王的对话。这七章讨论的主题十分集中,都是围绕着孟子的政治理想——"王道"和"仁政"而展开的。其中包括了孟子政治学说中关于"义利之辨""与民偕乐""仁者无敌""保民而王""恒产与恒心""制民之产"等许多重要思想。

孟子见梁惠王①。王曰:"叟②,不远千里而来,亦将有以利吾国乎?"

孟子对曰:"王何必曰利? 亦有仁义而已矣。王曰'何以利吾国',大夫③曰'何以利吾家',士、庶人④曰'何以利吾身',上下交征⑤利而国危矣。万乘⑥之国,弑⑦其君者,必千乘之家;千乘之国,弑其君者,必百乘之家。万取千焉,千取百焉,不为不多矣。苟为后义而先利,不夺不餍⑧。未有仁而遗其亲者也,未有义而后⑨其君者也。王亦曰仁义而已矣,何必曰利?"

【今译】

　　孟子去见梁惠王。惠王问:"老丈,你不远千里前来,大概对我的国家将会有利吧?"

　　孟子答道:"大王何必讲利呢?只要讲仁义就行了。倘若王说'怎样才对我的国家有利',大夫说'怎样才对我的家有利',士和庶人说'怎样才对我本人有利',从上到下互相追求的都是利,那国家就危险了。拥有兵车万辆的国家,弑杀其君主的,必定是拥有兵车千辆的家族;拥有兵车千辆的国家,弑杀其君主的,必定是拥有兵车百辆的家族。能在拥有兵车万辆的国家中获得兵车千辆,能在拥有兵车千辆的国家中获得兵车百辆,不能算不多了。如果真是轻义而重利的话,那就非闹到不夺得全部就不满足的地步。从来没有讲仁的人会遗弃他的父母,也从来没有讲义的人会怠慢他的国君。大王只要讲仁义就行了,何必讲利呢?"

【注释】

①梁惠王:即魏惠王,名䓨,公元前369—前319年在位。当政时,为避秦威胁,国都从安邑(今山西夏县)迁至大梁(今河南开封),人亦称魏为梁;王本天子称号,公元前344年(周显王二十五年)"逢泽之会",魏惠王自称为王,开战国七国君主称王之始。　②叟:老年男子。　③大夫:官名。　④士、庶人:小官吏、老百姓。　⑤交:互相。征:求取。　⑥乘:一辆四匹马拉的战车。　⑦弑:古代以下杀上、以卑杀尊叫弑。　⑧不夺不餍:夺,篡夺;餍,满足。　⑨后:怠慢。

【评析】

　　本章放在全书之首,说明作者对它非常看重,历来的研究者因此也十分重视此章。如司马迁说:"余读孟子书,至梁惠王问'何以利吾国',未尝不废书而叹也。"(《史记·孟子荀卿列传》)他在《魏世家》中着重引此章来描述当时魏国的窘境(文字略有出入,但意思未变),而在《六国年表》中又把此事表出,尽管在年代上他可能搞错了。

从开首一段不难看出,梁惠王当时的心情很不好,所以他对孟子的称呼随随便便,开门见山就急着问如何能使他的国家获利。惠王所问之"利",是指富国强兵、征战夺地等治国之术。他所以这么急,是因为当时魏国的处境确实不妙,就如他在后面提到的:"东败于齐,长子死焉;西丧地于秦七百里;南辱于楚。寡人耻之,愿比死者一洒之。"一连串的败绩,使魏国势大减。惠王心里非常着急,他急于想使自己的国家强大起来,急于想雪耻,急于想报仇。因此,见到孟子他劈头就问如何能使国家强盛起来的问题。但在孟子看来,富国强兵、征战夺地这种急功近利,不是治国的上策,反而是引起动乱的根源;要使国家强盛起来,最好的办法就是讲求仁义,即积极推行王道,实施仁政。

此章一向被认为是孟子讲"义利之辨"最重要的一章。但对此章的内容,过去常有误解。误解的原因大致有三:一是古文太过简洁,二是语句理解的歧义,三是后儒的过度诠释。

如对梁惠王问"利"的误解:惠王所问之"利",并不是一般狭义所说的利益,而是国家的大利。惠王之举,旧时常给读书人骂,说他是一个急功近利的"小人"。但如果能够了解当时魏国的实情,设身处地,平心而论的话,应该说这只不过是人之常情,也无可厚非,尽管他是急功近利了一点。

再如对孟子答以"义",那误解就更大了,简直就以为孟子是一个只讲"义"而不讲"利"的人。如董仲舒所谓"正其谊(义)不谋其利",再到后来就变成了儒家只许讲"义"不许讲"利"。实际上,孟子在回答中从未否定过"利"。孟子甚至连"好勇""好货""好色"都没有完全否定(详后),又岂会完全否定"利"? 先秦的儒家并不否定求"利",如孔子说过:"富而可求,虽执鞭之士,吾亦为之。如不可求,从吾所好。"(《论语·述而》)孔子只是强调在求"利"时要符合原则,这个原则就是"义"。承认不承认这一点,是区别"君子"与"小人"的重要尺度。这才是原儒意义上的"义利之辨"。所以,孟子的回答不是要否定"利",他只是告诉梁惠王,富国强兵、征战夺地仅是政治上的小利,而且有很大的副作用;只有积极讲求仁义,才是政治上没有副作用的大利、根本之利。至少在孟子看来,"仁义"这个大利已经包含了富国强兵等小利,所以讲了大利,小利就自然在其中了,不必多说。这一点北宋的程颐倒是看出来了,他说:"君子未尝不欲利,但专以利为心则有害,唯仁义则不求利而未尝不利也。"(朱熹《四书集注》引)在后面的篇章中,我们会看到孟子是一贯坚持这一立场的。

孟子见梁惠王。王立于沼①上,顾②鸿雁麋鹿,曰:"贤者亦乐此乎?"

孟子对曰:"贤者而后乐此,不贤者虽有此不乐也。《诗》云③:'经始灵台,经之营之,庶民攻之④,不日成之。经始勿亟,庶民子来⑤。王在灵囿,麀鹿攸伏⑥。麀鹿濯濯,白鸟鹤鹤⑦。王在灵沼,於牣鱼跃⑧。'文王以民力为台为沼,而民欢乐之,谓其台曰'灵台',谓其沼曰'灵沼',乐其有麋鹿鱼鳖。古之人与民偕乐,故能乐也。《汤誓》⑨曰:'时日害丧,予及女偕亡⑩。'民欲与之偕亡,虽有台池鸟兽,岂能独乐哉?"

【今译】

孟子去见梁惠王。惠王站在水池边,眺望着鸿雁和麋鹿,问孟子:"贤德之人也喜欢享受这些东西吗?"

孟子答道:"真正贤德的人,然后才能享受这些东西;不是贤德的人,有了这些东西也不能真正享受。《诗经》里说:'(当文王)开始筹建灵台,正在测量经营中,老百姓就来帮着建造,没几天就完工了。建台本来并不急,但老百姓却如子女为父母做事一样自愿。文王来游灵囿,母鹿安卧不惊。母鹿长得肥美,白鸟洁白无比。文王来到灵沼,池里鱼儿蹦得欢。'文王用百姓的劳力建台开沼,老百姓却欢欢喜喜,称他的台为'灵台',称他的沼为'灵沼',很高兴他能有麋鹿鱼鳖可赏玩。古时的贤君能与民同乐,所以自己也得到了快乐。《尚书》的《汤誓》中说:'这个太阳(指夏桀)什么时候灭亡?我们愿与你一同灭亡。'老百姓要跟他一同灭亡,那他即使有高台池沼、飞禽走兽,又怎么能独自享受下去呢?"

【注释】

①沼:水池。 ②顾:望。 ③《诗》云:《诗》即《诗经》;下引是颂周文王建灵台、享苑囿之乐的《大雅·灵台》中第一、二章。 ④经:测量。营:计划。攻:建造。 ⑤勿亟:不急,没有催促。子来:像儿子来为父亲干事似的。 ⑥囿:园林。麀鹿:母鹿。攸伏:攸是语助词,攸伏,没被惊动。 ⑦濯濯:肥美状。鹤鹤:洁白状。 ⑧於牣:於,赞美声;牣,充满。 ⑨《汤誓》:《尚书》中的篇名。 ⑩时:这个。害:通"曷",何时。女:通"汝"。

【评析】

在此章对话中,梁惠王的心情似乎好了不少,语气也不像一见到孟子时那么生硬疏远了。但他问话口气明显带有居高临下的架势,隐含着轻视孟子的意味,意思是你们这种讲求仁义道德的人是不懂得享乐的。想不到孟子接过他的话题,给他上了一堂严肃的政治课。

孟子借用文献的记载,通过历史上贤君周文王与暴君夏桀的鲜明对比,讲明了统治者应该"与民同乐"的道理。在孟子看来,统治者必须与民众忧乐相通,体恤下民;百姓高兴了,统治者自然也可以高兴。这是仁政才能引出的上下和谐的政治局面。反之,把自己的享乐建筑在百姓痛苦之上,这种享乐不仅难以持久,而且即使具备了享乐的条件,也没有什么快乐可言。

孟子的这一思想,在后面与齐宣王的对话中有更明确的表述。

梁惠王曰:"寡人①之于国也,尽心焉耳矣!河内凶,则移其民于河东②,移其粟于河内;河东凶亦然。察邻国之政,无如寡人之用心者。邻国之民不加少,寡人之民不加多,何也?"

孟子对曰:"王好战,请以战喻。填然鼓之,兵刃既接,弃甲曳兵而走③,或百步而后止,或五十步而后止,以五十步笑百步,则何如?"

曰:"不可。直不百步耳,是亦走也。"

曰:"王如知此,则无望民之多于邻国也。不违农时,谷不可胜食也;数罟不入洿池,鱼鳖不可胜食也;斧斤以时入山林,材木不可胜用也④。谷与鱼鳖不可胜食,材木不可胜用,是使民养生丧死无憾也。养生丧死无憾,王道⑤之始也。五亩之宅,树之以桑,五十者可以衣帛矣;鸡豚狗彘之畜,无失其时⑥,七十者可以食肉矣;百亩之田,勿夺其时,数口之家,可以无饥矣;谨庠序⑦之教,申之以孝悌之义,颁白者不负戴于道路矣⑧。七十者衣帛食肉,黎民不饥不寒,然而不王者,未之有也。狗彘食人食而不知检,涂有饿莩而不知发⑨;人死,则曰:'非我也,岁⑩也',是何异于刺人而杀之,曰:'非我也,兵也'?王无罪岁,斯天下之民至焉。"

【今译】

梁惠王说:"我对于国家,算是很尽心了呀!河内有灾荒,就将那里的灾民迁移到河东,将河东的粮食送到河内。河东发生灾荒时也这样做。看看邻国君主治理政事,没有像我这么用心的。可邻国的民众不见减少,我的民众不见增多,这是什么缘故?"

孟子答道："大王喜欢打仗,让我拿打仗来比喻吧。战鼓咚咚敲响,短兵已经相接,败兵们丢盔弃甲,拖着武器而逃,有人逃了一百步才停下,有人只逃五十步就停下了,跑五十步的人因此讥笑跑一百步的人,您觉得怎样?"

梁惠王说:"不行,他只不过没有跑到一百步罢了,可同样也是逃跑呀。"

孟子说:"大王如果明白这个道理,就不要希望您的民众比邻国多了。只要不去妨碍农民耕种的时间,那粮食便吃不完;不拿细密的渔网去池塘捞鱼,那鱼鳖之类水产便吃不完;砍伐林木有定时,那木材便用不完。粮食和水产吃不完,木材用不完,这就使老百姓养生送死不会感到有什么缺憾。老百姓养生送死没有缺憾,那就是王道政治的起点。在五亩的宅田上,种植桑树,上五十岁的人就能穿丝织品衣服了;鸡和猪狗之类家畜,不失时节地繁殖饲养,上七十岁的人就能经常吃肉了。每户所种的百亩田地能不耽误耕种时节,数口之家就不会饿肚子。认真做好乡校教育,反复讲明孝敬长辈的道理,须发花白的老人就不会肩挑背负地出现在路上。七十岁的人穿丝绸、吃肉食,老百姓不少食缺衣,做到了这样还不能得到人民拥戴而成为王者,那还从来没有过。现在,猪狗吃着人吃的粮食而不知道制止,路上有饿死的人而不知道开仓赈济;百姓死了,却说'与我无关,是年成不好',这与拿刀把人刺杀,然后却说'与我无关,是兵器杀的',又有什么不同呢?如果大王能不归罪于凶年饥岁,那么天下的百姓便会投奔到您这儿来了。"

【注释】

① 寡人:古时王侯自称。　② 凶:灾荒。河内:魏地,今河南省济源市一带。河东:魏地,今山西省夏县一带。　③ 填然:鼓声咚咚状。甲:铠甲。兵:兵器。　④ 数罟:密网。洿:低洼。斤:大斧。　⑤ 王道:以仁义道德治天下的政策。　⑥ 衣帛:穿丝织品。豚:小猪。彘:猪。无失其时:这里指交配、繁殖和饲养的时机得当。　⑦ 谨:认真

做好。庠序：古代乡学，商朝叫序，周朝叫庠，这里泛指学校。
⑧ 颁白：头发花白。负戴：背负或头顶东西。　⑨ 检：制约。涂：路上。饿莩：饿死的人。发：发放赈济粮。　⑩ 岁：凶年饥岁。

【评析】

从此章的对话中我们不难发现，在孟子的影响下，梁惠王的态度开始发生了变化，他开始考虑孟子提出的"王道""仁政"问题。但他自以为自己做得已经很不错了，至少比邻国的那些国君在关心民众疾苦方面做得要好。所以，他无法理解为什么天下的民众不归心于他，魏国百姓的人数不见增多，邻国百姓的人数也不见减少。

孟子的回答，技巧很高。他先不急于作答，而是先提问，让惠王去判断"五十步笑百步"的是非，这实际是为他后面的论述埋下伏笔。在孟子看来，惠王自认为做得不错的事，只是头痛医头、脚痛医脚的救急之法。那些事情虽然不能说是错的，但并没有解决根本的问题，所以即使他做得要比邻国国君稍好一点，却也好不到哪里去，实在是典型的"五十步笑百步"。然后，孟子话锋一转，顺着惠王关心的民众归顺与否的问题，进一步来讲述他关于"王道"政治的构想。孟子提出，老百姓最关心的是什么？就是现实生活中养生送死这些民生问题，所以能使老百姓在民生这一点上感到没有什么遗憾了，那就是"王道"政治的开始。接下来，孟子提出的具体主张都是实实在在的，即先让老百姓有饭吃、有衣穿，然后再对他们进行道德教育。孟子认为，能做到这些，那么民心归顺，进而称王天下，就是必然的事情。可现在事实上梁惠王你没有做到这样，还要找各种理由来解释。如果你梁惠王能不去找借口，而是去认真实行"仁政"，那么天下的百姓自然会来归顺于你的。

梁惠王曰："寡人愿安承教①。"

孟子对曰："杀人以梃②与刃，有以异乎？"

曰："无以异也。"

"以刃③与政,有以异乎?"

曰:"无以异也。"

曰:"庖有肥肉,厩有肥马④,民有饥色,野有饿莩,此率兽而食人也。兽相食,且⑤人恶之;为民父母行政,不免于率兽而食人,恶在⑥其为民父母也?仲尼⑦曰:'始作俑⑧者,其无后⑨乎!'为其象人而用之也。如之何其使斯民饥而死也?"

【今译】

梁惠王说:"我诚心地愿意接受你的指教。"

孟子答道:"用棍棒和用刀子杀人,有什么不同吗?"

惠王说:"没有什么不同。"

孟子接着问:"用刀子和用政策杀人,有什么不同吗?"

惠王说:"没有什么不同。"

孟子说:"厨房里摆着肥肉,马棚里养着肥马,百姓却面露饥色,野地里还有饿死的人,这等于驱使禽兽去吃人。兽类之间的自相残食,人们尚且憎恶;而作为民众父母的当政者,施政时却不能避免驱使禽兽去吃人的事,那他们作为民众父母的意义又在哪里?孔子说:'第一个制作殉葬用的陶俑的人,大概没有后代吧!'这是因为俑模仿人形而作并用来殉葬。照这样看来,施政之人又怎能让他的百姓饥饿而死呢?"

【注释】

① 安:乐意;承:接受。 ② 梃:棍棒。 ③ 刃:刀刃。 ④ 庖:厨房。厩:马棚。 ⑤ 且:尚且。 ⑥ 恶在:何在。 ⑦ 仲尼:孔子的字。 ⑧ 俑:陪葬用品。 ⑨ 后:后代。

【评析】

此章承接前章而下。梁惠王听了孟子的一番话,心有所动,因此态度更好了。这次,他连问题都不提了,而是十分虚心地请教,希望得到孟子的指点。孟子仍然先以问代答,用话扣住惠王。然后非常尖锐地指出,惠王的治国根本没做到"为民父母"的标准,反而有"率兽而食人"之弊,即不关心民众疾苦,只知自己奢侈享受。

梁惠王曰:"晋国①,天下莫强焉,叟之所知也。及寡人之身,东败于齐,长子死焉②;西丧地于秦七百里③;南辱于楚④。寡人耻之,愿比死者一洒之⑤。如之何则可?"

孟子对曰:"地方百里而可以王。王如施仁政于民,省刑罚,薄税敛,深耕易耨⑥;壮者以暇日修其孝悌忠信,入以事其父兄,出以事其长上,可使制⑦梃以挞秦楚之坚甲利兵矣。彼夺其民时,使不得耕耨以养其父母,父母冻饿,兄弟妻子离散。彼陷溺⑧其民,王往而征之,夫谁与王敌?故曰仁者无敌。王请勿疑!"

【今译】

梁惠王说:"晋(魏)国的强大,当今世上没有哪个国家可比,这是老丈您所知道的。但到了我这一代,东面被齐国打败,我的大儿子也送了命;西面丧失七百里疆土给秦国;南面又受到楚国的羞辱。对此我深以为耻,愿意替那些为国而死的人彻底雪耻报仇。怎么才能做到呢?"

孟子答道:"拥有见方百里土地就可以称王天下了。大王您如果能对人民实施仁政,减省刑罚,少收赋税,督促人民深耕土地,去除杂草;青壮年在农闲时修习孝顺父母、尊敬兄长、办事尽力和待人诚实的道理,在家时侍奉父兄,出外侍奉长辈和上级,这样,就可以让他们即使拿着木棒也足以打败秦、楚这种装备精良的军队了。那些国家侵夺了人民的农时,使他们不能从事耕作来养活自己的父母,父母受冻挨饿,兄弟、妻儿离散。那些国家陷自己的人民于水火之中,大王你前往讨伐他们,又有谁能与你对抗呢?所以说,行仁政的人是无敌的。大王就不要再怀疑了!"

【注释】

① 晋国:即魏国,魏从三家分晋而来,习惯上仍自称晋国。 ② 东败于齐,长子死焉:指惠王二十九年(公元前341年)魏、齐"马陵之战",魏军惨败,魏太子申被俘杀之事。 ③ 西丧地于秦七百里:指惠王三十年(公元前340年)、三十一年(公元前339年)、后元三年(公元前332年)、后元五年(公元前330年)、后元七年(公元前328年),魏与秦作战屡败,割河西之地给秦以求和之事。 ④ 南辱于楚:指惠王后元十二年(公元前323年),楚伐魏,破襄陵,取八邑之事。 ⑤ 比:代。一:全部。洒:洗雪。 ⑥ 易耨:耘田除草。 ⑦ 制:提,拿。 ⑧ 陷溺:坑害、暴虐。

【评析】

此章是孟子与梁惠王的最后一次谈话。

孟子通过数次谈话虽然打动了梁惠王,但惠王自有一本难念的经。当双方关系调整得不错了,惠王也就向孟子老实地坦白了自己的心事。魏国本是春秋末年从"三家分晋"而来的,惠王之祖魏文侯、父魏武侯,在文治武功方面都颇有些建树,使魏国成为当时的主要强国即所谓的"战国七雄"之一。惠王即位以后,开始干得还算可以,他曾经打败过韩、赵、宋诸国,曾迫使鲁、宋、卫、韩诸国来朝拜魏国,也与秦国达成短暂的和平,又自称为"王",还领率诸侯"逢泽之会"朝见周天子等。但到了他统治的中后期,形势却每况愈下:与东面的齐国交战惨败,太子和大将被杀;与西面的秦国交战屡败,被割去了不少土地;与南面的楚国交战又败,土地亦被割去。他急于想使魏国强大起来,重振雄风,报仇雪恨。所以,他还是要向孟子问怎么办的问题。

这次孟子就不再用话来套惠王了,而是直接就回答他所关心的使国家强盛起来的问题。孟子的主张就是"施仁政于民"。这是孟子书中第一次出现"仁政"这个概念。就"仁政"的内容来看,实际与第三章中所提的"王道"是一脉相承的。孟子在这里只是更具体化了一点,谈到了政治上要减轻刑罚,经济上要轻徭薄赋,要鼓励民众认真耕作,这是让民众的衣食生计能得到保证;然后加强对民众的道德教育,让他们在家能孝亲,出外能尊上,同心同德。如果这样的话,即使是一个地方百里的小国,即使武器装备都很差,也完全可以战胜秦、楚这样的强国。孟子认为,由于那些国家不行"仁政",老百姓活得很苦,所以你惠王如能施行"仁政"的话,然后再去讨伐这些国家,它们就根本无法能与你相匹敌,因为仁者是天下无敌的。

必须承认,孟子的想法虽然在道理上是对的,但在当时的情况下却很难行得通。我们知道,儒家历来有"知其不可为而为之"的情怀和意志,孟子对当时的社会现实不可能不清楚,但他还是要这么说。所以,只能认为这是孟子在坚持自己的一贯信念。

还应该指出的是,孟子在坚持儒家立场的同时,又有所变化损益。孔子时代,儒家的政治理想是以"礼"治国,以仁释"礼"并维护"礼"。但到孟子所处的时代,周礼早已被破坏殆尽了。面对改变了的社会状况,孟子并没有一味守旧,更没有全盘照搬孔子的思想,而是提出了自己新的政治理想,"仁政"正是他提出来的新观念。我们看到,在"仁政"思想中,"礼"的重要性明显下降了。因此,尽管可以说孟子的"仁政"思想仍不乏空想的色彩,但较之孔子的政治理想,那还是进了一大步。

孟子见梁襄王①,出,语人曰:"望之不似人君,就②之而不见所畏焉。卒然③问曰:'天下恶乎定?'吾对曰:'定于一。''孰能一之?'对曰:'不嗜杀人者能一之。''孰能与④之?'对曰:'天下莫不与也。王知夫苗乎?七八月⑤之间旱,则苗槁矣。天油然作云,沛然下雨,则苗浡然⑥兴之矣。

其如是,孰能御之? 今夫天下之人牧^⑦,未有不嗜杀人者也。如有不嗜杀人者,则天下之民皆引领^⑧而望之矣。诚如是也,民归之,由^⑨水就下,沛然谁能御之?'"

【今译】

　　孟子去见梁襄王,出来后告诉别人道:"(襄王)望上去不像国君的样子,走近看也见不到使人敬畏之处。他突然问我说:'天下怎样才能安定?'我答道:'天下一统才会安定。'他接着问:'谁能一统天下?'我答道:'不喜欢杀人者能一统天下。'他又问:'谁会归顺他呢?'我答道:'天下没有不归顺他的人。大王知道禾苗生长的情况吗? 当七八月(即农历五六月)间遇到干旱,禾苗就要枯萎了。天上突然乌云翻滚,大雨倾盆,禾苗便又蓬勃挺立起来了。要是像这样,谁又能阻挡它生长呢? 现在世上那些做国君的人,没有不喜好杀人的,如果有不喜好杀人的,天下的老百姓,就都会伸长脖子盼望他来。假如真是这样,那老百姓归附他,就像水往低处流,奔腾而下,谁能阻挡得了呢?'"

【注释】

① 梁襄王:惠王子,公元前 318—前 296 年在位。　② 就:靠近。　③ 卒然:突然。　④ 与:服从,归附。　⑤ 七八月:指周朝的历法,相当于夏历的五六月。　⑥ 浡然:蓬勃生长的样子。　⑦ 人牧:牧养百姓之人,指人君。　⑧ 引领:伸长脖子。　⑨ 由:通"犹"。

【评析】

　　孟子的运气也真不好,正当他劝说梁惠王有了点成效,可以进一步发挥之时,惠王却偏偏在这个节骨眼上死了。而接班人梁襄王,给孟子的第一感觉就极差。但不管怎么说,这个"不似人君"的新君,连他父亲称一声"叟"的礼貌都不讲,就没头没脑地冒出了一句"怎么定天下"的问话,孟子还是认真地回答了他的问题,这大概是孟子所做的最后努力。这次谈话后不久,孟子就离开了魏国。

此章中值得注意的是孟子的"定于一"之说,这里的"一"指什么?历代注家的说法略有不同:赵岐认为,"孟子谓仁政为一也"。朱熹则认为,"孟子对以必合于一,然后定也"。焦循基本同意赵岐的说法,但又补充说:"孔子作《春秋》,书'王正月',《公羊传》云:'大一统也。'孟子当亦谓此。"后来的注解者较多采用"统一"的意思。由于古文太过简练,对这个"一"的理解确实颇难,各家的解释都有一定的理由。这里我根据前后文义来推,也采用了"一统"的意思。当然,赵岐以"仁政"解也有道理,孟子曾对滕文公说过,"定天下者,一道而已",然后再讲他的"仁政"主张(详后)。

从孟子与梁襄王的全部对话来看,孟子说"定于一"的意思比较混沌,可以是一个主张、一个原则、一个国家或一个人等。这可能是孟子对襄王没有礼貌的突然发问不满,存心说得玄一点,让他费心去猜。没想到襄王马上联想到某个人身上,于是急着问是谁?孟子也只能顺势而言了,所以回答他是"不嗜杀人者",这仅仅是就战国当时战乱不已而言的。实际上,"不嗜杀人"是"仁政"最起码要做到的,但绝不是"仁政"的核心内容。能行"仁政"者肯定"不嗜杀人",但"不嗜杀人者"不一定能行"仁政"。正因为梁襄王实在"不似人君",比他父亲还差了一大截,孟子只能告诉他最浅显的道理,至于"仁政"的具体内容就不谈了。孟子在《离娄上》中曾说过:"不仁而可与言,则何亡国败家之有?"(如果不仁的人也可以用言词来劝说的话,这世上还会有亡国败家的事吗?)大概正是通过这次谈话后,孟子发现梁襄王是个不仁的人,实在不可理喻,所以他下了离开魏国的决心。

齐宣王①问曰:"齐桓、晋文②之事,可得闻乎?"

孟子对曰:"仲尼之徒,无道桓、文之事者,是以后世无传焉,臣未之闻也。无以,则王③乎?"

曰:"德何如则可以王矣?"

曰:"保民而王,莫之能御也。"

曰:"若寡人者,可以保民乎哉?"

曰:"可。"

曰:"何由知吾可也?"

曰:"臣闻之胡龁④曰,王坐于堂上,有牵牛而过堂下者,王见之,曰:'牛何之?'对曰:'将以衅钟⑤。'王曰:'舍之!吾不忍其觳觫⑥,若无罪而就死地。'对曰:'然则废衅钟与?'曰:'何可废也?以羊易之。'不识有诸?"

曰:"有之。"

曰:"是心足以王矣。百姓皆以王为爱也,臣固知王之不忍也。"

王曰:"然!诚有百姓者,齐国虽褊小,吾何爱一牛?即不忍其觳觫,若无罪而就死地,故以羊易之也。"

曰:"王无异于百姓之以王为爱也。以小易大,彼恶知之?王若隐其无罪而就死地,则牛羊何择焉?"

王笑曰:"是诚何心哉?我非爱其财而易之以羊也,宜乎百姓之谓我爱也。"

曰:"无伤也,是乃仁术也,见牛未见羊也。君子之于禽兽也,见其生,不忍见其死;闻其声,不忍食其肉。是以君子远庖厨也。"

王说曰:"《诗》云:'他人有心,予忖度之。'夫子之谓也。夫我乃行之,反而求之,不得吾心。夫子言之,于我心有戚戚⑦焉。此心之所以合于王者,何也?"

曰:"有复⑧于王者曰:'吾力足以举百钧,而不足以举一羽;明足以察秋毫之末,而不见舆薪⑨。'则王许之乎?"

曰:"否。"

"今恩足以及禽兽,而功不至于百姓者,独何与?然则一羽之不举,为不用力焉;舆薪之不见,为不用明焉;百姓之不见保,为不用恩焉。故王之不王,不为也,非不能也。"

曰:"不为者与不能者之形,何以异?"

曰:"挟太山以超北海⑩,语人曰:'我不能',是诚不能也。为长者折枝⑪,语人曰:'我不能',是不为也,非不能也。故王之不王,非挟太山以超北海之类也;王之不王,是折枝之类也。老吾老,以及人之老;幼吾幼,以及人之幼,天下可运于掌。《诗》云:'刑于寡妻⑫,至于兄弟,以御于家邦。'言举斯心加诸彼而已。故推恩足以保四海,不推恩无以保妻子。古之人所以大过人者,无他焉,善推其所为而已矣。今恩足以及禽兽,而功不至于百姓者,独何与?权,然后知轻重;度,然后知长短。物皆然,心为甚。王请度之。抑王兴甲兵,危士臣,构怨于诸侯,然后快于心与?"

王曰:"否,吾何快于是?将以求吾所大欲也。"

曰:"王之所大欲,可得闻与?"

王笑而不言。

曰:"为肥甘不足于口与?轻暖不足于体与?抑为采色不足视于目与?声音不足听于耳与?便嬖⑬不足使令于前与?王之诸臣,皆足以供之,而王岂为是哉?"

曰:"否,吾不为是也。"

曰:"然则王之所大欲可知已,欲辟土地,朝秦楚,莅中国而抚四夷也。以若所为,求若所欲,犹缘木⑭而求鱼也。"

王曰:"若是其甚与?"

曰:"殆有甚焉!缘木求鱼,虽不得鱼,无后灾。以若所为,求若所欲,尽心力而为之,后必有灾。"

曰:"可得闻与?"

曰:"邹人与楚人战,则王以为孰胜?"

曰:"楚人胜。"

曰:"然则小固不可以敌大,寡固不可以敌众,弱固不可以敌强。海内之地,方千里者九,齐集有其一。以一服八,何以异于邹敌楚哉?盖亦反其本⑮矣。今王发政施仁,使天下仕者皆欲立于王之朝,耕者皆欲耕于王之野,商贾皆欲藏于王之市,行旅皆欲出于王之途,天下之欲疾其君者,皆欲赴愬于王。其若是,孰能御之?"

王曰:"吾惛⑯,不能进于是矣。愿夫子辅吾志,明以教我。我虽不敏,请尝试之。"

曰:"无恒产而有恒心者,惟士⑰为能。若民,则无恒产,因无恒心。苟无恒心,放辟邪侈⑱,无不为已。及陷于罪,然后从而刑之,是罔民⑲也。焉有仁人在位,罔民而可为也?是故明君制民之产⑳,必使仰足以事父母,俯足以畜妻子,乐岁终身饱,凶年免于死亡。然后驱而之善,故民之从之也轻。今也制民之产,仰不足以事父母,俯不足以畜妻子,乐岁终身苦,凶年不免于死亡。此惟救死而恐不赡,奚暇治礼义哉?王欲行之,则盍反其本矣:五亩之宅,树之以桑,五十者可以衣帛矣。鸡豚狗彘之畜,无失其时,七十者可以食肉矣。百亩之田,勿夺其时,八口之家,可以无饥矣。谨庠序之教,申之以孝悌之义,颁白者不负戴于道路矣。老者衣帛食肉,黎民不饥不寒,然而不王者,未之有也。"

【今译】

齐宣王问道:"齐桓公和晋文公的事业,可讲给我听听吗?"

孟子回答说:"孔子的门徒是不谈齐桓公和晋文公事业的,所以后世没有流传下来,我不曾听到过。如果一定要我说,就谈谈称王天下吧?"

宣王问:"要具备怎样的德行才可以称王天下呢?"

孟子答道:"安抚民众就可以称王天下,那是没有什么力量能够阻挡的。"

宣王问:"像我这样的人,能安抚民众吗?"

孟子说:"可以。"

宣王又问:"凭什么知道我可以呢?"

孟子回答:"我听您的近臣胡龁说,有一次大王坐在堂上,有人牵着牛从堂下经过,大王见了便问:'牵牛上哪儿去?'那人说:'准备杀了它祭钟。'大王说:'放了它吧!我不忍心见它吓得发抖的样子,就像没有罪而被处死似的。'那人问道:'那么,就不要祭钟了吗?'您说:'怎么能不祭呢?拿只羊代替吧!'不知道有没有这回事?"

宣王说:"有这回事。"

孟子说:"有这种好心就足以称王天下了。百姓们都以为大王吝啬,我却知道大王是于心不忍。"

宣王说:"对,果真有老百姓这么想,齐国虽然狭小,我还不至于舍不得一头牛吧?我就是不忍心见它吓得发抖的样子,就像没有罪而被处死似的,所以才用羊去代替。"

孟子说:"大王莫怪老百姓以为您吝啬。拿小的羊去换下大的牛,他们怎么会知道您的真正用心呢?大王要是真可怜它无罪而被处死,那牛与羊之间又有什么区别呢?"

宣王不禁发笑说:"真不知道这是什么心理在起作用?但我确实不是吝惜钱财才拿羊去换牛的,也难怪老百姓要说我吝啬。"

孟子说:"没关系,这正是表现仁爱的一种方法,因为当时大王只见到牛没见到羊。君子对于那些禽兽,看到它们活着,就不忍心看着它们死去;听到它们哀叫的声音,便不忍心吃它们的肉。所以,君子总是远离厨房。"

宣王听后高兴地说:"《诗经·小雅·巧言》里讲:'别人有想法,我能揣摩得到。'这话好像就是在说先生似的。我做了这件事,回过头来问自己为什么要这样做,却说不出个所以然来。经先生这么一讲,我心里有些触动和明白了。那么,这种心思为什么就能适合于称王天下呢?"

孟子说:"有个人向大王禀告:'我的力气能够举起三千斤重的东西,却拿不起一根羽毛;我的目力能够看清秋天里刚换过的兽毛的末梢,却看不见一车木柴。'大王会同意他这种说法吗?"

宣王说:"不会。"

孟子接着说:"现在大王的恩惠已达到禽兽的身上,却不能让老百姓得到好处,这又是什么原因? 这样看来,一根羽毛拿不起来,是因为不愿用力气;一车木柴看不见,是因为不愿用目力;老百姓得不到安抚,是因为不愿施行恩惠。所以大王不能称王天下,只是不肯做,并不是没有能力做。"

宣王问:"不肯做和没有能力做,有什么不同呢?"

孟子说:"将泰山挟在腋下跳过渤海,对别人说:'我没能力做。'这确实是没能力做。替年迈的长辈按摩肢体,对别人说:'我没能力做。'这是不肯做,不是没能力做。所以大王不能称王天下,不是属于将泰山挟在腋下跳过渤海一类的事;大王不能称王天下,是属于不肯替年迈的长辈按摩肢体一类的事。尊敬自家的长辈,进而也尊敬人家的长辈;爱抚自家的小辈,进而也爱抚人家的小辈。那么,治理天下就像在手掌上转动一件小东西那样容易了。《诗经·大雅·思齐》里说:'先教育自己的妻子,再教育自己的兄弟,然后推行到自己的封邑和国家。'这不过是说拿自己的好心推广运用到别人的身上而已。所以,能推广恩惠,就能保有天下;不能推广恩惠,连自己的妻儿也保护不了。

古代的圣贤明君之所以能远远胜过一般人,没有别的什么,只不过善于推己及人罢了。现在大王的恩惠能施及禽兽身上,而老百姓却得不到好处,又是什么原因呢?称一称,然后才知道轻重;量一量,然后才知道长短。什么东西都是这样的,而人的心思尤其需要这样。请大王仔细衡量一下吧!难道大王非要兴师动众,使您的臣下和士兵冒危险,与诸侯结下怨仇,然后才感到痛快吗?"

宣王说:"不,我对此有什么痛快呢?我只是谋求我非常想得到的东西。"

孟子问道:"大王非常想得到的东西,可以说来听听吗?"

宣王只是笑,不回答。

孟子问道:"是为了肥美的食品不够吃?还是又轻又暖的衣服不够穿?或者是艳丽的美色不够看?美妙的音乐不够听?侍奉左右的亲近宠臣不够使唤?这些,大王的臣下都能充分供给,大王难道为的是这些吗?"

宣王说:"不,我不是为这些。"

孟子说:"那么,大王非常想得到的东西就可以知道了:您是想扩张国土,使秦、楚等大国都来朝见,自己君临整个中原,安抚四方不同部族的地区。照您现在的所作所为,去追求您想得到的东西,简直好比爬到树上去抓鱼一样。"

宣王问:"有这么严重吗?"

孟子说:"恐怕还更严重呢!爬到树上去抓鱼,虽然抓不到鱼,却不会带来什么灾祸;照您的所作所为,去追求您想得到的东西,要是尽心竭力去做,一定会有灾祸在后面。"

宣王说:"能把这道理讲给我听吗?"

孟子问道:"假如邹国人跟楚国人开战,那么大王认为谁会得胜?"

齐宣王回答:"楚国人会得胜。"

孟子说:"这样说来,小国本来就不敌大国,人数少的本来就不敌人数多的,力量弱的本来就不敌力量强的。四海之内,拥有千里见方土地的国家一共有九个,齐国也只不过是其中一个。拿九分之一去征服九分之八,这和邹国与楚国对敌又有什么两样呢?为什么不回到根本上来解决问题?现在大王如果发布命令,施行仁政,使天下想做官的人们都愿意在大王的朝中任职,农民都愿意在大王的田野里耕种,商人们都愿意到大王的集市上做生意,来往旅客都愿取道于大王的道路,各国那些对自己国君不满的人民都愿来到大王面前控诉。真能做到这样,又有谁能阻挡得了呢?"

宣王说:"我头脑糊涂,不能做到这种程度。希望先生帮助我坚定意志,明确地教导我。我虽然不够聪明,请让我试着做吧。"

孟子说:"没有固定的产业,而能坚持向善之心的,只有读书明理的人才能做到。至于一般老百姓,如果没有固定的产业,就不会有一贯向善的心思。假如没有一贯向善的心思,那歪门邪道,不守法纪,胡作非为,什么都干得出来。等到他们犯了罪,然后施加刑罚,这等于设下网罗陷害人民。哪有仁爱之君在位,可以干出陷害人民的事呢?所以贤明的国君规定民众的产业,一定要使他们上足以赡养父母,下足以养活妻儿;遇上好年成能够温饱,即使凶年饥岁也不至于饿死;然后引导他们走向善的正道,民众也就容易听从了。现在规定民众的产业,上不足以赡养父母,下不足以养活妻儿;即使年成好也一年到头困苦,遇上凶年饥岁更免不了要饿死。像这样,连救性命都来不及,哪还有闲功夫去讲究礼义道德?大王既然想称王天下,何不回到根本上来呢:在五亩的宅田上,种植桑树,上五十岁的人就能穿丝织品衣服了;鸡和猪狗之类家畜,不失时节地繁殖饲养,上七十岁的人就能经常吃肉了。每户所种的百亩田地能不耽误耕种时节,八口之家就不会饿肚子。认真做好乡校教育,反复讲明孝敬长辈的道理,须发花白的老人就不会肩挑背负地出现在路上。年老的人穿丝绸、吃肉食,老百姓不少食缺衣,做到了这样还不能得到人民拥戴而成为王者,那还从来没有过。"

【注释】

① 齐宣王:姓田,名辟疆,齐国国君,公元前319—前301年在位。

② 齐桓、晋文:齐桓公,姓姜,名小白;晋文公,姓姬,名重耳。他们是春秋时的霸主。 ③ 王:王天下。 ④ 胡龁:齐宣王的近臣。 ⑤ 衅钟:古代新钟铸成,需杀牲口血祭,取畜血涂于钟的缝隙。 ⑥ 觳觫:吓得浑身发抖。 ⑦ 戚戚:心动的样子,即因合己意而感到心动。 ⑧ 复:禀告。 ⑨ 钧:三十斤为一钧。秋毫:鸟兽秋天换毛,新长的毛细,尖端尤其细小,叫秋毫。舆薪:车子装着的木柴。 ⑩ 太山:泰山。超:跳过。北海:渤海。 ⑪ 折枝:有三种解释,一为折取树枝,二为弯腰行礼,三为按摩搔痒;取第三种意思的注者略多。 ⑫ 刑于寡妻:刑,同"型",示范、榜样。寡妻,正妻、嫡妻。 ⑬ 便嬖:左右受宠之人。 ⑭ 缘木:缘,沿、循,缘木,爬到树上。 ⑮ 反其本:回到根本上。 ⑯ 惛:同"昏"。 ⑰ 士:这里指读书明理之人。 ⑱ 放辟邪侈:放荡、乖门邪道,不守法纪,胡作非为。 ⑲ 罔民:让人民陷入犯罪的罗网中。 ⑳ 制民之产:规定老百姓的产业。

【评析】

此章是《孟子》全书中篇幅最长的一章,内容涉及孟子政治思想的许多方面,如"保民而王""不忍之心""不能与不为""推恩""恒产与恒心""制民之产""仁政"措施等等。

从此章中,我们又一次充分领略到孟子的语言技巧。如开首齐宣王问齐桓公、晋文公的霸业,孟子由于不愿意与宣王谈"霸道"政治,所以他干脆回绝,说孔门"无道桓、文之事",这明显是在回避。实际上不仅孔门,就是孔子本人谈桓、文之事也不少,不妨看看《论语·宪问》,其中就有多条,如:"子曰:'晋文公谲而不正,齐桓公正而不谲'""桓公九合诸侯,不以兵车""管仲相桓公,霸诸侯,一匡天下,民到于今受其赐"等等。正因为如此,孟子的回答也颇让历史上的注家为难,赵岐、朱熹只能强解"无道"的"道"是"称颂"之意,显然这未必符合孟子本意。孟子就是不愿谈"霸道",所以话锋一转就把话题转到"王道"上去了。再如宣王谈到自己的"大欲"时,不愿明讲。孟子实际上很清楚宣王的"大欲"何在,但还是绕了个圈子,先从物质、声色等最常见的人的享受欲望说起,让宣王自己否定它们,然后再去挑明他真正的心思。这应该说是一种比较高明的进言或劝说的技巧,因为孟子不想让宣王感到太难堪,所以不一下子就点穿,而是用排他法,排除了通常的人的欲望后再进入要说的主题,这样说下去就显得很顺,宣王也难以再否认什么了。至于本章中孟子所用的那许多精妙的比喻,如"力举百钧""明察秋毫""挟太山以超北海""缘木求鱼"等等,早已成为中国人耳熟能详的著名成语,这里就不去多说它们了。

就此章中关于"仁政"的方面看,除了前面几章已经有过的一些内容之外,也还颇有值得我们注意的地方:

如君王施行"仁政"的进路问题。孟子提出以"不忍之心"(后面《公孙丑》篇中亦有提及)这一人人皆有"恻隐之心"为出发点。接下去就是简单而易行的"推恩"方法,即把这种"不忍之心",由禽兽推及人、由自己亲人推及他人,进而再推及天下。这么一来,行"仁政"便成为每个君王都有条件和力量做到的事,剩下的只是肯不肯做的问题,而不是能不能做的问题。所以,也就消除了那些想不行"仁政"的君王的任何理由或借口。

再如"制民之产"的问题。首先在所谓"产"的底线上,孟子定出的是一个可以行得通的、不太高的标准:老百姓拥有的财产只要能够上足以赡养父母、下足以抚养妻儿,只要能够保证丰年时衣食不愁,灾年时不至于饿死,那就基本上可以了。有了这样的基本条件,才有可能引导老百姓讲道德。这里特别值得我们重视的是孟子强调的一个观点,即首先必须满足老百姓自然生命的需要,然后再重视教育,否则的话,连救人活命都来不及了,哪还有什么闲功夫去讲究礼义道德?孟子的这一思想,一方面可说是对孔子先"富之"再"教之"思想的发挥;另一方面,也可说是对《管子》"仓廪实则知礼节,衣食足则知荣辱"思想的阐发。可以这么认为,孟子的这种主张,实际是中国人的一个普遍认同的传统想法,并不一定就是儒家所独有的。再进一步说,这一思想,即使在今天仍具有其重大意义。因为不管哪个时代,吃饱穿暖总是人的第一需要,有了这个起点,才能继续谈其他的什么发展,否则一切都会成为空话。

最后要指出的一点是,在此章中,孟子论述"恒产与恒心"时,特别强调了"士"的作用,孟子对读书明理的"士"要求很高,认为只有他们才能够做到"无恒产而有恒心"。这与孔子"士志于道""君子固穷,小人穷斯滥矣"的思想是一脉相承的。孔子、孟子对读书人的要求高,自有他们的理由。因为在中国古代,有"学而优则仕"的传统和制度,读书人就是国家官员的预备队,将来他们是要做官的。所以,必须要对他们有严格的要求,让他们能真正成为老百姓的表率。这实际是一种理想上的要求,在现实中未必能完全做到,可要求必须是严格的,这是读书人应该努力去做的方向。但反过来,我们还应该指出,孟子对读书人或曰知识分子的要求,只是作为特殊情况和相比较而言的;反之,他说的老百姓"无恒产则无恒心",却只是从一般情况来说的。这一点必需要加以分清,否则容易引起误解。因为,有些知识分子也有可能是"无恒产则无恒心"的,而有些老百姓也有可能做到"无恒产而有恒心",这都是相对而言的,不能一概而论,更不能绝对化。

梁　惠　王　下

【解题】

《梁惠王》下篇凡十六章,基本上都是反映孟子政治思想的内容。

前面十一章是孟子与齐宣王的谈话,其中比较集中地阐发了孟子关于"与民同乐"的主张,还包括治国、用人、政治革命的合法性等问题,以及当时齐、燕战争的问题。第十二章是孟子与邹穆公的一次谈话,内容是当政者如何待民,民也将如何待当政者。第十三至十五章是孟子与滕文公的谈话,话题集中在作为弱小之国将如何自处。末章记孟子游鲁国时,受臧仓之沮而不得见鲁平公之事。

庄暴①见孟子,曰:"暴见于王,王语暴以好乐,暴未有以对也。"曰:"好乐何如?"

孟子曰:"王之好乐甚,则齐国其庶几②乎!"

他日,见于王曰:"王尝语庄子以好乐,有诸?"

王变乎色,曰:"寡人非能好先王之乐也,直好世俗之乐耳。"

曰:"王之好乐甚,则齐国其庶几乎。今之乐,由③古之乐也。"

曰:"可得闻与?"

曰:"独乐乐④,与人乐乐,孰乐?"

曰:"不若与人。"

曰:"与少乐乐,与众乐乐,孰乐?"

曰:"不若与众。"

"臣请为王言乐。今王鼓乐⑤于此,百姓闻王钟鼓之声,管籥⑥之音,举疾首蹙頞⑦而相告曰:'吾王之好鼓乐,夫何使我至于此极⑧也?父子不相见,兄弟妻子离散。'今王田猎于此,百姓闻王车马之音,见羽旄⑨之美,举疾首蹙頞而相告曰:'吾王之好田猎,夫何使我至于此极也,父子不相见,兄弟妻子离散?'此无他,不与民同乐也。今王鼓乐于此,百姓闻王钟鼓之声,管籥之音,举欣欣然有喜色而相告曰:'吾王庶几无疾病与,何以能鼓乐也?'今王田猎于此,百姓闻王车马之音,见羽旄之美,举欣欣然有喜色而相告曰:'吾王庶几无疾病与,何以能田猎也?'此无他,与民同乐也。今王与百姓同乐,则王矣。"

【今译】

　　庄暴去见孟子,说:"我朝见宣王时,宣王告诉我他喜欢音乐,我不知道用什么话来应答。"他接着问孟子:"(国君)喜欢音乐怎么样?"

　　孟子说:"宣王要是非常喜欢音乐,那齐国差不多就会治理好了啊!"

　　后来有一天,孟子去见齐宣王时,问道:"大王曾经告诉庄暴喜欢音乐,有这回事吗?"

　　宣王听后有点惭愧,脸都变了色,说:"我喜欢的并不是先代帝王遗留下来的古乐,只不过是一些世俗流行的音乐罢了。"

　　孟子说:"大王要是非常喜欢音乐,那齐国差不多就会治理好了。时下流行的音乐和古代的音乐都一样嘛。"

　　宣王说:"可以把这道理讲给我听听吗?"

孟子问道:"独自一个人听音乐的乐趣,和与别人一起听音乐的乐趣,哪一种更快乐些?"

宣王说:"不如与别人一起听音乐更快乐。"

孟子继续问道:"与少数人一起听音乐的乐趣,和与多数人一起听音乐的乐趣,哪一种更快乐些?"

宣王说:"不如与多数人一起听音乐更快乐。"

孟子说:"就让我为大王讲讲娱乐吧。假如现在大王在这里演奏音乐,老百姓听到大王钟鼓之声和箫管之音,大家都感到头痛,皱着眉头,互相议论道:'我们大王喜欢听音乐,怎么把我们弄到这样困苦不堪的地步呢?父亲和儿子不能相见,兄弟和妻儿天各一方。'假如现在大王在这里打猎,老百姓听到大王车马的声音,看到装饰华美的旗帜,大家都感到头痛,皱着眉头,互相议论道:'我们大王喜欢打猎,怎么把我们弄到这样困苦不堪的地步呢?父亲和儿子不能相见,兄弟和妻儿天各一方。'这没有别的原因,只是由于不与百姓一同娱乐的缘故。假如现在大王在这里演奏音乐,老百姓听到大王钟鼓之声和箫管之音,大家都喜形于色,奔走相告,说:'我们大王大概没有什么疾病吧,要不怎么能奏乐呢?'假如现在大王在这里打猎,老百姓听到大王车马的声音,看到装饰华美的旗帜,大家都喜形于色,奔走相告,说:'我们大王大概没有什么疾病吧,要不怎么能打猎呢?'这没有别的原因,只是由于与百姓一同娱乐的缘故。倘若现在大王能与百姓一同娱乐,就能受到民众的拥戴,称王天下了。"

【注释】

① 庄暴:齐国的臣子,即下文中"庄子"。　② 庶几:差不多,这里意指不错了,即齐国能够治理好。　③ 由:通"犹",就像的意思。　④ 乐乐:前乐字是动词,指快乐、爱好等;后乐字是名词,指音乐。下同。　⑤ 鼓乐:奏乐。　⑥ 管籥:笙箫类乐器。　⑦ 举:都。疾首:头痛。蹙頞,皱眉状。　⑧ 极:穷困。　⑨ 羽旄:本指用五彩羽毛和旄牛尾做成的旗饰,这里指旗帜。

【评析】

本章主旨是讲统治者"与民同乐"的道理。孟子所讲的"与民同乐",重心并不在于简单地要求统治者应该与民众一起娱乐,而是强调统治者必须关心民众的疾苦。他用了对比的方式,展示了同一件事而引出的不同结果,以此来说明:问题的关键不在娱乐本身,因为同样是娱乐,施恩惠于百姓的君主还是能得到百姓的衷心拥戴;使百姓困苦的君主得到的却是百姓的反感乃至唾骂。由此引申开去,能"与民同乐"的君主,也就能称王天下。

在此章中,孟子提出了一个观点:"今之乐,由古之乐也。"这需要讲一讲。我们知道,儒家很重视"乐",经常把"乐"与"礼"并称。按儒家的观点,"礼乐"绝不仅是一些等级仪式和音乐舞蹈,而是具有政治运作和伦理教化的功能,"安上治乱莫善于礼,移风易俗莫善于乐",因此也就有了所谓的"礼教"和"乐教"。孔子一生都很重视乐,且在音乐方面有很深的造诣,他花了不少时间搜集整理古乐,谓:"吾自卫反鲁,然后乐正,《雅》《颂》各得其所。"(《论语·子罕》)孔子重视的是古乐,并不是流行音乐,且对当时郑国的流行音乐很反感,主张"放郑声",原因是"郑声淫"(见《论语·卫灵公》)。而孟子却说世俗音乐与古代雅乐差不多,与孔子明显不同。但这是有原因的:一是战国时代礼乐制度早已崩坏,孟子不可能再像孔子那样强调以礼乐治国;更主要的是孟子用意不在音乐本身,正如朱熹在其《集注》中引范氏语曰:"孟子切于救民,故因齐王之好乐开导其善心,深劝其与民同乐。而谓今乐犹古乐,其实今乐、古乐何可同也?但与民同乐之意,则无古今之异耳。若必欲以礼乐治天下,当如孔子之言,必用《韶》舞,必放郑声。盖孔子之言,为邦之正道;孟子之言,救时之急务,所以不同。"

齐宣王问曰:"文王之囿①,方七十里,有诸?"

孟子对曰:"于传②有之。"

曰:"若是其大乎?"

曰:"民犹以为小也!"

曰:"寡人之囿,方四十里,民犹以为大,何也?"

曰:"文王之囿,方七十里,刍荛者③往焉,雉兔者④往焉,与民同之。民以为小,不亦宜乎？臣始至于境,问国之大禁,然后敢入。臣闻郊关⑤之内,有囿方四十里,杀其麋鹿者,如杀人之罪,则是方四十里为阱⑥于国中。民以为大,不亦宜乎?"

【今译】

齐宣王问孟子:"据说周文王养禽兽、种花木的园子方圆有七十里,有这回事吗?"

孟子答道:"古书上是这么记载的。"

宣王说:"真有这么大吗?"

孟子说:"老百姓还觉得它小呢!"

宣王说:"我的园子方圆只有四十里,老百姓还觉得它大,这是为什么?"

孟子说:"周文王的园子,方圆七十里,割草打柴的人能去,捕鸟打猎的人也能去,文王与百姓同享园子之利。老百姓认为它小了,不是很自然吗？我刚踏上齐国边境,先打听齐国有哪些重大禁令,然后才敢入境。我听说国都远郊有个方圆四十里的园子,如射杀园中的麋鹿,如同犯了杀人罪一样,这不就等于在国中设了个方圆四十里的大陷阱？老百姓因此嫌它大了,不也是很自然吗?"

【注释】

① 囿:花园。　②传:本指解释经典的著作,这里泛指古书。　③ 刍荛者:刍,饲料,荛,柴火;刍荛者即割草打柴的人。　④ 雉兔者:雉,野鸡;雉兔者即捕鸟打猎的人。　⑤ 郊关:远郊。　⑥ 阱:陷阱。

【评析】

此章接前一章之说,意思也基本相同。

齐宣王问曰:"交邻国有道乎?"

孟子对曰:"有。惟仁者为能以大事小,是故汤事葛①,文王事昆夷②。惟智者为能以小事大,故大王事獯鬻③,勾践事吴④。以大事小者,乐天者也;以小事大者,畏天者也。乐天者保天下,畏天者保其国。《诗》云:'畏天之威,于时保之⑤。'"

王曰:"大哉言矣!寡人有疾,寡人好勇。"

对曰:"王请无好小勇。夫抚剑疾视曰:'彼恶敢当我哉!'此匹夫⑥之勇,敌一人者也。王请大之!《诗》云:'王赫斯怒,爰整其旅,以遏徂莒,以笃周祜,以对于天下⑦。'此文王之勇也。文王一怒而安天下之民。《书》曰:'天降下民,作之君,作之师,惟曰其助上帝宠之。四方有罪无罪惟我在,天下曷敢有越厥志⑧?'一人衡行⑨于天下,武王耻之。此武王之勇也。而武王亦一怒而安天下之民。今王亦一怒而安天下之民,民惟恐王之不好勇也。"

【今译】

齐宣王问道:"跟邻国交往有原则吗?"

孟子回答:"有的。只有仁爱的君主才能以大国事奉小国,所以商汤事奉过葛伯、周文王事奉过混夷。只有明智的君主才能以小国事奉大国,所以周太王古公亶父事奉过獯鬻族、越王勾践事奉过吴王夫差。以大国事奉小国,是顺应天理的人;以小国事奉大国,是敬畏天理的人。顺应天理的人就能够保有天下,敬畏天理的人则能够保有他的国家。《诗经·周颂·我将》中说:'敬畏上天的威严,于是保有了国家。'"

宣王说:"说得太好了! 可是我有个毛病,我喜爱勇武。"

孟子答道:"那请大王不要喜爱小勇。一个人手按佩剑、圆睁双目说:'他怎敢抵挡我!'这只是寻常之人的勇,它只能敌对一个人。请大王把喜爱的勇武扩大开去!《诗经·大雅·皇矣》中说:'周文王勃然大怒,于是整顿好军队,阻击侵犯莒国的敌人,以增强周人的福祉,并对天下人作了交待。'这就是文王的勇武。文王一旦勃然大怒,便能使天下的民众得到安定。《尚书》中说:'上天降生下民,替他们立了君主,也替他们安排了老师,君主和老师的责任就是帮助天帝慈爱下民。所以四方的人有罪或无罪,由我(周武王)来负责。天下有谁敢违背上天的意志起来作乱呢?'只要有一个人敢在天下横行霸道,武王便认为是自己的耻辱。这就是武王的勇武。武王也只要一旦发怒,便能使天下的民众得到安定。现在大王要是也做到一旦发怒,便能使天下的民众得到安定,那民众惟恐您大王不喜爱勇武哩。"

【注释】

① 汤事葛:汤,商汤;事,事奉;葛,国名;汤事葛,见《孟子·滕文公下》第五章。 ② 文王事昆夷:昆夷,有作串夷或混夷,西戎国名。文王事昆夷,据唐孔颖达《毛诗正义》引《帝王世纪》谓:混夷侵扰周国,周文王忍让不战,"不废交邻之礼",具体事已不可考。 ③ 大王事獯鬻:大王亦作太王,即古公亶父;獯鬻,古代北方少数民族,后称匈奴,即本篇十五章中的"狄人";大王事獯鬻,见本篇第十五章。 ④ 勾践事吴:勾践,越王;据《左传》《史记》《国语》等记载,吴王夫差打败越国,勾践派人求和,对吴称臣,然后卧薪尝胆,最终复仇。 ⑤《诗》:指《诗经·周颂·我将》。于时:于是。 ⑥ 匹夫:平民、常人。 ⑦《诗》:指《诗经·大雅·皇矣》;王赫斯怒:王,指文王,赫,发怒的样子;爰:于是;旅:军队;徂:往伐;莒:国名;笃:增加;祜:福祉;对:回答。 ⑧《书》:指《尚书·泰誓上》(今通行本疑为伪书),文字与孟子所引有出入。惟曰其助上帝宠之:意即君和师的职责在于帮助上帝慈爱下

民。我：指周武王自己。厥：其。　⑨ 衡行：衡通"横"，即横行。

【评析】

与梁惠王相比，可以发现齐宣王的态度较好，比较老实和坦白，对孟子也有足够的尊重，尽管对孟子的劝说他与梁惠王一样也不太愿意听。同时，我们也可以发现，齐宣王是一个比较滑头的人物，很会转移话题。本章一开头问的原是对外邦交的原则问题，但孟子回答的"以大事小"和"以小事大"的仁与智这两种原则，宣王实在不想听。所以他就在中间打岔，转移话题，说自己有"好勇"的毛病。可这并没有难倒孟子，孟子就顺着宣王"好勇"的话题应变，以"王请大之"转出历史上的圣君周文王、周武王"大勇"的事迹，从而继续了他一贯的"王道""仁政"主张的宣传。

齐宣王见孟子于雪宫①。王曰："贤者亦有此乐乎？"

孟子对曰："有。人不得，则非其上矣。不得而非其上者，非也②；为民上而不与民同乐者，亦非也。乐民之乐者，民亦乐其乐；忧民之忧者，民亦忧其忧。乐以天下，忧以天下，然而不王者，未之有也。昔者齐景公问于晏子曰③：'吾欲观于转附、朝儛，遵海而南，放于琅邪④。吾何修而可以比于先王观也？'晏子对曰：'善哉问也！天子适诸侯曰巡狩，巡狩者，巡所守也。诸侯朝于天子曰述职，述职者，述所职也。无非事者。春省耕而补不足，秋省敛而助不给⑤。夏谚曰：吾王不游，吾何以休？吾王不豫⑥，吾何以助？一游一豫，为诸侯度。今也不然，师行而粮食，饥者弗食，劳者弗息。睊睊胥谗，民乃作慝⑦。方命虐民，饮食若流⑧。流连荒亡，为诸侯忧。从流下而忘反谓之流，从流上而忘反谓之连，从兽⑨无厌谓之荒，乐酒无厌谓之亡。先王无流连之乐,荒亡之行。惟君所行也。'景公悦,大戒于国,出舍于郊⑩。于是始兴发,补不足,召大师曰:'为我作君臣相说之乐⑪!'盖《徵招》《角招》是也。其诗曰:'畜君何尤⑫?'畜君者,好君也。"

【今译】
  齐宣王在自己的离宫——雪宫会见孟子。宣王说:"贤德之人也有这种享乐吗?"
  孟子答道:"有的。人们得不到这种享乐,就会埋怨他们的君主。得不到这种享乐便埋怨他们的君主,是不对的;作为民众的君主却不与民众一同享受这种快乐,也是不对的。以民众的快乐为自己的快乐的人,民众也会以他的快乐为他们的快乐;以民众的忧愁为自己忧愁的人,民众也会以他的忧愁为他们的忧愁。乐与天下同乐,忧与天下同忧,这样还不能使天下归心而称王,还从未有过。从前齐景公问晏婴说:'我打算到转附和朝儛两座山去游览一番,然后沿海岸向南走,直达琅邪。我该怎样做才能与古代圣王的巡游相比拟呢?'晏婴答道:'问得好呀!天子到诸侯的国家去叫作巡狩,巡狩就是巡视诸侯所守的疆土。诸侯去朝见天子叫作述职,述职就是汇报自己所担负职守的情况。这些活动没有不是结合着政事进行的。春天视察耕种,借此补助贫困的农户;秋天视察收割,借此补助缺粮的农户。夏朝的谚语说:"我们大王不出游,我们怎能获休息?我们大王不闲逛,我们从何得救助?我们大王出游与闲逛,足为诸侯学习与效法。"现在就不同了,国君出游,兴师动众费粮食,闹到饥饿的人没饭吃,劳作的人不得息。人们侧目而视,怨声载道,民众都要被迫作恶了。这是放弃先王教导,虐害百姓,大吃大喝如流水。这种流连荒亡,诸侯也为之担忧。(什么叫流连荒亡呢?)顺流而下游乐忘返叫作流,逆流而上游乐忘返叫作连,打猎没个厌倦叫作荒,酗酒没个节制叫作亡。古代圣王没有这种流连的游乐、荒亡的行为。大王自己选择哪一种做法吧。'景公听了很高兴,在都城内作准备,然后到郊外去驻扎。于是拿出钱粮,补助缺衣少食的穷人。并把乐官召来,说:'替我创作君臣同乐歌吧!'那就是《徵招》和《角招》。歌辞中说:'制止君主的物欲有何不对?'制止君主的物欲,正是爱护君主呀。"

【注释】

① 雪宫:齐国离宫名,即供齐王出巡时用的行宫别墅。 ② 前一个非指非议、埋怨;后一个非指不对。 ③ 齐景公:春秋时齐国国君,姓姜,名杵臼。晏子:名婴,齐景公时的贤相。 ④ 观:游。转附、朝儛:都是山名。遵:循、沿。放:到。琅邪:齐国东南边境的邑名。 ⑤ 省:视察。补不足:补助农具、种子不足的农户。敛:收割。助不给:帮助劳力、口粮不足的农户。 ⑥ 豫:闲游。 ⑦ 睊睊:侧目而视状。胥:都。谗:谤毁。慝:邪恶。 ⑧ 方命:方通"放",即放弃先王教导。若流:像流水一般。 ⑨ 从兽:田猎。 ⑩ 戒:准备。舍:居。 ⑪ 大师:太师,即乐官。说:同"悦"。 ⑫ 畜:制止。尤:过错。

【评析】

此章仍是谈统治者应该"与民同乐"的话题。与前面谈"与民同乐"稍有不同的是,在此章中孟子非常概括性地说出"与民同乐"的道理,而没有过多地纠缠于具体同什么乐、应该怎样同等问题。此外,孟子还把"与民同乐"这个命题的题中应有之义,即与之相对的"与民同忧"这一面,也点了出来。所以,"乐民之乐者,民亦乐其乐;忧民之忧者,民亦忧其忧。乐以天下,忧以天下,然而不王者,未之有也"这段话,可视为孟子"与民同乐"思想总结性的论述。而后面一段内容,主要是孟子还觉得上面的总结意犹未尽,所以选择了历史上齐景公与晏婴的一个故事作为例证,一方面是加强其说服力,另一方面,也同时宣传了他的"王道""仁政"思想。

齐宣王问曰:"人皆谓我毁明堂,毁诸,已乎①?"

孟子对曰:"夫明堂者,王者之堂也。王欲行王政,则勿毁之矣。"

王曰:"王政可得闻与?"

对曰:"昔者文王之治岐也,耕者九一,仕者世禄,关市讥而不征,泽梁无禁,罪人不孥②。老而无妻曰鳏,老而无夫曰寡,老而无子曰独,幼而无父曰孤。此四者,天下之穷民而无告③者。文王发政施仁,必先斯四者。《诗》云:'哿矣富人,哀此茕独④!'"

王曰:"善哉言乎!"

曰:"王如善之,则何为不行?"

王曰:"寡人有疾,寡人好货⑤。"

对曰:"昔者公刘⑥好货,《诗》云:'乃积乃仓,乃裹糇粮,于橐于囊,思戢用光。弓矢斯张,干戈戚扬,爰方启行⑦。'故居者有积仓,行者有裹囊也,然后可以爰方启行。王如好货,与百姓同之,于王何有?"

王曰:"寡人有疾,寡人好色。"

对曰:"昔者大王好色,爱厥妃⑧。《诗》云:'古公亶父,来朝走马,率西水浒,至于岐下。爰及姜女,聿来胥宇⑨。'当是时也,内无怨女,外无旷夫⑩。王如好色,与百姓同之,于王何有?"

【今译】

齐宣王问道:"人们都劝我拆毁明堂,是拆毁呢,还是不拆?"

孟子答道:"明堂这种建筑,是称王天下者的殿堂。大王如果想要实行王道政治,就不要拆毁它了。"

宣王说:"关于王道政治,可以讲给我听听吗?"

孟子回答说:"当年文王治理岐周时,对耕田的人只抽九分之一的税,做官的人给予世代承袭俸禄,关卡和市场仅稽查而不征税,在湖泊里捕鱼没有禁令,对犯罪者处罚不牵连妻儿。年老而无妻子的人叫作鳏,年老而无丈夫的人叫作寡,年老而无儿子的人叫作独,年幼而无父亲的人叫作孤。这四种人,是世间最无依无靠的穷苦人。文王发布政令、施行仁政时,一定把这四种人作为优先抚恤的对象。《诗经·小雅·正月》中说:'过得不错的还要数富人,最可哀怜的就是这些孤独者!'"

宣王说:"这话说得真好啊!"

孟子说:"大王如果认为好,那为什么不实行呢?"

宣王说:"我有个毛病,我贪爱财货。"

孟子答道:"从前公刘也贪爱财货,《诗经·大雅·公刘》中说:'收拾好露囤和内仓,包裹好干粮,装进大小口袋中。人民安集,国威光大。备好弓箭,拿起干戈与戚扬,于是动身向前方。'所以,要做到留下的人仓里有积谷,出征的人囊橐里有干粮,这样军队才可以出发。如果大王贪爱财货,能与老百姓一同享用,这对于实行王道政治又有什么不可以呢?"

宣王又说:"我还有个毛病,我贪好女色。"

孟子回答说:"从前太王也贪好女色,宠爱他的妃子。《诗经·大雅·绵》中说:'古公亶父为立家,一大清早跨骏马,傍着西水边上走,一直来到岐山下。同来还有姜氏女,视察居处好安家。'在那个时候,内室里没有找不到丈夫的女子,外边也没有娶不到妻子的光棍。如果大王贪好女色,也能满足老百姓这方面的需求,这对于实行王道政治又有什么不可以呢?"

【注释】

① 明堂:本是古代天子宣明政教之地。齐宣王所言的明堂,原是周天子向东巡狩时接受诸侯朝见的处所,在齐国境内泰山下,汉朝时遗址尚存。已:止。　② 岐:周的旧国,在今陕西岐山一带。耕者九一:

传说是周代井田制度中的税收制度,即公家征收了农民九分之一的税,参见《滕文公上》第三章。仕者世禄:为官者子孙世袭其父祖的土地、俸禄。关市讥而不征:关,关卡;市,市场;讥,稽查;征,抽税。泽梁无禁:泽,湖泊;梁:拦水捕鱼的水堰。罪人不孥:孥,妻儿;不孥,不株连妻儿。　③ 无告:无所告诉。　④《诗》:指《诗经·小雅·正月》。哿:可。茕:孤单。　⑤ 货:财货。　⑥ 公刘:周朝创建者。⑦《诗》指《诗经·大雅·公刘》。积:露天积粮食处。餱粮:干粮。橐:小而无底的口袋。囊:大而有底的口袋。戢:安集。用:以。光:大。干戈戚扬:四种武器名。　⑧ 厥妃:他的妃子。　⑨《诗》:指《诗经·大雅·绵》。率:沿。水浒:水边。姜女:大王的妃子,名太姜。聿:语助词。胥:视察。宇:房舍。　⑩ 怨女:没有丈夫的女子。旷夫:没有妻子的男人。

【评析】

这次谈话的由头是"明堂"。所谓"明堂",即"明政教化之堂"。在中国古代的政治及文化运作中,明堂有其重要的地位,国家许多重要的活动如祭祀、朝会、布政、大飨、选士等,都是在明堂举行的。所以,在中国古代文化典籍中多有关于明堂的记载,如《周礼·冬官考工记》中有关于明堂形制的描述、《小戴礼记》中有专门的《明堂位》一篇、《大戴礼记》中也有专门的《明堂》篇,至于论及明堂的就不胜枚举了。

齐宣王提到的那个明堂,据说是周武王东征时所建,位于当时属于齐国境内的泰山脚下。宣王有此一问,究竟居心如何,是否有蔑视中央周天子的心态? 抑或有取周而代之的野心? 不得而知,也不必费心去猜。孟子则仍以"王道"政治之需作答,于是话题又转到了"王道"政治上。

然而当孟子展开周文王的"王道"政治话题后,宣王又受不了了。一面戴高帽子说太好了;一面赶紧打岔开溜,一次不行还来第二次,把比"音乐""田猎""苑囿""游观""好勇"等更厉害的"武器"——"好货"与"好色",统统搬了出来。他想将孟子一军,看看你这个自称"圣人之徒"的孟子究竟如何应对。但这对孟子说来也不是什么难题,你纵使千变万化,我自有一定之规。孟子还是先就事论事,并马上举两个历史上的例子给你看看,然后借题发挥,运用"与民同乐"的原理,以一句"与百姓同之",把"好货""好色"的话题又引向他"王道""仁政"的主题上去了。

　　对孟子的良苦用心,历来的注家或研究者的感受并不完全相同。如汉代的经学家赵岐在此章的《章指》中说:"夫子(孟子)恂恂然善诱人,诱人以进于善也。齐王好货、好色,孟子推以公刘、太王,所谓'责难于君谓之恭'者也。"到了宋代的理学家朱熹那里,这变成讲"天理人欲"的问题了:"盖钟鼓、苑囿、游观之乐,与夫好勇、好货、好色之心,皆天理之所有,而人情之所不能无者。然天理、人欲,同行异情。循理而公于天下者,圣人之所以尽其性也;纵欲而私于一己者,众人之所以灭其天也。二者之间,不能以发,而其是非得失之归,相去远矣。故孟子因时君之问,而剖析于几微之际,皆所以遏人欲而存天理。"

　　在现代研究者的眼里,对此的看法也有大相径庭的。如南怀瑾在其《孟子旁通》中认为,孟子注重教化,但绝不是一个迂腐的人。他比喻说:齐宣王善打太极推手,把不喜欢听的东西马上推开。而孟子则以"打蛇贴棍上"之法,顺着你来,即使你齐宣王再有其他借口,孟子照样可以对付。如假设齐宣王好吃零食,孟子就会说没关系。只要把点心做得很多很多,人人都能吃到就行;假如齐宣王说好踢球,大概孟子也会说没关系,只要全国的人都有踢球的闲暇和兴致,都把脚力练好,就是好的。可反过来也有学者对孟子的做法不以为然的。如陈大齐在其《孟子名理思想及其辩说实况》中认为,孟子染上了当时纵横家游说好辩的风习,有"阿附以取容"之嫌,他说:"在孟子当时,知识阶级已掀起了好辩的风气。孟子贤者,当时无意于同流合污,但习俗移人,容亦于不知不觉间有所沾染。兼因孟子卫道心切,词锋锐利,咄咄逼人,遂亦为人疑为好辩而视同辩士。且孟子有些言论,例如对齐宣王所说的,甚足令人疑其有类于苏秦张仪之流的游说。齐宣王自称好勇,孟子请其'大之',齐宣王自称好货好色,孟子请其'与百姓同之',其用意固在顺其所好以导其为善,其形迹则有似于阿附以取容。"

孟子谓齐宣王曰:"王之臣,有托其妻子于其友而之①楚游者,比②其反也,则冻馁③其妻子,则如之何?"

王曰:"弃之。"

曰:"士师不能治士④,则如之何?"

王曰:"已⑤之。"

曰:"四境之内不治,则如之何?"

王顾左右而言他。

【今译】

孟子对齐宣王说:"大王的某个臣子,把妻儿托付给他的朋友照看,而自己去游楚国了。等他回来时,他的妻儿却在受冻挨饿,那该怎么办呢?"

宣王说:"与他绝交。"

孟子又问:"监狱官如果不能管理他的属下,那该怎么办呢?"

宣王说:"撤他的职。"

孟子进一步问:"一个国家假如不能治理好,那又该怎么办呢?"

宣王回过头去东张西望,把话题扯到别的事上去了。

【注释】

①之:往。 ②比:及。 ③馁:饥饿。 ④士师:狱官。士:狱官的下属。 ⑤已:罢免。

【评析】

此章虽短,却十分精彩。孟子提问,环环紧扣,最后一问,既在情理中,又出意料外。"王顾左右而言他"寥寥数字,传神之极,写尽了齐宣王无颜以对的尴尬情景。

孟子见齐宣王曰:"所谓故国①者,非谓有乔木②之谓也,有世臣③之谓也。王无亲臣矣,昔者所进,今日不知其亡④也。"

王曰:"吾何以识其不才而舍之?"

曰:"国君进贤,如不得已,将使卑逾尊,疏逾戚,可不慎与?左右皆曰贤,未可也;诸大夫皆曰贤,未可也;国人皆曰贤,然后察之;见贤焉,然后用之。左右皆曰不可,勿听;诸大夫皆曰不可,勿听;国人皆曰不可,然后察之;见不可焉,然后去之。左右皆曰可杀,勿听;诸大夫皆曰可杀,勿听;国人皆曰可杀,然后察之;见可杀焉,然后杀之。故曰国人杀之也。如此,然后可以为民父母。"

【今译】

孟子去见齐宣王,说:"我们平常说的历史悠久的国家,不是说它有年代久远的高大树木,而是说有累世功勋的老臣的意思。大王现在没有亲信的臣子了,过去所进用的人,现在想不到都失去了职位。"

宣王说:"我怎样才能识别无能之人而不用他呢?"

孟子说:"国君进用贤才,如果万不得已,要使卑贱者超过尊贵者,疏远者超过亲近者,对这种事能不慎重吗?因此,左右亲信都说此人贤能,不足凭信;各位大夫都说此人贤能,不足凭信;全国的人都说此人贤能,然后对他进行考察,发现他确实贤能,再起用他。左右亲信都说此人不行,不足听信;各位大夫都说此人不行,也别听信;全国的人都说此人不行,然后对他进行调查,发现他确实不行,再罢免他。左右亲信都说此人可杀,不足听信;各位大夫都说此人可杀,也别听信;全国的人都说此人可杀,然后对他进行调查,发现他确实可杀,再杀掉他。所以说,这是全国人杀的。这样,才可以真正做百姓的父母。"

【注释】

① 故国：历史悠久之国。　② 乔木：年代久远的高大树木。　③ 世臣：累世建功的臣子。　④ 亡：去职。

【评析】

此章讨论的是国君如何用人的问题，也兼及了如何处罚人的问题。在用人问题上，春秋战国时的诸子观点并不相同，道家是主张"不尚贤"的，而儒家与墨家却都是主张"尚贤"的，尽管对"贤"的标准可能有理解上的不同。孟子这里提出的观点，实际上是对孔子关于"众恶之，必察焉；众好之，必察焉"（《论语·卫灵公》）思想的进一步展开。

概括孟子这方面的思想，要点是慎重再慎重。而方法则不外两点：一是多听意见不轻信，二是多做调查研究。这里，孟子特别强调了大多数民众的作用，如今谚所谓"群众眼睛是雪亮的"，群众的意见是展开调查研究的出发点。

齐宣王曰："汤放桀①，武王伐纣②，有诸？"

孟子对曰："于传有之。"

曰："臣弑君可乎？"

曰："贼③仁者谓之贼，贼义者谓之残。残贼之人，谓之一夫④。闻诛一夫纣矣，未闻弑君也。"

【今译】

　　齐宣王问孟子："商汤流放夏桀，周武王讨伐商纣，有这回事吗？"

　　孟子答道："古书上是这么记载的。"

　　宣王说："为臣的人杀掉他的君主，行吗？"

　　孟子答道："损害仁的人叫作'贼'，损害义的人叫作'残'，残贼的人,叫作'独夫'。我只听说周武王杀了独夫商纣,没听说过杀掉君主。"

【注释】

① 汤放桀:汤,商朝开国君主;桀,夏朝末世暴君;放,流放,《尚书》载"成汤放桀于南巢"。 ② 武王伐纣:商朝末纣王无道,周武王姬发出兵伐纣,纣王兵败自焚。 ③ 贼:损害。 ④ 一夫:独夫。

【评析】

此章是《孟子》书中历来引人注目的一章,因为它讨论的是历史上所谓"汤武革命"的合法性问题。

齐宣王这次似乎是有备而来的,所以问话带有进攻性的味道。他以为儒家既然强调等级秩序,不可以下犯上,那么你们儒家盛赞"汤武革命"不就与之有矛盾吗?尤其是武王伐纣使商纣王死,明显是以下犯上的"弑君"行为。孟子的回答可以说既让宣王吃惊,更让宣王不悦。孟子的逻辑很清楚,残害仁义的人是没有资格做国君的,所以武王伐纣的性质只是杀了一个独夫民贼,不是"弑君"。

可以认为,孔子是不太可能说出这样大胆和明白的观点的,因此这是孟子思想超越孔子的一个重要方面,即敢于肯定臣下和人民有反抗暴君和起来革命的权力。实际上,孟子在这方面还有许多论述。按孟子的观点,区别一个君主的好坏,在于"仁"与"不仁",而"仁"与"不仁"的标准在于"得其民"还是"失其民",如他在后面《离娄》中所说的:"三代(夏、商、周)之得天下也以仁,其失天下也以不仁""桀、纣之失天下也,失其民也"等。

关于"汤武革命"问题,孟子以后历史上也多有讨论,最出名的大概要算西汉景帝时《齐诗》博士辕固生与道家学者黄生的那场辩论了:作为儒家学者的辕固生当然是遵从孟子的观点,所以他认为汤、武是天下归心,因此是"受命";黄生则认为汤武是"弑"而不是"受命",理由是帽子再破还得戴在头上,鞋子虽新只能穿在脚下,上下的位置是不能颠倒的,汤、武不管怎么说都是臣下,桀、纣不管怎么说也是君上。没想到辕固生最后把话题牵扯到汉高祖刘邦代秦的合法性上去了。汉景帝本来是偏向道家思想的,但遇到这么个棘手问题,他又不能说辕固生错了,否则等于否定自己皇位的合法性,所以只能也玩起"太极推手",出面调解说:"食肉不食马肝,不为不知味,言学者无言汤武受命,不为愚。"制止了这场争论(参见《史记·儒林传》)。

老实说,孟子的这个观点,齐宣王不愿听,汉景帝也不愿听,一般说来中国历史上没有哪个君王是愿意听的。但反应最强烈的,还要数明代那个杀人如麻的开国皇帝朱元璋了。他看到孟子说的这些话(当然不仅是这一章,但这无疑是最重要的章节之一),大为震怒,说:"这老家伙要活到今天,非严办不可!"于是下令把孟子的配享牌位撤出孔庙,后因大臣们的死谏才作罢。但他还是让一些御用文人对《孟子》一书大加删节,全书总共 261 章,一下子就删去了 85 章之多,近三分之一,本章自然是不能幸免的。不过,孟子思想既然已经成为中国传统思想的一个组成部分,那就不是哪个有权力的个人想说不要就能不要的。这不,我们现在照样还在读这一章,我们的后人也照样会读到这一章的。

孟子见齐宣王曰:"为巨室,则必使工师①求大木。工师得大木,则王喜,以为能胜其任也。匠人斲②而小之,则王怒,以为不胜其任矣。夫人幼而学之,壮而欲行之,王曰:'姑③舍女④所学而从我',则何如?今有璞⑤玉于此,虽万镒⑥,必使玉人雕琢之。至于治国家,则曰:'姑舍女所学而从我',则何以异于教玉人雕琢玉哉?"

【今译】

孟子去见齐宣王,说:"要建造大房子,就一定要打发工匠长去寻求大木料。工匠长找到了大木料,大王就高兴,认为他很称职。一旦工匠把木料砍小了,大王便要发怒,认为他不称职。有人从小学习一门专业,长大后打算实行,大王却说,'暂且抛开你所学的东西,照我的话去做',那会怎么样呢?现在这里有块没有经过雕琢的璞玉,虽然价值很昂贵,也一定要请玉匠雕琢加工。至于治理国家,你却(对学治天下术的人)说,'暂且抛开你所学的东西,照我的话去做',那与你去教玉匠雕琢玉石又有什么两样呢?"

【注释】
① 工师:管理工匠的官吏。　② 斲:砍,削。　③ 姑:暂且。
④ 女:通"汝",即你。　⑤ 璞:含玉的石头,或未经琢磨的玉。
⑥ 镒:古代重量单位,合二十两(一说二十四两);万镒,极言其贵重。

【评析】
此章是孟子与齐宣王谈做事不能凭一己私欲行事,我想怎样就怎样,治理国家就更是如此了。孟子说这番话时,在齐国逗留的时间已经不短。他对齐宣王可谓是循循善诱了,说了那么多关于"王道""仁政"的道理,但宣王仍然我行我素,不为所动,尽管表面上对孟子很客气、很尊重。所以,孟子说这番话时已经萌生了离开齐国的念头。这里,他含蓄地点出自己从小所学的就是儒家关于先王治天下的道理,现在就是想把所学到的东西付诸实践。但你宣王却言不听、教不从,不仅"顾左右而言他",而且还想"姑舍女所学而从我",这令他非常失望。确实,对孟子说来这也是一件为难的事,他的政治理想是"王道""仁政",要他放弃自己的信念去迁就那些自以为是的国君,是不可能的;但反过来,那些功利主义为上的国君,也不可能真去实行孟子带有理想色彩的政治主张。所以,孟子惟一的选择大概也只有走人了。这就如朱熹在《集注》此章末感慨的那样:"孔孟终身而不遇,盖以此而"。不久,爆发"齐人伐燕"事件,孟子阻止宣王"取燕"不成,最终决定离开齐国,那是后话了。

齐人伐燕①,胜之。宣王问曰:"或谓寡人勿取,或谓寡人取之。以万乘之国伐万乘之国,五旬而举之②,人力不至于此③。不取,必有天殃。取之何如?"

孟子对曰:"取之而燕民悦,则取之。古之人有行之者,武王是也④。取之而燕民不悦,则勿取。古之人有行之者,文王是也⑤。以万乘之国伐万乘之国,箪食壶浆⑥以迎王师,岂有他哉?避水火也。如水益深,如火益热,亦运⑦而已矣。"

【今译】

齐国攻打燕国,获胜。齐宣王问道:"有人叫我不要吞并燕国,有人却叫我吞并它。以一个有万辆兵车的国家去攻打另一个有万辆兵车的大国,五十天便攻了下来,光凭人力是做不到的。如不吞并它,一定会遭到老天的惩罚。吞并它怎么样?"

孟子答道:"如果吞并它而使燕国民众高兴,就吞并它。古人有这样做的,周武王便是。要是吞并它而使燕国民众不高兴,就不要吞并它。古人有这样做的,周文王便是。以一个有万辆兵车的国家去攻打另一个有万辆兵车的大国,老百姓用筐盛着饭、用酒壶盛着酒浆来迎接大王的军队,还会有别的用意吗?不过是想避免那种水深火热的生活罢了。如果让老百姓蒙受的灾难更加深重,那他们就只好走避他方了。"

【注释】

① 齐人伐燕:齐宣王五年(公元前315年),燕国由于王位问题发生内乱,齐国趁机出兵伐燕,并很快取得胜利。 ② 举之:攻克,占领。 ③ 人力不至于此:意即齐师速胜,不是光凭人力,而是合乎天意。 ④ 武王是也:指武王取商而商民悦的情况。 ⑤ 文王是也:指文王因商有贤臣微子、箕子和比干,取商恐商民不服,故不取。 ⑥ 箪食

壶浆:箪,盛饭之器;食,食物;浆,饮料。 ⑦ 运:徙、行,有走避的意思。

【评析】

齐人之所以伐燕,是由于燕国当时出现了因王位问题而引起的内乱。公元前315年,燕王哙把王位让给了国相子之,燕国人不服,发生内乱。齐国趁机攻打燕国,燕人几乎没有什么抵抗,齐国大获全胜,于是就有了齐宣王问孟子要不要吞并的一幕。这里,孟子的回答是既不肯定,也不否定,只是强调了燕国民众的态度如何是吞并与否的关键所在。这是符合他一贯主张的。

但根据《公孙丑下》第八章载,孟子私下里与沈同说的时候,又同意伐燕,只是不同意齐国伐燕罢了。而据司马迁《史记·燕召公世家》中记,孟子又是支持齐王伐燕的,说:"今伐燕,此文、武之时,不可失也。"这些文献记载上的矛盾,已颇难理清,我们只能就本章的文字本身而论了。

齐人伐燕,取之。诸侯将谋救燕。

宣王曰:"诸侯多谋伐寡人者,何以待之?"

孟子对曰:"臣闻七十里为政于天下者,汤是也。未闻以千里畏人者也。《书》曰:'汤一征,自葛始①。'天下信之,东面而征西夷怨;南面而征北狄怨,曰:'奚②为后我?'民望之,若大旱之望云霓③也。归市④者不止,耕者不变,诛其君而吊⑤其民,若时雨降,民大悦。《书》曰:'徯我后,后来其苏⑥。'今燕虐其民,王往而征之,民以为将拯己于水火之中也,箪食壶浆以迎王师。若杀其父兄,系累⑦其子弟,毁其宗庙,迁其重器,如之何其可也?天下固畏齐之强也,今又倍地而不行仁政,是动天下之兵也。王速出令,反其旄倪⑧,止其重器,谋于燕众,置君而后去之,则犹可及止也。"

【今译】

齐国攻打燕国,吞并了它,别的诸侯国正谋划援救燕国。

齐宣王道:"许多诸侯谋划来讨伐我,怎样来对付他们呢?"

孟子答道:"我只听说以方圆七十里疆土来统一天下的,商汤便是。没听说拥有方圆千里疆土而畏惧他人的。《尚书》中说:'商汤当初的征讨,是从葛国开始的。'天下人都信赖他,当他东向征讨,西面的夷人就埋怨;当他南向征讨,北面的狄人也埋怨,都说:'为什么把我们放在后面?'民众盼望他,如同大旱时盼望出现预示天将下雨的云霓一样。(他的军队所到之处)赶集的不停止买卖,种田的照常下田,诛杀残暴之君而安抚那里的民众,就像下了及时雨一样。老百姓十分高兴。《尚书》中说:'等待我们的君王,君王一到,我们就得救了!'如今燕王虐待他的民众,大王前去讨伐,民众以为您将把他们从水深火热中拯救出来,所以他们用筐盛着饭、用酒壶盛着酒浆来迎接大王的军队。如果您杀死他们的父兄,俘虏他们的子弟,毁坏他们的祖庙宗祠,抢走他们的传国宝器,这样怎么行呢?天下的诸侯本来就畏惧齐国的强大,现在齐国土地扩大了一倍,而且不行仁政,这就不免要挑动天下诸侯兴兵动武了。大王现在赶快发布命令,释放他们的老小,停止运走他们的宝器,与燕国大众商议拥立新的燕王,然后撤出军队,那还来得及阻止各国的兴兵。"

【注释】

①《书》:《尚书》,孟子所引为逸《书》,下面引文同。一征:初征。葛:古国名。 ②奚:疑问代词。奚为,为什么。 ③霓:大气中与虹同时出现的一种光的现象,颜色比虹淡,也叫副虹,这里可解为虹。 ④归市:趋向市集。 ⑤吊:抚慰。 ⑥徯:等待。后:君主。苏:复活。 ⑦系累:捆绑。 ⑧旄倪:旄同"耄",老人;倪:小孩。

【评析】

齐宣王没听孟子的话,还是吞并了燕国。这就对当时其他各国产生了威胁,自然会引起诸侯们的不满,他们计划联合起来对付齐国。宣王问孟子如何应对,孟子对他讲了商汤的故事,即如何才能行征伐的道理。在孟子看来,燕王无道,是该伐,但你齐王只是想吞并燕国,却没有善待燕国的百姓,这是根本不行的。现在既然已经引起各诸侯国借机要向齐国动武,赶快补救的话还来得及。可惜宣王并没有听进去,最终导致"燕人畔(叛)";宣王觉得自己愧对孟子,但孟子却已决意离开齐国了,这些内容将在后面的《公孙丑》篇再出现。

邹与鲁哄①。穆公②问曰:"吾有司③死者三十三人,而民莫之死也。诛之,则不可胜诛;不诛,则疾视④其长上之死而不救,如之何则可也?"

孟子对曰:"凶年饥岁,君之民老弱转⑤乎沟壑,壮者散而之四方者,几⑥千人矣;而君之仓廪实,府库充,有司莫以告,是上慢而残下也。曾子⑦曰:'戒之戒之!出乎尔者,反乎尔者也。'夫民今而后得反之也。君无尤⑧焉。君行仁政,斯民亲其上,死其长矣。"

【今译】

邹国与鲁国发生了冲突。邹穆公问道:"(这次冲突中)我的官员被打死了三十三个人,可民众却没有一个为他们死的。如果杀了这些人吧,(人太多)杀也杀不完;要是不杀吧,他们眼睁睁看着长官去死而不加救助,(实在可恨!)怎么办才行呢?"

孟子答道:"在灾荒的年月里,您的百姓,年老体弱的弃尸于山沟荒野,年轻力壮的则四出逃荒,都将近千把人了。而您的粮仓盈实,库房充足,有关官员却不把这种情况上报,他们高高在上,不仅不关心民众,而且还残害他们。曾子说过:'要警惕啊,要警惕啊!你怎样对待别人,别人也会怎样回报你的。'民众如今才得到机会回报。您就别责怪他们了。如果您能施行仁政,那老百姓便会亲近他们的长官,也情愿为他们的长官去死的。"

【注释】

① 哄:本指战斗声,这里喻冲突。　② 穆公:邹国君。　③ 有司:古代设官分职,各有专管,叫有司;这里喻官员。　④ 疾视:仇视,这里是眼看着的意思。　⑤ 转:弃。　⑥ 几:几乎,近乎。　⑦ 曾子:孔子弟子,名参。　⑧ 尤:责怪。

【评析】

邹国是孟子的故乡,春秋时代叫邾国,战国时改称邹国,它的都城在今山东的邹城,是与鲁国相邻的小国。邹鲁两国发生冲突,邹国官员在冲突中死了三十三人,而邹国的百姓没有去帮自己的官员,眼睁睁地看他们被鲁国人打死。邹穆公非常恼火,想处罚百姓但又遇法不责众的难题,如不处罚又出不了这口气,于是就去问孟子。此事发生在何时?据清代学者周广业《孟子四考》的考证,约在孟子四十来岁在邹任官时期。孟子的回答,带有中国式的因果报应思想(当时佛教还未传入),既然那些官员平时从不把老百姓当人看,百姓在灾荒时他们也袖手旁观,任百姓抛尸荒野或四处流浪。那么,当这些官员被别人打了乃至打死,百姓不出手相救又有什么奇怪的?这就是报应,不能怪百姓。然后孟子劝穆公"行仁政",因为"仁政"的原则就是先让百姓有饭吃,再对百姓进行道德教育,让他们明理。据周广业引西汉贾谊的《新书》和刘向的《新序》云,邹穆公在孟子的教导下,幡然醒悟,施行"仁政",把邹国治理得不错。

滕①文公问曰:"滕,小国也,间于齐、楚。事齐乎?事楚乎?"

孟子对曰:"是谋,非吾所能及也。无已,则有一焉:凿斯池②也,筑斯城也,与民守之,效死③而民弗去,则是可为也。"

【今译】

滕文公问道:"滕是个小国,处于齐、楚二大国之间。是事奉齐国好呢,还是事奉楚国好?"

孟子答道:"这种问题,不是我的力量所能解决的。如果不得已要我说的话,那只有一个办法:把这护城河掘深了,把这城墙加固了,与老百姓一起来守卫它,民众哪怕献出生命也不愿离去,那就有办法了。"

【注释】

① 滕:国名,在今山东滕州。　② 池:护城河。　③ 效死:献出生命。

【评析】

滕国是周文王的儿子叔绣的封国,是一个十分弱小的国家,还曾被越国吞并过,不久又复国。当时,滕国东北面与强大的齐国毗邻,南面又与强大的楚国接壤,在战国那个弱肉强食的时代,正可谓是在夹缝中求生存。滕文公与孟子的关系不错,当他还没继位时就与孟子有过交往(参见《滕文公上》)。所以,当滕文公继位后,孟子有游滕和居滕的经历,这次对话大概就是此时进行的。滕文公的问题确实是个难题,孟子也无法解决。但孟子的原则是,不能寄希望于外交手段上的走钢丝,对滕这样在两强环视下的弱小国家,惟一可行的也只能是争取民心,自力更生,加强战备,宁为玉碎,不为瓦全,誓与国家共存亡。这就是没有办法的办法。

滕文公问曰:"齐人将筑薛①,吾甚恐,如之何则可?"
孟子对曰:"昔者大王居邠②,狄人③侵之,去之岐山之下居焉。非择而取之，不得已也。苟为善，后世子孙必有王者矣。君子创业垂统④，为可继也。若夫⑤成功，则天也。君如彼何哉？强为善而已矣。"

【今译】

　　滕文公问道："齐国人准备修筑薛地的城池，我感到很担心，怎么办才好呢？"

　　孟子答道："从前太王在邠地，狄人来侵犯，他便离开那里迁到歧山下定居。这不是他经过选择后的做法，实在是不得已啊。如果一个国君肯行善政，他后世的子孙一定会有称王天下的。君子创立事业，传给后代，正是为了能世代继承下去。至于成功与否，那就要看天意了。现在您又能拿齐国怎么样呢？也只有努力行善政罢了。"

【注释】

① 薛：本是毗邻滕国的一个小国，后被齐国所灭。筑薛，齐国在薛地筑城墙。　② 邠：同"豳"，在今陕西彬州一带。　③ 狄人：即熏鬻。　④ 统：世代不绝叫统。垂统，绪于后代。　⑤ 若夫：至于。

【评析】

薛本是周初一个任姓的小国，故城在今山东滕州东南。春秋初还是一个独立的国家，不知何时被齐国灭掉了，当时已成为齐国孟尝君的封地。齐人在薛地修筑城池，目的显然是威胁滕国，所以滕文公很担心。孟子的意见认为：齐强滕弱是明摆着的，因此你就是知道齐国的意图，又能怎么办呢？惟一的出路还是努力施行"仁政"，自强自立，尽自己所能做的先做好它，至于以后怎样，只能看天意如何了。这是一种很无奈的说法，强权时代的国际关系就是如此，今天也不例外。

　　滕文公问曰："滕，小国也；竭力以事大国，则不得免焉，如之何则可？"

孟子对曰:"昔者大王居邠,狄人侵之。事之以皮币①,不得免焉;事之以犬马,不得免焉;事之以珠玉,不得免焉。乃属②其耆老而告之曰:'狄人之所欲者,吾土地也。吾闻之也:君子不以其所以养人者害人。二三子③何患乎无君?我将去之。'去邠,逾梁山,邑于岐山之下居焉。邠人曰:'仁人也,不可失也。'从之者如归市。或曰:'世守④也,非身之所能为也。效死勿去。'君请择于斯二者。"

【今译】
　　滕文公问道:"滕是个小国,即使尽力去事奉周围的大国,也还是不能免于祸害,怎么办才好呢?"
　　孟子答道:"从前太王在邠地,狄人来侵犯。太王拿皮毛和丝绸去事奉他们,不能免去他们的侵扰;拿良犬好马去事奉他们,不能免去他们的侵扰;拿珠宝玉器去事奉他们,不能免去他们的侵扰。于是太王召集了国内的长老们,告诉他们说:'狄人所想要的,无非是我的土地。我听说,一个有德之人不能以用来养活人的东西去害人。诸位何必担心没有君主呢?我打算离开这里。'于是他离开了邠地,越过梁山,在岐山下面筑城定居下来。邠地的老百姓说:'这是个仁德之人,我们不能失去他啊。'如同赶集一样的人群自愿跟随他。但也有人说:'这是世代相守的基业,不是我个人能擅自处理的。哪怕牺牲生命也不能离开它。'您可以在这两种办法中任择一种。"

【注释】
① 皮币:皮,兽皮;币,丝织物。　② 属:集合。　③ 二三子:诸位,你们。　④ 世守:世代相守,即世代居住于此。

【评析】
此章与前两章的意思基本相同。有学者甚至以为此章或即前两章相同内容的不同记载,只是在详略方面稍有不同。当然,这已是无法细考的了。

鲁平公①将出,嬖人②臧仓者请曰:"他日君出,则必命有司所之③。今乘舆已驾矣,有司未知所之,敢请④。"

公曰:"将见孟子。"

曰:"何哉,君所为轻身以先于匹夫者?以为贤乎?礼义由贤者出,而孟子之后丧逾前丧⑤。君无见焉。"

公曰:"诺。"

乐正子⑥入见,曰:"君奚为不见孟轲也?"

曰:"或告寡人曰:'孟子之后丧逾前丧',是以不往见也。"

曰:"何哉,君所谓逾者? 前以士,后以大夫;前以三鼎,而后以五鼎与⑦?"

曰:"否。谓棺椁衣衾⑧之美也。"

曰:"非所谓逾也,贫富不同也。"

乐正子见孟子,曰:"克告于君,君为来见也。嬖人有臧仓者沮⑨君,君是以不果来也。"

曰:"行,或使之;止,或尼⑩之。行止,非人所能也。吾之不遇鲁侯,天也。臧氏之子焉能使予不遇哉?"

【今译】

鲁平公准备外出,他那个名叫臧仓的宠臣请示说:"平日大王外出,必定把所去的地方告知管事的臣下。现在车马都已备好了,可管事的臣下还不知道您要去哪里,我冒昧来请示一下。"

平公说:"将要去见孟子。"

臧仓说:"您不尊重自己身份而先去拜访一个普通人,为了什么呢?是认为孟子贤德吗?贤德之人的行为应该符合礼义,而孟子办母亲的丧事超过先前办父亲的丧事。您就别去见他了。"

平公说:"好吧。"

乐正子去见平公,说:"您为什么不见孟轲了?"

平公说:"有人告诉我说:'孟子办母亲的丧事超过先前办父亲的丧事',所以我不去见他了。"

乐正子说:"您所说的超过,指的是什么?是说前面办父亲的丧事用士礼、后面办母亲的丧事用大夫礼?还是说前面设三鼎的供品祭父、后面设五鼎的供品祭母?"

平公说:"不,是指装殓的棺椁衣衾的精美。"

乐正子说:"这不能说是超过,只是前后贫富不同嘛。"

乐正子去见孟子,说:"我对鲁君说了,鲁君准备来见你。可有个名叫臧仓的宠臣阻止了他,鲁君因此没能来。"

孟子说:"要来,是有某种力量在促使;不来,也是有某种力量在阻止。来与不来,不是光凭人力所能决定的。我不能与鲁君相见,是出于天意。姓臧的那个人又怎能使我不与鲁君相遇呢?"

【注释】

① 鲁平公:鲁国君,名叔。　② 嬖人:宠臣。　③ 所之:要去的地方。　④ 敢请:冒昧来请示。　⑤ 后丧逾前丧:丧,办丧事;后丧,指孟子为母亲办丧事;前丧,指孟子为父亲办丧事。　⑥ 乐正子:乐正,复姓;子,男子的尊称。乐正子名克,孟子学生,当时正在鲁国做官。⑦ 三鼎:古礼士用三鼎。五鼎:古礼大夫用五鼎。　⑧ 棺椁衣衾:椁,套在棺材外的大棺材;衣衾,装殓死者的衣被。　⑨ 沮:阻止。⑩ 尼:阻止。

【评析】

此章讲孟子到鲁国去的事,本来鲁平公是要去见孟子的,后因小人臧仓的谗言,取消了见孟子的打算。孟子到鲁国的直接原因,是他的一个学生乐正子(名克)在鲁国做官。孟子听到乐正子能到鲁国去任官一事非常高兴,"喜而不寐"(见《告子下》)。他对乐正子的评价也很好,说他"其为人也善"(同上),是"善人也,信人也"(见《尽心下》)。鲁平公要见孟子看来就是乐正子推荐的。所以当平公取消了见孟子的计划,乐正子自然要去问明缘由。

孟子对此事的态度很达观,但他回答乐正子的话却耐人寻味。如就事论事,平公想见孟子是由于乐正子的促使,而不想见了又是由于臧仓的离间,这表面上看似乎都是人在起作用,可冥冥之中又有天意,不完全是人力所能做到的。如深一层去体会,孟子的意思是,关键不在于有人阻挠,而在于作为一国之主的鲁平公自己本身就存在很大问题。你的意志这么不坚定,这么容易听信谗言,那我与你相见又有多大意义?所以不见也罢,没必要再去责怪臧仓的离间了。

公 孙 丑 上

【解题】

本篇基本是孟子第二次游齐时的一些言行记录,但上下篇的分工似乎非常明显,上篇都是孟子与学生的对话或直接对学生的宣讲,下篇则有各方面的内容。

本篇上篇凡九章,除了第一、二章是与弟子公孙丑的对话外,其余七章均是孟子的语录,听者似乎是孟子的弟子,具体是谁已不得而知。在这九章中,孟子主要谈了"王霸之辨""养气""知言",以及作为"仁政"之所以能够成立的思想基础,即"不忍人之心"和"四端"说。这些内容在孟子的整个思想体系中占有十分重要的地位。

公孙丑①问曰:"夫子当路于齐,管仲、晏子之功,可复许乎②?"

孟子曰:"子诚齐人也,知管仲、晏子而已矣。或问乎曾西曰:'吾子与子路孰贤③?'曾西蹴然曰:'吾先子之所畏也④。'曰:'然则吾子与管仲孰贤?'曾西艴然⑤不悦,曰:'尔何曾比予于管仲!管仲得君,如彼其专也;行乎国政,如彼其久也;功烈,如彼其卑也。尔何曾比予于是!'"曰:"管仲,曾西之所不为也,而子为我愿之乎?"

曰:"管仲以其君霸,晏子以其君显。管仲、晏子,犹不足为与?"

曰:"以齐王,由反手⑥也。"

曰:"若是,则弟子之惑滋甚。且以文王之德,百年而后崩,犹未洽于天下;武王、周公继之,然后大行。今言王若易然,则文王不足法与?"

曰:"文王何可当也!由汤至于武丁,贤圣之君六七作⑦,天下归殷久矣,久则难变也。武丁朝诸侯,有天下,犹运之掌也。纣之去武丁未久也,其故家遗俗,流风善政,犹有存者;又有微子、微仲、王子比干、箕子、胶鬲,皆贤人也,相与辅相之,故久而后失之也。尺地莫非其有也,一民莫非其臣也。然而文王犹方百里起,是以难也。齐人有言曰:'虽有智慧,不如乘势;虽有镃基⑧,不如待时。'今时则易然也。夏后⑨、殷、周之盛,地未有过千里者也,而齐有其地矣;鸡鸣狗吠相闻,而达乎四境,而齐有其民矣。地不改辟矣,民不改聚矣,行仁政而王,莫之能御也。且王者之不作,未有疏于此时者也;民之憔悴于虐政,未有甚于此时者也。饥者易为食,渴者易为饮。孔子曰:'德之流行,速于置邮而传命⑩。'当今之时,万乘之国行仁政,民之悦之,犹解倒悬也。故事半古之人,功必倍之,惟此时为然。"

【今译】

公孙丑问道:"老师如果在齐国当政,管仲、晏婴的功业能复兴吗?"

孟子答道:"你真是个齐国人,只知道管仲、晏婴而已。曾有人问曾西:'您与子路哪个更贤能?'曾西不安地说:'子路是我先人所敬畏的人啊。'那人又问:'那您与管仲哪个又更贤能呢?'曾西怒形于色,说:'你怎么竟拿我和管仲来相比呢?管仲得到国君的信赖是那样的专一,主持国政的时间又是那样的长久,可成就的功业却是那样的微不足道,你怎么竟拿我和他来相比呢!'"孟子又说:"管仲是连曾西都不愿效法的人,你以为我愿学他的样吗?"

公孙丑说:"管仲辅佐齐桓公建立了霸业,晏婴辅佐齐景公使他名扬天下。难道管仲、晏婴这样的人都不值得效法吗?"

孟子说:"以齐国这样的条件来称王天下,就像手掌翻个转一样容易。"

公孙丑说:"您这样说,学生就更不明白了。像周文王那样的德行,又活了近百岁才去世,都还没有做到天下一致;周武王、周公继承他的事业,然后才使王道政治大行。现在您把实行王政说得那么容易,难道文王还不足以效法吗?"

孟子说:"怎么可以与文王相比呢!从商汤到武丁,共有六七个圣贤的君主兴起,天下人归服殷商已经很久了,时间一久要变就难了。武丁使诸侯来朝见,一统天下,就像在手心里转动东西一样。商纣王与武丁相隔没多久,那些勋旧世家、传统习俗、良好作风、善政德教,当时还存留着;又是微子、微仲、王子比干、箕子和胶鬲这些贤德君子共同辅佐,所以过了很久才失去天下。那时,没有一尺土地不是殷王所有,没有一个民众不是殷王臣下,然而文王凭借方圆百里的国土起事,所以是很艰难的。齐国人有句俗话说:'纵然有聪明,不如趁形势;纵然有锄头,不如待农时。'现今的时机容易称王天下。夏、商、周三代最盛时,国土都没有超过方圆千里的,而齐国却有那么广阔的辖地;(三代极盛时)鸡鸣狗叫的声音,从首都直到四方边境,处处可闻,而齐国就有那么多的民众。(在齐国目前这样的条件下)土地不必再开辟了,民众也不必再增多了,如果推行仁政以称王天下,那是没有谁能阻挡的。况且,称王天下的贤君不出现,时间没有比现在更久的了;民众被暴政摧残迫害,没有比现在更厉害的了。饥饿的人不挑剔食物,口渴的人不苛求饮料。孔子说:'德政的推行,比驿站传递政令还要迅速。'现在这个时候,一个拥有万乘兵车的大国出来推行仁政,那民众的高兴,就如一个倒挂着的人被解救下来一样。所以,只要做古人一半的事,必定获得比古人多一倍的功效,这也只有现在这个时候才做得到。"

【注释】

①公孙丑:姓公孙,名丑,孟子弟子。 ②当路,当权。管仲,名夷吾,曾辅佐齐桓公建立霸业。晏子,晏婴,字平仲,齐景公的贤相。复许,复兴。 ③曾西,赵岐注作曾参的孙子,但清儒有认为是曾参的儿子。子路,孔子弟子仲由的字。 ④蹵然,不安或肃然起敬状。先子,亡故的祖父或父亲。 ⑤艴然:恼怒状。 ⑥反手:易如反掌。 ⑦汤、武丁:商代的贤君。作:兴起。汤至武丁中经太甲、太戊、祖乙、盘庚等君。 ⑧镃基:大锄。 ⑨夏后:禹国号夏,也称夏后氏。 ⑩置邮传命:置邮,驿站;传命,传递书命。

【评析】

孟子尽管说过"王不待大"(见后),即称王天下未必一定就是大国,但他还是认为,广博的国土和众多的人口,毕竟是称王天下的重要物质条件。所以,他还是寄希望于齐国这样的大国,认为如由齐国这样的大国来行"仁政",进而"王天下",则易如反掌。同时,他也很注意时机问题,认为在当时战乱不已之世,行"仁政"就可以收到事半功倍的效果和成就。

公孙丑问曰:"夫子加①齐之卿相,得行道焉,虽由此霸、王,不异矣。如此则动心否乎?"

孟子曰:"否。我四十不动心。"

曰:"若是,则夫子过孟贲②远矣。"

曰:"是不难,告子③先我不动心。"

曰:"不动心有道乎?"

曰:"有。北宫黝之养勇也,不肤挠,不目逃,思以一豪挫于人,若挞之于市朝;不受于褐宽博,亦不受于万乘之君;视刺万乘之君,若刺褐夫;无严诸侯,恶声至,必反之④。孟施舍⑤之所养勇也,曰:'视不胜犹胜也。量敌而后进,虑胜而后会,是畏三军者也。舍岂能为必胜哉?能无惧而已矣。'孟施舍似曾子,北宫黝似子夏⑥。夫二子之勇,未知其孰贤,然而孟施舍守约也。昔者曾子谓子襄⑦曰:'子好勇乎?吾尝闻大勇于夫子矣,自反而不缩,虽褐宽博,吾不惴焉⑧;自反而缩,虽千万人,吾往矣。'孟施舍之守气,又不如曾子之守约也。"

曰:"敢问夫子之不动心与告子之不动心,可得闻与?"

"告子曰:'不得于言,勿求于心;不得于心,勿求于气。'不得于心,勿求于气,可;不得于言,勿求于心,不可。夫志,气之帅也;气,体之充也。夫志至焉,气次焉,故曰:'持其志,无暴其气⑨。'"

"既曰'志至焉,气次焉',又曰'持其志,无暴其气'者,何也?"

曰:"志壹则动气,气壹则动志也。今夫蹶者、趋者⑩,是气也,而反动其心。"

"敢问夫子恶乎长?"

曰:"我知言,我善养吾浩然之气。"

"敢问何谓浩然之气?"

曰:"难言也。其为气也,至大至刚,以直养而无害,则塞于天地之间。其为气也,配义与道;无是,馁也。是集义所生者,非义袭而取之也。行有不慊⑪于心,则馁矣。我故曰告子未尝知义,以其外之也。必有事焉而勿正,心勿忘,勿助长也。无若宋人然：宋人有闵其苗之不长而揠之者⑫，芒芒然归，谓其人曰：'今日病矣！予助苗长矣⑬！'其子趋而往视之，苗则槁矣。天下之不助苗长者寡矣。以为无益而舍之者，不耘苗者也；助之长者，揠苗者也。非徒无益，而又害之。"

"何谓知言？"

曰："诐辞知其所蔽，淫辞知其所陷，邪辞知其所离，遁辞知其所穷⑭。生于其心，害于其政；发于其政，害于其事。圣人复起，必从吾言矣。"

"宰我、子贡善为说辞；冉牛、闵子、颜渊善言德行⑮；孔子兼之，曰：'我于辞命，则不能也。'然则夫子既圣矣乎？"

曰："恶！是何言也！昔者子贡问于孔子曰：'夫子圣矣乎？'孔子曰：'圣则吾不能，我学不厌而教不倦也。'子贡曰：'学不厌，智也；教不倦，仁也。仁且智，夫子既圣矣。'夫圣，孔子不居。是何言也！"

"昔者窃闻之：子夏、子游、子张⑯皆有圣人之一体，冉牛、闵子、颜渊则具体而微，敢问所安？"

曰："姑舍是。"

曰："伯夷、伊尹⑰何如？"

曰："不同道。非其君不事，非其民不使；治则进，乱则退，伯夷也。何事非君，何使非民；治亦进，乱亦进，伊尹也。可以仕则仕，可以止则止，可以久则久，可以速则速，孔子也。皆古圣人也，吾未能有行焉。乃所愿，则学孔子也。"

"伯夷、伊尹于孔子，若是班乎⑱？"

曰:"否。自有生民以来,未有孔子也。"

曰:"然则有同与?"

曰:"有。得百里之地而君之,皆能以朝诸侯、有天下;行一不义、杀一不辜而得天下,皆不为也。是则同。"

曰:"敢问其所以异。"

曰:"宰我、子贡、有若⑲,智足以知圣人,污不至阿其所好。宰我曰:'以予观于夫子,贤于尧舜远矣。'子贡曰:'见其礼而知其政,闻其乐而知其德,由百世之后,等百世之王,莫之能违也。自生民以来,未有夫子也。'有若曰:'岂惟民哉?麒麟之于走兽,凤凰之于飞鸟,太山之于丘垤,河海之于行潦⑳,类也。圣人之于民,亦类也。出于其类,拔乎其萃,自生民以来,未有盛于孔子也。'"

【今译】

公孙丑问道:"老师如果官居齐国卿相,能实现自己的抱负,即使成就霸业和王业,也不足为怪。如果这样,您是否会动心呢?"

孟子说:"不会。我四十岁时就做到不动心了。"

公孙丑说:"如此看来,老师比孟贲强多了。"

孟子说:"这并不难,告子不动心比我还早。"

公孙丑说:"做到不动心有方法吗?"

孟子说:"有。北宫黝培养勇气的方法是:肌肤被刺不退缩,眼睛被刺不转睛,别人动了他一根毫毛,他便看作如在大庭广众之下被人鞭打一样;他既不愿受普通平民的侮辱,也不愿受大国君主的侮辱;他把刺杀大国的君主,看成和刺杀普通平民一样;他不畏惧国君侯王,谁骂他一句,他就一定要回敬一句。孟施舍培养勇气的方法,据他自己说:'我对待不能战胜的敌人和对待能够战胜的敌人一样。如果估量对方的力量后才前进,考虑有必胜的把握才交锋,这种人见了数量众多的敌军是会畏惧的。我孟施舍怎能够稳操胜算呢？我只是能够无所畏惧而已。'孟施舍有点像曾子，北宫黝有点像子夏。这两人的勇气，我也说不准到底谁更强，但孟施舍的方法较为简约。从前曾子对子襄说：'你爱好勇敢吗？我曾经在老师孔子那里听到过关于大勇的论述：自我反省，自己不在理上，哪怕对方是普通平民，我也不能去恐吓人家；自我反省，自己有理，哪怕面对千军万马，我也勇往直前。'孟施舍所守的是无所畏惧的勇气，这又不如曾子所守的原则来得简约。"

公孙丑说："我斗胆问一声，老师的不动心和告子的不动心，能说给我听听吗？"

孟子答道："告子说：'对对方语言的意思有弄不清的地方，不要再在心上反复琢磨；对于某事的道理心里没底，不要再去求助于气。'对于某事的道理心里没底，不要再去求助于气，这是可以的。而对对方语言的意思有弄不清的地方，不要再在心上反复琢磨，那是不可以的。志是气的主帅，气是充满人身体的。志到哪里，气也随之到哪里，所以说：'应该坚定自己的志，不要滥用自己的气。'"

公孙丑说："您既然说'志到哪里，气也随之到哪里'，又说'应该坚定自己的志，不要滥用自己的气'，这是什么道理呢？"

孟子说："因为，志如果专一了就会影响到气，气如果专一了也会影响到志。现在我们看那些摔倒和奔跑的人，这都只是气，可是却反过来影响了他们的志（使他们心浮了）。"

公孙丑说："我斗胆地问老师擅长于什么？"

孟子说："我善于分析了解别人的言辞，我善于培养我的浩然之气。"

公孙丑说："我再斗胆问一句，什么叫作浩然之气？"

孟子说："这个很难说清楚。它作为一种气，是最大最刚的，用正直去培养而不伤害它的话，它就会充满于天地之间。它作为一种气，与义和道是紧密配合的，否则，就会软弱无力。这种气是积累了义而产生的，不是靠偶然用义突袭一下就能取得的。只要行为使自己感到问心有愧，这气就会变得疲软了。我所以说告子从来不懂得什么是义,因为他把义看成是外在的东西。一定要在平日有所作为时自然合乎义,而不要故意做作,每时每刻都不要忘记此事,但也不要勉强去帮助它成长。不要像宋国人一样:有个宋国人,担心他的禾苗不长,而把苗拔高了,他拖着疲惫的身子回到家中,对家里人说:'今天累坏了!我帮助禾苗生长了!'他儿子赶快跑去一看,禾苗全都枯萎了。世上不帮助禾苗生长的人实在很少。那些认为培养工作没好处而放弃的,就是不锄草的人;那些不按照规律硬去帮助生长的,就是拔苗的人。这非但没有好处,而且还害了它。"

公孙丑又问:"什么叫作善于分析了解别人的言辞呢?"

孟子说:"听到偏颇的言辞,我知道哪里片面了;听到过分的言辞,我知道哪里失误了;听到邪僻的言辞,我知道哪里背离正道了;听到躲闪的言辞,我知道哪里理屈词穷了。这四种言辞,如果从内心产生,便会在政治上产生危害;如果体现于政治举措上,便会妨害国家各种事务。即使圣人再出现,也必定会赞同我说的这些话的。"

公孙丑说:"宰我、子贡擅长讲说言辞;冉牛、闵子和颜渊善于阐述道德;孔子兼有他们的长处,但他还是说:'我对于辞令,并不擅长。'那么老师(既知言,又善养浩然之气)已经是圣人了吗?"

孟子说:"哎!这是什么话!以前子贡问孔子道:'老师已经是圣人了吗?'孔子说:'圣人,我还不能做到,我能做到的只是学习不感到满足,教人不知疲倦罢了。'子贡说:'学习不满足,那是智的表现;教人不知疲倦,那是仁的表现。既仁又智,老师已经称得上是圣人了。'圣人的称号,孔子都不敢自居。你这是什么话!"

公孙丑说:"过去我听说过,子夏、子游和子张都各有孔子一方面的长处,冉牛、闵子和颜渊大体接近于孔子,但比不上他博大。请问老师自居于哪一种呢?"

孟子说:"暂且不谈这个。"

公孙丑说:"伯夷和伊尹怎么样呢?"

孟子说:"他们处世之道不同。不是他认可的君主不事奉,不是他认可的民众不使唤,世道太平就出来做官,世道昏乱便退而隐居,这是伯夷的处世态度。什么君主都可以事奉,什么民众都可以使唤,世道太平也做官,世道昏乱也做官,这是伊尹的处世态度。应该做官就做官,应该退隐就退隐,应该长久就长久,应该短暂就短暂,这是孔子的处世态度。他们都是过去的圣人,我没能做到他们那样。至于我个人的愿望,则是要学习孔子。"

公孙丑问:"伯夷、伊尹与孔子,他们能相提并论吗?"

孟子答道:"不。自有人类以来,没有能比得上孔子的。"

公孙丑又问:"那么他们有相同的地方吗?"

孟子说:"有的。如果他们得到方圆百里的国土而成为君主,他们都能使诸侯来朝见,天下统一。要他们做一件不合道理的事,杀一个无辜的人来得到天下,他们都不会干。这是他们相同的地方。"

公孙丑再问:"请问他们的不同在什么地方?"

孟子说:"宰我、子贡和有若,他们的智慧足以了解孔子,即使夸张一点,也不至对所喜爱的人虚加赞扬。宰我说:'以我来看老师,比尧、舜高明得多。'子贡说:'见到一个国家的礼制,就了解这个国家的政治;听到一个国家的音乐,就了解这个国家的道德。哪怕从百世以后来评价百世以来的君主,没有一个能违背孔子的主张。自有人类以来,没能比得上孔子的。'有若说:'难道只有民众如此吗?麒麟相对于走兽,凤凰相对于飞鸟,泰山相对于土堆,河海相对于路上的那些小水潭,都是同类。圣人相对于众民,也是同类,但却远远地超过了他的同类,大大高出他的同类。自有人类以来,没有哪一个能像孔子那样伟大的。'"

【注释】

①加:居、处。　②孟贲:当时著名的勇士。　③告子:赵岐说,"名不害,兼治儒墨之道者,尝学于孟子,而不能纯彻性命之理",但历来学界对此有不同意见。　④北宫黝:姓北宫,名黝,齐国勇士。不肤桡:肌肤被刺不退缩。不目逃:目被刺不转睛。市朝:市场、公共场所。不受于:不受辱于。褐宽博:穿粗布制的宽大衣服的人,即卑贱之人,下"褐

夫"同。无严:不畏。 ⑤孟施舍:事迹已不可考,亦是勇士。 ⑥子夏:卜商,孔子弟子。 ⑦子襄:曾子弟子。 ⑧夫子:孔子。自反:自己反省。缩:直,义。惴:恐惧。 ⑨持其志,无暴其气:持,保持;暴,乱。 ⑩蹶者、趋者:蹶,跌倒;趋,疾行。 ⑪慊:足。 ⑫闵:悯,忧虑。揠:拔。 ⑬芒芒然:疲劳状。病:累。 ⑭诐:偏颇。蔽:遮蔽。淫:过分。陷:沉溺,失误。邪:邪僻。离:叛离。遁:逃避。穷,理屈。 ⑮宰我:宰予。子贡:端木赐。冉牛:冉耕。闵子:闵损。颜渊:颜回。他们都是孔子的弟子。 ⑯子游:言偃。子张,颛孙师。都是孔子的弟子。 ⑰伯夷:商末孤竹君长子,与其弟叔齐因互让王位而出逃,武王灭商后,与叔齐隐居首阳山,不食周粟而死。伊尹:商初名臣,曾放逐太甲。 ⑱若是班乎:班,同"等"。 ⑲有若:字子有,孔子弟子。 ⑳垤:蚂蚁窝。行潦:路上积水。

【评析】

此章是《孟子》全书中非常重要的一章,受到历代学者尤其是宋明理学家的重视,如程颐说过:"孟子有功于圣门不可言。如仲尼只说一个'仁义',孟子开口便说'仁义';仲尼只说一个'志',孟子便说出许多'养气'来。只此二字,其功甚多。"(《二程集》第 221 页)朱熹在其《集注》中也认为:"孟子此章,扩前圣所未发,学者所宜潜心而玩索也。"就是现当代的学者,对此章也有很多讨论(可参见杨泽波《孟子评传》第 358—373 页)。

"气"这个观念,在中国传统文化中具有十分重要的地位,它不仅是中国古代哲学的一个基本概念,同时也与中国传统的医学、术数、方技、养生、宗教等有着千丝万缕的联系。在孟子之前,中国早就有了关于"气"的学说。如西周末年的伯阳父,就曾用"气"来解释当时出现的地震现象(参见《国语·周语上》)。在《左传·昭公元年》中有关于"阴、阳、风、雨、晦、明"的"六气"理论。到战国时,人们开始把"气"作为构成万物的要素,许多思想家都有这种观点。与孟子同时代的"稷下学宫"中的道家学者,有关于"精气"的理论,如《管子·内业》中就有不少论述,其中提到"精气"流动于天地之间就称作鬼神,藏于人的心中就使其成为圣人,这与孟子的"浩然之气"似有相通的地方。孟子在此章中关于"气"的论述,有其独特之处:一方面,他把"气"规定为属于"体"即身体方面的,但它又与"志"即思想密切关联、相互影响。另一方面,他把"气"作为一种精神状态来看待,这是一种很难讲清楚的、要靠生命体验的、道德的精神状态,它是通过长期道德修养的积累而成的。如果能"直养"的话,它就可以充塞于天地之间;如果心有愧疚,它就会变得软弱无力。孟子以后,"气"的理论在中国仍有很大发展,但孟子论"养气"一直成为中国"气"论中很独特的一个层面,对以后儒家所谓的修养工夫产生了巨大的影响,如南宋末年文天祥著名的《正气歌》,"天地有正气,杂然赋流形。下则为河岳,上则为日星。于人曰浩然……"就明显是受孟子关于"浩然之气"理论影响而写成的。

当然,此章的重要性还不全在于"养气"这一个问题上,其他如"不动心""言勇""知言"等命题,也是历代学者经常讨论的话题,这里我们就不展开具体的叙述了。

孟子曰:"以力假①仁者霸②,霸必有大国。以德行仁者王③,王不待大,汤以七十里,文王以百里④。以力服人者,非心服也,力不赡⑤也。以德服人者,中心悦而诚服也,如七十子⑥之服孔子也。《诗》⑦云:'自西自东,自南自北,无思不服。'此之谓也。"

【今译】

孟子说:"凭着自己的实力,假借仁义之名者,可以称霸于诸侯,称霸一定要凭借国家实力的雄厚强大。依靠道德的力量,推行仁政者,可以称王天下,称王天下不一定要求国家强大,商汤以方圆七十里,周文王以方圆百里(都实行了王道)。倚仗势力来使人服从的,别人并不是从心里服从他,而只是因为自己实力不足。依靠道德来使人服从的,别人就会心悦诚服,就如孔子门下七十二个贤弟子拜服孔子一样。《诗经·大雅·文王有声》中说:'从西到东,从南到北,无不心悦诚服。'说的正是这层意思。"

【注释】

①假:假借。 ②霸:称霸,即行霸道政治。 ③王:称王,即行王道政治。 ④汤以七十里,文王以百里:两句都省去了"而王",因上文有"王不待大"。 ⑤赡:足。 ⑥七十子:指孔子门下七十个左右优秀弟子,泛指孔门弟子。 ⑦《诗》:指《诗经·大雅·文王有声》。

【评析】

此章言"王霸之辨"。"王霸之辨"是孟子政治思想的重要组成部分。孟子一贯主张王道政治,反对霸道政治,即强调以"仁政"治天下,"以德服人""以德治国",反对"以力服人",以军事和战争手段来达到统一天下的目的。前面诸章中孟子对梁惠王、齐宣王的许多劝说,实际都与这一主题有关。

孟子曰:"仁则荣,不仁则辱。今恶辱而居不仁,是犹恶湿而居下也。如恶之,莫如贵德而尊士,贤者在位,能者在职。国家闲暇,及是时,明其政刑,虽大国,必畏之矣。《诗》云:'迨天之未阴雨,彻彼桑土,绸缪牖户。今此下民,或敢侮予①?'孔子曰:'为此诗者,其知道乎!能治其国家,谁敢侮之?'今国家闲暇,及是时,般乐怠敖②,是自求祸也。祸福无不自己求之者。《诗》云:'永言配命,自求多福③。'《太甲》④曰:'天作孽,犹可违;自作孽,不可活。'此之谓也。"

【今译】

孟子说:"国君如能施行仁政,就会有荣耀;不施行仁政,就将遭屈辱。现在这些人既厌恶屈辱,可仍然安于不仁的现状,这好比讨厌潮湿却甘心居住在低下的地方。如果真的厌恶屈辱,不如以德为贵而尊重士人,使贤德的人治理国家,让有才能的人担任官职。国家安定,趁这个时机,修明政教法典,哪怕是大国,也一定会对此感到畏惧了。《诗经·豳风·鸱鸮》中说:'趁着天还没阴雨,剥取桑根上的皮,把那门窗修理好。那住在下面的人,又有谁敢欺侮我?'孔子说:'作这首诗的人,懂得治国的道理啊!能治理好他的国家,谁还敢欺侮他们?'现在国家安定,趁这个时机,追求享乐,怠惰游玩,这简直是自取祸害。祸和福没有不是自己找来的。《诗经·大雅·文王》中说:'应该念念不忘与天命配合,自己去多寻求点幸福。'《尚书·太甲》中说:'天降祸害,还可以躲避;自己作孽,逃也没法逃。'说的正是这个意思。"

【注释】

①《诗》:指《诗经·豳风·鸱鸮》。迨:趁。彻:取。桑土:桑树根的皮。绸缪:捆绑牢固。下民:下面的人,鸟住在树上,故称在地面上的人为下人。　②般乐怠敖:般乐是同义复音词;怠,怠惰;"敖",同"遨",出游。　③《诗》:指《诗经·大雅·文王》。永言配命:人应该念念不忘与天命配合。　④《太甲》:本为《尚书》中的篇名,但在《古文尚书》和《今文尚书》中都已不传,也不在《逸书》之列,所以赵岐注中仅讲"殷王太甲言";但《礼记·缁衣》有此引文,略有出入,所以还应是《尚书》的内容。

【评析】

此章要点有三:一是强调尊贤使能,奉行仁政;二是强调防患于未然,太平之时犹要警惕;三是强调祸福由己不由人、不由天,一切都是自求的。

孟子曰:"尊贤使能,俊杰在位,则天下之士皆悦,而愿立于其朝矣。市,廛而不征①,法而不廛②,则天下之商皆悦,而愿藏于其市矣;关,讥而不征,则天下之旅皆悦,而愿出于其路矣;耕者,助③而不税,则天下之农皆悦,而愿耕于其野矣;廛,无夫里之布④,则天下之民皆悦,而愿为之氓⑤矣。信能行此五者,则邻国之民,仰之若父母矣。率其子弟,攻其父母,自有生民以来,未有能济者也。如此,则无敌于天下。无敌于天下者,天吏也。然而不王者,未之有也。"

【今译】

　　孟子说:"尊重有道德的人,使用有能力的人,让杰出的人为官来治理国家,那么天下的士人都会高兴,愿意到这样的朝廷里来做官。市场上,提供藏货的货栈而不征税,遇上货物滞销按法定价格征购,不让它们长期积压在货栈中,那么天下的商人都会高兴,愿意把货物存放到这样的市场上;关卡上,只稽查而不征税,那么天下的旅客都会高兴,愿意取道于这样的国家;耕田的人,只需帮着耕种公田而不必另交租税,那么天下的农民都会高兴,愿意到这样的田里来耕种;居民不必交纳额外的赋税和服额外的徭役,那么天下民众都会高兴,愿意到这样的地方来居住。要是真能做到上面五点,那么邻国的老百姓,便会对这样的国君像对父母般的仰慕了。(邻国之君如想侵犯这样的国家,就好比)率领儿女们去攻打自己的父母,这种事从有人类以来,还没有谁成功过。这样,就是无敌于天下。无敌于天下的人,就叫作'天吏'。做到这样而不能称王天下,还从来没有过。"

【注释】

①廛而不征:廛,货栈;廛而不征,提供货栈而不征租税。　②法而不廛:法,贸易法;法而不廛,按法定价格收购。　③助:耕种公田。　④廛,无夫里之布:这里的廛指百姓的住宅;无夫里之布,这里指没有额外的赋税徭役。　⑤氓:通"民",与民略有区别,多指从别处迁来的百姓。

【评析】

此章还是围绕着孟子一贯的政治主张即"王道"和"仁政"展开的,

如前面孟子与梁惠王论"仁者无敌",与齐宣王讨论"大欲"等的内容,基本上都是一致的。这里,孟子提出了"天吏"这个概念,按传统注家的观点,"天吏"也就是"天使"的意思。

孟子曰:"人皆有不忍人之心。先王有不忍人之心,斯有不忍人之政矣。以不忍人之心,行不忍人之政,治天下可运之掌上。所以谓人皆有不忍人之心者,今人乍见孺子将入于井,皆有怵惕恻隐①之心。非所以内交②于孺子之父母也,非所以要誉于乡党朋友也③,非恶其声而然也。由是观之,无恻隐之心,非人也;无羞恶之心,非人也;无辞让之心,非人也;无是非之心,非人也。恻隐之心,仁之端④也;羞恶之心,义之端也;辞让之心,礼之端也;是非之心,智之端也。人之有是四端也,犹其有四体⑤也。有是四端而自谓不能者,自贼者也;谓其君不能者,贼其君者也。凡有四端于我者,知皆扩而充之矣,若火之始然⑥,泉之始达⑦。苟能充之,足以保四海;苟不充之,不足以事父母。"

【今译】

孟子说:"人人都有怜悯他人之心。古代帝王有这种怜悯别人的心,这样才有怜悯百姓的仁政。拿这种怜悯别人之心,去施行怜悯百姓的仁政,治理天下就像在手掌上转动一件小东西那样容易了。我之所以说人人都有怜悯他人之心,(譬如)现在人们突然看见小孩将要掉入井里去,都会立即产生一种惊惧和同情之心。这不是为了想跟孩子的父母攀交情,不是为了要在邻里朋友中获得好名声,也不是由于厌恶孩子的啼哭声才这样做的。由此看来,(任何一个人)没有同情之心,不能算是人;没有羞耻之心,不能算是人;没有礼让之心,不能算是人;没有是非之心,不能算是人。同情之心,是仁的开端;羞耻之心,是义的开端；礼让之心，是礼的开端；是非之心，是智的开端。人有这四个开端，就如同他有四肢一样。有这四个开端却自认不行的人，是自己损害自己；说他的国君不行的人，是损害他的国君。凡是具有这四个开端的人，要是知道把它们都扩充起来，那就会像火刚开始点着，泉水刚开始流出一样。如果能够扩充它们，就足以安定天下；如果不去扩充它们，那就连自己的父母也无法奉养。"

【注释】

①怵惕恻隐：怵惕，惊惧；恻隐：哀痛。这里是对别人的不幸表示怜悯、同情。　②内交：内通"纳"，内交有结交的意思。　③要誉：谋求好名声。乡党：乡里。　④端：开始。　⑤四体：四肢。　⑥然：通"燃"。　⑦达：突出。

【评析】

此章是孟子论述"仁政"之所以能够成立的基础，因此十分重要。按孟子的观点，"不忍人之心"就是"仁政"的基础。在这里，孟子还提出了著名的"四端"说，而"不忍人之心"则是"四端"之首，代表"仁的开端"的"恻隐之心"。这里牵涉到的都是"心"的问题。

在中国古代哲学中，"心"是一个极其重要的概念，它有几层含义：最一般地说，"心"是人思维的器官。中国人传统上习惯于把"心"视为具有思想功能的器官，直到今天我们还在说"心想事成"之类的话，其源头实际可上溯至古代。第二层意思，"心"有时也可视为思维的过程，这是把名词作动词来用。第三层意思，专门指道德上的善性，孟子有时也把这一层意义上的"心"称之为"良心"或"本心"（可参看《告子上》第八、十章等）。本章的"四端"之心，都是指第三层意义上的"心"。按孟子的观点，人性即人的本质是善良的，而人性本善的原因就在于人人具有"四端"，它们就如同人的四肢一样，是与生俱来的。所以，"四端"也就是孟子"性善论"的基础。孟子的"四端说"和"性善论"开了中国儒学中心性学说的先河，以后历代学者对此都有许多论述，有正面论述也有反面论述,但基本上都是围绕着孟子提出的问题而展开的。

有关孟子这方面的思想,在后面的有关章节中我们还将有所评述,因为孟子对于心性问题还有不少讨论,我们不可能在一章里就讲完。

孟子曰:"矢人岂不仁于函人哉①?矢人惟恐不伤人,函人惟恐伤人。巫、匠②亦然。故术不可不慎也。孔子曰:'里③仁为美,择不处仁,焉得智?'夫仁,天之尊爵也,人之安宅也④。莫之御⑤而不仁,是不智也。不仁不智,无礼无义,人役⑥也。人役而耻为役,由弓人而耻为弓,矢人而耻为矢也。如耻之,莫如为仁。仁者如射:射者正己而后发,发而不中,不怨胜己者,反求诸己而已矣。"

【今译】

孟子说:"造箭的人难道比制甲的人更不仁吗?造箭的人惟恐自己造的箭不锋利而不能射伤人,制甲的人却惟恐自己制的甲不坚固而让人受伤。专为人求福的巫人和专为人制棺材的匠人也是这样。所以一个人选择职业不可不谨慎。孔子说:'居住的地方要有仁厚之风才算美好,选择住处而不知选有仁厚风俗的地方,怎能说是明智呢?'仁,是上天最尊贵的爵位,是人们最安逸的住宅。没有什么阻碍却不去行仁,这便是不明智。不仁、不智、无礼、无义,这种人只能做别人的仆役。当了仆役又以供人役使为耻,那就像造弓的人以造弓为耻,造箭的人以造箭为耻一样。要是觉得可耻,就不如去行仁。行仁就好比射箭一样:射箭的人都是先端正自己射箭的姿势然后发射,如果射不中,不去埋怨胜过自己的同行,只是反回来从自身去找原因罢了。"

【注释】

①矢人:造箭的人。函人:造甲的人。 ②巫:巫人,这里指为人祈福攘灾者。匠:木匠,这里指为人制作棺材者。 ③里:居住之地。 ④尊爵:尊贵的爵位。安宅:安逸的住宅。 ⑤御:阻碍。 ⑥人役:被人所役使的人。

【评析】

此章首言"术不可不慎也"。在孟子看来,"人皆有不忍人之心",人性本善,但善只是一个"端",很容易受外界影响而改变。如职业不同就可能影响人性,造箭的人本性并不比制甲的人不仁,巫人与匠人也一样,他们之所以会有截然不同的思想,都是由他们各自的职业所决定的。所以人们选择职业时不可不慎重。这里孟子当然也隐含了告诫统治者在决定政策方针时应该审慎。

其次孟子借孔子言"择居"思想言"择仁"。强调了人有选择怎么做的自由意志。这也就是孟子曾经对齐宣王说过的"不能"与"不为"的关系,选择"仁"不是能不能的问题,而是为不为的问题,关键还在于我们自己如何选择。这就回答了前面的问题,即外界虽然可以影响我们,但我们自己可以选择不受影响。

最后孟子以射箭为喻,言"正己"和"反求诸己"。这属于个人的修养工夫的内容了,即强调从自己做起,经常做到反躬自问。

孟子曰:"子路,人告之以有过则喜,禹闻善言则拜。大舜有大焉①,善与人同,舍己从人,乐取于人以为善。自耕稼、陶、渔以至为帝②,无非取于人者。取诸人以为善,是与人为善者也。故君子莫大乎与人为善。"

【今译】

孟子说:"子路,别人指出他的过错他很高兴;禹听到有益的话就向人拜谢。大舜比他们两个又更伟大,他愿与别人一起行善,能舍弃自己的不足,听从别人对的,乐于吸取别人的优点来行善。他从种田、制陶、打鱼一直到被推举为领袖,没有一项优点不是从别人那里吸取来的。吸取别人的优点来行善,就是与别人一起行善。所以,君子的所作所为没有比与别人一同行善更伟大了。"

【注释】
①大舜有大焉:有同"又";焉,语助词。 ②耕稼、陶、渔:据《史记·五帝本纪》记,舜为帝前曾从事过种地、烧制陶器和捕鱼等各种劳动。

【评析】
此章讨论"为善"。孟子以先贤为例,说明了"为善"的层次和境界:子路闻过则喜;大禹闻善则拜;而更高的境界则是舜,因为他乐取他人善行,能带动别人一起行善。确实,在善的面前,是没有人、我之分的。

孟子曰:"伯夷,非其君不事,非其友不友;不立于恶人之朝,不与恶人言;立于恶人之朝,与恶人言,如以朝衣、朝冠坐于涂炭①。推恶恶②之心,思与乡人立,其冠不正,望望然③去之,若将浼④焉。是故诸侯虽有善其辞命而至者,不受也。不受也者,是亦不屑就已。柳下惠⑤不羞污君,不卑小官;进不隐贤,必以其道;遗佚⑥而不怨,厄穷⑦而不悯。故曰:'尔为尔,我为我,虽袒裼裸裎⑧于我侧,尔焉能浼我哉?'故由由⑨然与之偕而不自失焉,援而止之⑩而止。援而止之而止者,是亦不屑去已。"

孟子曰:"伯夷隘,柳下惠不恭。隘与不恭,君子不由也。"

【今译】

孟子说:"伯夷,不是他认可的君主不事奉,不是他认可的朋友不结交;不在恶人的朝廷里做官,不与恶人讲话;在恶人的朝廷里做官,与恶人讲话,(他认为)就像穿着礼服、戴着礼帽坐在污泥和炭灰上。把这种憎恶坏人的心思推广开去,他感到和一个乡下人站在一起,要是那人帽子没戴正,他便会愤然离去,就像自己会被玷污似的。所以,当时各国国君尽管用好言好语来聘他去做官,他却不接受。他之所以不接受,就是由于他(认为那些国君不干净而)不屑于接受。柳下惠却不以事奉肮脏的君主为耻,也不嫌弃做小官;进到朝廷不隐瞒自己的才干,但一定根据自己的原则办事;不被上面任用也无怨言,困于贫穷也不忧伤。所以他说:'你是你,我是我。哪怕你在我旁边赤身露体,你又怎能玷污我呢?'因此他怡然自得地与他人共处而不失常态,别人挽留他叫他留下,他便留下。他之所以被挽留就留下,就是由于他(认为自己能洁净自好而)不屑于离去。"

孟子说:"伯夷狭隘,柳下惠不够恭敬。狭隘和不恭敬,君子是不会这样的。"

【注释】

①涂炭:涂,污泥;炭,炭灰。 ②恶恶:厌恶。 ③望望然:不高兴的样子。 ④浼:污秽。 ⑤柳下惠:姓展,名获,字禽,春秋时鲁国大夫,其封地在柳下,谥号"惠",故名。 ⑥遗佚:被遗弃,不被重用。 ⑦厄穷:为穷所困。 ⑧袒裼裸裎:袒裼,露臂;裸裎,露身。 ⑨由由:自得的样子。 ⑩援而止之:挽留。

【评析】

伯夷和柳下惠都是历史上有德行的名人,但在孟子看来都还有偏颇的不足之处。因为儒家强调的是中庸之道,这才是孟子认可的理想的君子行事处世、安身立命的人格。

公孙丑下

【解题】

《公孙丑》下篇凡十四章,其中一半以上内容牵涉到孟子在齐国最后一段时间的经历、言行,及离开齐国路上发生的事情。此外的记述,内容颇广,如讨论打赢战争的条件、接受别人馈赠的标准、做官的职责等。其间还穿插孟子两次外出,一是到滕国去吊丧,一是去鲁国葬母。

孟子曰:"天时不如地利,地利不如人和。三里之城,七里之郭①,环而攻之而不胜。夫环而攻之,必有得天时者矣;然而不胜者,是天时不如地利也。城非不高也,池非不深也,兵革非不坚利也,米粟非不多也;委而去之,是地利不如人和也。故曰:域民②不以封疆之界,固国③不以山谿之险,威天下不以兵革之利。得道者多助,失道者寡助。寡助之至,亲戚畔之;多助之至,天下顺之。以天下之所顺,攻亲戚之所畔,故君子有不战,战必胜矣。"

【今译】

孟子说:"得天时不如得地利好,得地利又不如得人和好。譬如有座内城方圆三里、外城方圆七里的城邑,敌人包围攻打却无法取胜。既能围攻,一定有得天时之处;可却无法取胜,这说明得天时不如得地利好。再譬如,有一座城邑,它的城墙不是不高,护城河不是不深,守城的武器装备不是不锐利坚固,粮食也不是不多,可是军民们弃城不守而逃,这说明得地利又不如得人和好。所以说,限制民众不必靠国家的疆界,巩固国防不必凭山河的险要,威服天下不必恃武器装备的锐利。拥有正义的人援助就多,失掉正义的人援助便少。援助少到极点时,连自己的亲戚也会背叛他;援助多到极点时,整个天下的人都顺从他。让天下都顺从他的人,去攻打连亲戚也会背叛他的人,所以那些圣君不用战争,若要战争就一定取胜。"

【注释】
①郭:外城。 ②域民:限制民众居住在一定的区域内。 ③固国:使国防坚固。

【评析】
此章所论是民心的向背问题。孟子的话题虽然围绕在军事方面,但其所论的意义决不仅限于军事。所谓"得道者多助,失道者寡助",在理论上讲是通行于各种事物的,尽管在事实上未必都是如此。孟子在此强调"道"的"得"与"失",还在于强调"民"这个重点上,因为无论"天时"还是"地利",终不及"人和"。因此这也是孟子重"民"思想的一个反映。

孟子将朝王,王使人来曰:"寡人如①就见者也,有寒疾,不可以风;朝将视朝②,不识可使寡人得见乎?"

对曰:"不幸而有疾,不能造朝。"

明日,出吊于东郭氏③。公孙丑曰:"昔者辞以疾,今日吊,或者不可乎?"

曰:"昔者疾,今日愈,如之何不吊?"

王使人问疾,医来。孟仲子④对曰:"昔者有王命,有采薪之忧,不能造朝。今病小愈,趋造于朝,我不识能至否乎⑤?"使数人要⑥于路,曰:"请必无归,而造于朝。"

不得已而之景丑氏⑦宿焉。景子曰:"内则父子,外则君臣,人之大伦也。父子主恩,君臣主敬。丑见王之敬子也,未见所以敬王也。"

曰:"恶,是何言也！齐人无以仁义与王言者,岂以仁义为不美也？其心曰:'是何足与言仁义也'云尔,则不敬莫大乎是⑧。我非尧舜之道不敢陈于王前,故齐人莫如我敬王也。"

景子曰:"否,非此之谓也。《礼》曰:'父召,无诺;君命召,不俟驾⑨。'固将朝也,闻王命而遂不果,宜与夫礼若不相似然。"

曰:"岂谓是与？曾子曰:'晋、楚之富,不可及也。彼以其富,我以吾仁;彼以其爵,我以吾义,吾何慊乎哉！'夫岂不义而曾子言之？是或一道也。天下有达尊⑩三:爵一,齿一,德一。朝廷莫如爵,乡党莫如齿,辅世长民莫如德。恶得有其一以慢其二哉！故将大有为之君,必有所不召之臣,欲有谋焉则就之。其尊德乐道,不如是,不足与有为也。故汤之于伊尹,学焉而后臣之,故不劳而王;桓公之于管仲,学焉而后臣之,故不劳而霸。今天下地丑⑪德齐,莫能相尚⑫。无他,好臣其所教,而不好臣其所受教。汤之于伊尹,桓公之于管仲,则不敢召。管仲且犹不可召,而况不为管仲者乎！"

【今译】

孟子正打算去朝见齐王,却碰上齐王派人来传话说:"我本应该来看望你的,但得了感冒,不能吹风;如果你来朝见,我便临朝听政,不知道能让我见到你吗?"

孟子答道:"我也不幸得了点病,不能上朝堂来。"

第二天,孟子到齐国大夫东郭氏家去吊丧。公孙丑说:"昨天刚托病不去朝见,今天却去吊丧,也许不大合适吧?"

孟子答道:"昨天有病,今天病好了,怎么不能去吊丧呢?"

齐王派人来询问病情,医生也来了。孟仲子只能应付说:"昨天王命召见,恰好先生病了,不能上朝。今天病稍好了点,已上朝去了,我不知道他能否到达朝中?"于是派了几个人到路上拦住孟子说:"请您一定别回家,上朝去一趟吧!"

孟子没办法,只得在景丑氏家借住一宿。景丑说:"在家有父子,在外有君臣,这是最重大的人与人关系。父子之间以慈爱为主,君臣之间以尊敬为主,我只看到齐王对你的尊敬,却没有看到你怎样尊敬齐王。"

孟子说:"哎!这是什么话!齐国人没有一个拿仁义之道去跟齐王谈论的,难道真认为仁义不好吗?他们只是心里在想:'他哪里配得上谈仁义之道呢?'没有比这种态度更不尊敬齐王的了。而我,不是尧舜之道不敢在齐王前面陈述,所以齐国人中没有比我更尊敬齐王的了。"

景丑说:"不,我说的不是这个。《礼》书中说:'父亲召唤,不等答应便立即起身;君命召唤,不等驾好马车立即动身。'你本来准备上朝,听到齐王传唤反而不去了,似乎与礼不相合吧?"

孟子说:"原来你说的是这个呀?曾子说过:'晋国和楚国的富有,是我们无法比的。但他们仗的是财富,我仗的是仁;他们仗的是爵位,我仗的是义,我又有什么可遗憾的呢!'这话如果不合义,曾子会这么说吗?这也许是有道理的。天下有三个东西是为人们所普遍尊敬的:爵位是一个,年龄是一个,德行是一个。朝廷上没有比爵位更重的,乡里没有比年龄更重的,辅佐君王统治百姓没有比德行更重的。怎能仗着自己有爵位就轻视怠慢其他两项呢!因此,将要大有作为的君主,一定有他不敢召唤的臣子,要是有重大国事须商议,就亲自去请教。

国君重视德行、乐行仁政，如果不是这样，就不足以与他有所作为。所以，商汤对于伊尹，先向他学习，然后用他为臣，因此能不费辛劳就称王天下；桓公对于管仲，也先向他学习，然后再用他为臣，因此能不费辛劳就称霸天下。现在天下的大国，土地大小差不多，国君的德行也不相上下，谁也超不过谁。没有别的原因，就是因为他们喜欢用听从自己的人为臣，而不喜欢用能够教导他的人为臣。商汤对于伊尹，齐桓公对于管仲，就不敢召唤。管仲这样的人都不可以召唤，更何况不屑做管仲的人呢！"

【注释】

①如：将。　②朝将视朝：前一个朝，按赵岐注、焦循疏的解释，是指孟子去朝见；后一个朝，指齐宣王将上朝堂视事。　③东郭氏：齐国姓东郭的某位大夫。　④孟仲子：孟子的堂兄弟，学于孟子。　⑤采薪之忧：当时交往中用来代疾病的谦词。　⑥要：拦阻。　⑦景丑氏：齐大夫景丑。　⑧莫乎是：没有比这更严重。　⑨诺：应答。驾：马车。　⑩达尊：最受尊重的事。　⑪丑：类似。地丑德齐，意即土地的大小类似，德教的好坏差不多。　⑫莫能相尚：不能超过。

【评析】

孟子因齐王对有德之士不够礼貌，所以故意不赴召见。这在常人看来似乎有点过分，认为是对君上的不尊重。但孟子以为，读书人应该有人格的自尊，读书人对君上的尊重，主要不是表现在趋奉应命这一点上，而是表现在敢于批评时政和陈说大道之上。

在本章中，孟子提出了儒家的一个重要政治理想——"以德抗位"思想。在孟子看来，作为"天下达尊"的"爵""齿""德"三者，代表了不同类型的价值标准：在政权系统里，以权力的大小和爵位的高低为标准，而"爵"就是代表；在社会生活和家庭生活中，以年龄的大小和辈分的高低为标准，而"齿"就是代表。但在理国治民这一层面上，就应该以德行的高下为标准，即应该以"德"为本。而且，孟子认为，"德"与

"爵"相比，前者更为重要。在后面的《告子上》中，孟子还提出了"天爵"与"人爵"之别，"天爵"指仁义道德，"人爵"指权势地位，前者应该高于后者。这也可说是孟子对孔子思想突破的一个方面，因为"君命召，不俟驾行矣"是孔子所认可的古"礼"（参见《论语·乡党》），而孟子并没有遵从这一传统。这一方面说明，到了孟子所处的时代，所谓的古礼确实已不合潮流；另一方面则说明，孟子在政治思想上也确有超越孔子之处。孟子"以德抗位"的思想，在以后的宋明理学中发展为"以理抗势"之说，而其基本的价值取向是完全一致的。

当然，必须指出的是，无论是"以德抗位"还是"以理抗势"，在中国封建专制统治的漫长时期中，其所起的作用实在微乎其微。而敢于实践"以德抗位"或"以理抗势"者，其结局往往是悲剧性的，这一现象越往后越明显。但我们判断某一思想的价值，不能以功利、成效来计。反之，正因为这一思想实践上的艰难，恰恰反映出了它的价值。

陈臻①问曰："前日于齐，王馈兼金一百②而不受；于宋，馈七十镒而受；于薛③，馈五十镒而受。前日之不受是，则今日之受非也；今日之受是，则前日之不受非也。夫子必居一于此矣。"

孟子曰："皆是也。当在宋也，予将远行，行者必以赆④；辞曰：'馈赆。'予何为不受？当在薛也，予有戒心⑤；辞曰：'闻戒，故为兵馈之。'予何为不受？若于齐，则未有处也，无处而馈之，是货之也。焉有君子而可以货取乎？"

【今译】

陈臻问道："前些日子在齐国，齐王赠送给您上等金一百镒您不肯接受。后来在宋国，宋君赠七十镒金您却接受了；在薛地，薛君赠五十镒金您也接受了。如果前些日子不接受是对的，那现今接受就不对了;如果现今接受是对的,那前些日子不接受就不对了。先生在两种做法中,一定有一个是做错的。"

孟子说:"都是对的。当在宋国时,我将要远出旅行,对出门旅行的人一定要送点盘缠,宋君当时说是送盘缠,我为什么不接受呢?而当在薛地时,我得有所戒备,薛君当时听我说要做戒备(以防人暗算),因此送点钱给我购置武器,我又为什么不接受呢?至于在齐国,就没有说明什么用途,不说明用途却要送钱给我,这是想收买我。哪有君子可以用钱财收买的呢?"

【注释】
①陈臻:孟子弟子。 ②王馈兼金一百:馈,赠送;兼金,好金,其价比一般金高出一倍;一百,百镒。古时以一镒一金,镒等于二十两;又古代所说的金,多指铜,非今之黄金。 ③薛:是齐国靖郭君田婴的封邑,不是春秋的薛国。 ④赆:临别时赠送的财物。 ⑤戒心:据说当时有人想暗害孟子,孟子为防不测,所以做了必要的戒备。

【评析】
此章所说的道理很平实,即对于接受别人的礼物要有个合理的说法。合乎道理的,即使少也应该接受;不合乎道理的,再多也不能接受。否则就成了接受贿赂,这是君子所不为的。

孟子之平陆①,谓其大夫②曰:"子之持戟之士,一日而三失伍③,则去之否乎?"

曰:"不待三。"

"然则子之失伍也亦多矣。凶年饥岁,子之民,老羸转于沟壑,壮者散而之四方者,几千人矣。"

曰:"此非距心之所得为也。"

曰:"今有受人之牛羊而为之牧之者,则必为之求牧与刍④矣。求牧与刍而不得,则反诸其人乎?抑亦立而视其死与?"

曰:"此则距心之罪也。"

他日,见于王曰:"王之为都者⑤,臣知五人焉。知其罪者,惟孔距心。"为王诵之⑥。

王曰:"此则寡人之罪也。"

【今译】

孟子到平陆,对那里的地方官孔距心说:"你手下的战士,如果一天之内三次擅离职守,是不是要将他开除呢?"

地方官说:"不必等待三次才开除他。"

孟子紧接上去说:"可是,你失职的地方也有不少,在饥荒的年岁里,你治下的老百姓们,老弱病残辗转抛尸于山沟中的,体力较强些的青壮年散走四方的,几乎近千人了。"

地方官说:"这不是我孔距心力所能办到的事。"

孟子说:"现在假如有个人接受了替人放牧牛羊的任务,他就一定要替人家找到牧地和草料。万一找不到牧地和草料,那么,是把牛羊送还给人家呢,还是站在那里眼看着牛羊死去呢?"

地方官说:"这就是我孔距心的罪过了。"

过了些时日,孟子朝见齐王,说:"大王的地方长官,我结识了五个,其中能认识自己失职罪过的,只有孔距心一人。"于是把自己与孔距心的谈话对齐王复述了一遍。

齐王听后说:"这也是我的罪过。"

【注释】

①平陆:齐国边境县邑名。　②大夫:指平陆的最高行政长官,即下文中的孔距心。　③持戟之士:即战士。失伍:擅自离开队伍。　④牧:牧地。刍:草料。　⑤为都者:治理都邑的官吏。　⑥为王诵之:诵,复述。

【评析】

此章孟子提出的意见,据赵岐说是"人臣以道事君,否则奉身以退"。孔距心也知道灾荒之年百姓受苦受难,可赈灾与否是由齐王决定,他做不了主。但孟子认为,既然做不了主,就应该辞职,否则也属于失职之列。孔距心与齐王后来都意识到了自己的责任,承认自己有过错。朱熹引陈氏语曰:"孟子一言,而齐之君臣,举知其罪,固足以兴邦矣。然而齐卒不得为善国者,岂非说而不绎,从而不改故邪?"也就是说,承认错误是一回事,是否改正又是一回事,后者比前者更要紧。

孟子谓蚔鼃①曰:"子之辞灵丘而请士师②,似也,为其可以言也。今既数月矣,未可以言与?"

蚔鼃谏于王而不用,致为臣③而去。

齐人曰:"所以为蚔鼃则善矣;所以自为,则吾不知也。"

公都子④以告。

曰:"吾闻之也,有官守者,不得其职则去,有言责者,不得其言则去。我无官守,我无言责也,则吾进退,岂不绰绰然有余裕哉?"

【今译】

孟子对蚔鼃说:"你辞掉灵丘的官职,请求去做治狱官,这事做得似乎有道理,因为治狱官可以向君上进言。现在你当治狱官已经几个月了,还不可以进言?"

蚔鼃向齐王进了言却没有被采纳,便辞职离去了。

齐国有人议论此事道:"(孟子)替蚔鼃打算是好的,可为自己打算得怎样,我就不知道了。"

公都子把这些话告诉了孟子。

孟子说:"我听说过:有官职的人,不能履行他的职责,可以辞职不干;有进言责任的人,进了言,上边不采纳,也可以辞职不干。我既没有官职,也没有进言的责任,那我的出处进退,难道不是宽宽绰绰,有很大的余地吗?"

【注释】

①蚳鼃:齐国大夫。 ②辞灵丘而请士师:辞去灵丘邑的官职去做治狱官。 ③致为臣:辞职引退。 ④公都子:孟子弟子。

【评析】

此章内容与前一章有点关联。孟子认为,作为一个官员,有自己的职责范围,应该尽到自己的责任,否则就应该辞职。至于说到他自己,孟子是齐国"客卿",按清儒焦循的说法是"师宾",所以是没有具体职责的人,他的出处进退就很自由,这大概与孔子说过的"不在其位,不谋其政"意思相近。当然,这仅是针对从政者而言的。作为一个"士",一个"君子",孟子的言说其实很多,这实际尽的是一种道德责任或历史使命。

孟子为卿于齐,出吊于滕①,王使盖大夫王驩为辅行②。王驩朝暮见,反齐滕之路,未尝与之言行事也。

公孙丑曰:"齐卿之位,不为小矣;齐滕之路,不为近矣,反之而未尝与言行事,何也?"

曰:"夫既或治之,予何言哉?"

【今译】

孟子在齐国为卿,奉命出使滕国去吊丧,齐王还派盖邑大夫王驩作副使。王驩早晚同孟子在一块,但在往返于齐滕的路上,孟子却从未和他讨论过公事。

公孙丑问道:"齐国卿的职位,不算小了;从齐到滕的路程,也不算近了;来回一趟您却从不曾和他(王驩)讨论过公事,这是什么缘故?"

孟子说:"他既然已独断专行,我还说什么呢?"

【注释】

①出吊于滕:滕文公去世,齐王派作为客卿的孟子吊丧。 ②王驩:齐王的宠臣,当时为盖邑大夫。辅行,即副使。

【评析】

此章记孟子与小人交往的态度。孟子奉命出使,而王驩是他的副手。照理说,王驩应事事请示孟子,但他仗着自己是齐王的宠臣,独断专行,所以孟子从不与他谈公事。赵岐在章指中说:"道不合者,不相与言。王驩之操,与孟子殊,君子处时,危行言逊,故不尤之,但不与言。"所谓"危行言逊",就是态度严厉,但言语谨慎。孟子的表现就是不理王驩,却不与之争执、论理。孔子说过:"邦无道,危行言逊。"(《论语·宪问》)从孟子一生的行事看,处在无道之世他并不总是奉行这一原则的,他经常纵横议论、针砭时政、抨击达贵,得理不饶人,言论并未做到"逊"。但此次他却遵循了这个原则,大概是因为这次他有正式职责在身,而不是"师宾"的身份,所以比较谨慎。

孟子自齐葬于鲁,反于齐,止于嬴①。

充虞②请曰:"前日不知虞之不肖,使虞敦匠事③。严④,虞不敢请。今愿窃有请也:木若以美然⑤。"

曰:"古者棺椁无度,中古棺七寸,椁称之⑥。自天子达于庶人,非直为观美也,然后尽于人心。不得⑦,不可以为悦;无财,不可以为悦。得之为有财⑧,古之人皆用之,吾何为独不然?且比化者无使土亲肤⑨,于人心独无恔⑩乎?吾闻之也:君子不以天下俭其亲。"

【今译】

孟子从齐国将母亲归葬到鲁国后,重返齐国,在嬴邑停留。

充虞请问道:"前些日子蒙您不嫌我能力差,让我督办棺木。当时事忙,不敢请示。现在我想私下请教一下:棺木似乎过于华美了点。"

孟子说:"古时棺椁的尺寸没有什么规定,中古以来规定内棺厚七寸,外棺的厚薄与之相称。上起天子,下到百姓,(讲究棺椁)不仅是为了好看,而是要这样然后算尽了人子的孝心。受礼法限制,不得用好棺木,当然不称心;限于财力,不能用好棺木,同样也难以称心。只要礼法允许而财力又能办到,古人都会用好棺木,我为什么独独不能这样做呢?而且为了让死者的遗体不接触泥土,人子之心难道就不欣慰吗?我听说过:君子决不因为要为天下人节俭而在自己父母身上省钱。"

【注释】

①孟子自齐葬于鲁:孟子在齐国为官,母亲去世,归葬于鲁。嬴:齐国南面的一个都邑。 ②充虞:孟子弟子。 ③不肖:不贤、不中用,这是充虞自谦之词。敦:督办。匠:指木工。 ④严:急、无暇。 ⑤木:棺木。以:太。 ⑥棺:内棺。椁:外棺。度:厚薄尺寸。中古:赵岐注为"周公制礼以来",清儒孔广森认为当在周公之前。称:相称。 ⑦不得:法制规定不当得。 ⑧得之为有财:意为法制规定当得且又有钱办得起;其中"为"字,王念孙认为作"与"。 ⑨比:为。化者:死者。 ⑩㤭:快意。

【评析】

儒家强调"孝道","生事之以礼,死葬之以礼,可谓孝矣"(《论语·为政》)。而体现"慎终追远"的葬礼,历来受到儒家的重视。按孟子此章的观点,丧葬是否得当主要有两点,一是规模是否与礼法相合,二是自己是否有能力(如财力)。只要以上两个条件允许,就应该尽力办到,这才算尽了人子的孝道。正因为如此,墨家批评儒家主张"厚葬"。

有关此点,在后面《滕文公上》的第五章中,孟子还有论述,专门是针对墨者夷之而言的。

沈同①以其私问曰:"燕可伐与?"

孟子曰:"可。子哙不得与人燕,子之不得受燕于子哙②。有仕③于此而子悦之,不告于王而私与之吾子之禄爵;夫士也,亦无王命而私受之于子,则可乎?何以异于是?"

齐人伐燕。

或问曰:"劝齐伐燕,有诸?"

曰:"未也。沈同问'燕可伐与',吾应之曰'可',彼然而伐之也。彼如曰:'孰可以伐之?'则将应之曰:'为天吏④,则可以伐之。'今有杀人者,或问之曰:'人可杀与?'则将应之曰'可'。彼如曰:'孰可以杀之?'则将应之曰:'为士师,则可以杀之。'今以燕伐燕⑤,何为劝之哉?"

【今译】

沈同以他个人的身份问孟子道:"燕国可以讨伐吗?"

孟子说:"可以。子哙不能擅自把燕国交给他人,子之也不能擅自从子哙那里接受燕国。假如有个人你对他有好感,不向国君报告,便把自己的俸禄和官爵都私自让给他;而那个人呢,也没有得到国君的任命,便从你那里私自接受了,这样做行吗?(燕国的事)与这又有什么不同呢?"

齐人出兵讨伐燕国。

有人问孟子道:"听说你曾劝齐国讨伐燕国,有这事吗?"

孟子说:"没有。沈同问'燕国可以讨伐吗?'我回答他说'可以',他们就这样去打燕国了。他如果进一步问:'谁可以去讨伐燕国?'那我就会说:'只有上得天意的王者才可以去讨伐它。'假如现在有个杀人的人,有人问:'这个杀人犯可以杀吗?'那我会说'可以'。他如果再问:'谁可以杀他呢?'那我将回答道:'做治狱官的,就可以杀他。'现在以一个与燕国一样无道的国家去讨伐燕国,我为什么要劝他们呢?"

【注释】

①沈同:齐国大臣。　②子哙、子之:参见《梁惠王下》第十章"评析"。　③仕:通"士"。　④天吏:参见《公孙丑上》第五章,这里可指得天意的王者。　⑤以燕伐燕:意指与燕国一样无道的齐国去伐燕国,就如同以燕伐燕。

【评析】

齐国攻打燕国,是战国中期的重大事件之一,引起了当时各诸侯国的不同反响,《孟子》一书中也多处谈及此事。把《梁惠王》篇及本篇诸章综合起来看,孟子的观点是明确的:燕国的国君无道,国政败坏,民众受苦受难,所以是可以讨伐的。但讨伐者必须施行至少比燕国要好的各种政治措施,而最终的标准则是看燕国的人民是否欢迎。这说明,尽管战国时代战争频仍,但孟子并不一概地反对任何战争,他所主张的是吊民伐罪的正义战争。

燕人畔①。王曰:"吾甚惭于孟子。"

陈贾②曰:"王无患焉。王自以为与周公孰仁且智?"

曰:"恶!是何言也!"

曰:"周公使管叔监殷,管叔以殷畔③。知而使之,是不仁也;不知而使之,是不智也。仁智,周公未之尽也,而况于王乎?贾请见而解之。"

见孟子,问曰:"周公何人也?"

曰:"古圣人也。"

曰:"使管叔监殷,管叔以殷畔也,有诸?"

曰:"然。"

曰:"周公知其将畔而使之与?"

曰:"不知也。"

"然则圣人且有过与?"

曰:"周公,弟也;管叔,兄也。周公之过,不亦宜乎?且古之君子①,过则改之;今之君子,过则顺之。古之君子,其过也,如日月之食,民皆见之;及其更也,民皆仰之。今之君子,岂徒顺之,又从为之辞。"

【今译】

燕国人背叛齐国。齐王说:"我对孟子感到很惭愧。"

陈贾说:"大王别难过。您觉得自己与周公比哪个更仁爱而又聪明呢?"

齐王说:"哎!你这是什么话!"

陈贾说:"周公派管叔去监督殷国,管叔却领着殷人起来反叛。如果周公知道管叔会叛乱却要派他去,这就是不仁了;如果不知道而派他去,这便是他的不智了。仁和智,连周公都没能完全做到,何况大王呢?请让我去见孟子做些解释。"

陈贾来见孟子,问道:"周公是怎样的人?"

孟子说:"是古代的圣人。"

陈贾说:"他派管叔监督殷国,管叔率领殷人反叛,有这件事吗?"

孟子说:"不错。"

陈贾说:"周公是预先知道他将会反叛却仍派他去的吗?"

孟子说:"并不知道。"

陈贾又问:"那么说,圣人也会有过错?"

孟子答道:"周公是弟弟,管叔是哥哥,周公的过错,不也是合乎情理的吗?况且,古代身居高位的君子,有过就改;现在身居高位的君子,明知错了,还将错就错。古代身居高位的君子,他们的过错,像日食月食一样,百姓都看得到,当他们改正错误时,百姓都仰望着他们。现在身居高位的君子,非但将错就错,而且还千方百计找借口来为自己的错误作辩护。"

【注释】

①畔:同"叛"。　②陈贾:齐大夫。　③管叔:周武王之弟,周公之兄。使管叔监殷,管叔以殷畔:武王战胜商纣后,封纣子武庚为诸侯,派管叔、蔡叔监督武庚。武王死,成王年幼,周公代行国政,管叔和武庚反叛周朝,周公出兵讨伐并诛杀了他们(事可参见《史记·管蔡世家》)。④此段话中的"君子"一词,有身居高位者之意。

【评析】

据史载,齐破燕及吞燕后,引起了各诸侯国的不满。在诸侯的帮助下,燕人拥立燕王哙之庶子平为王,是为燕昭王。齐军由于得不到燕国民众的支持,不得不撤回。这就是本章开首所说的"燕人畔"。当齐宣王意欲吞燕,招致诸侯反对而合谋救燕时,孟子曾劝宣王"王速出令,反其旄倪,止其重器,谋于燕众,置君而后去之,则犹可及止也"(见《梁惠王下》第十章)。但宣王不听,所以现在就有"吾甚惭于孟子"之叹。大臣陈贾不仅不劝说齐王检讨自己,反而想玩语言游戏,以"圣人也有过失"的遁辞来为齐王的错误辩解,结果遭到孟子的严厉驳斥。这也是理所应当的。这件事发生后不久,孟子就离开齐国了。

　　孟子致为臣①而归。王就见孟子,曰:"前日愿见而不可得,得侍同朝,甚喜②。今又弃寡人而归,不识可以继此而得见乎?"

　　对曰:"不敢请耳,固所愿也。"

　　他日,王谓时子③曰:"我欲中国而授孟子室,养弟子以万钟,使诸大夫国人皆有所矜式,子盍为我言之④!"

时子因陈子⑤而以告孟子,陈子以时子之言告孟子。

孟子曰:"然。夫时子恶知其不可也?如使予欲富,辞十万⑥而受万,是为欲富乎?季孙曰:'异哉子叔疑⑦!使己为政,不用,则亦已矣,又使其子弟为卿。人亦孰不欲富贵,而独于富贵之中有私龙断焉⑧。'古之为市也,以其所有易其所无者,有司者治之耳。有贱丈夫⑨焉,必求龙断而登之,以左右望,而罔市利。人皆以为贱,故从而征⑩之。征商自此贱丈夫始矣。"

【今译】

　　孟子辞去官职准备返回故乡。齐王登门去见孟子,说:"以前我希望见到你都不可能,后来有幸能和你同朝共事,我很高兴。现在你又将抛下我而要回故乡去了,不知以后我们还能相见吗?"

　　孟子答道:"我只是不敢提出这样的要求罢了,其实这本是我很希望的。"

　　另一天,齐王对时子说:"我想在国都的中心地区送幢房子给孟子,用万钟粟米来养活他的弟子们,使我国的官员和百姓都有所效法。你何不替我向孟子说说!"

　　时子托陈臻转告孟子,陈臻将时子的话告诉了孟子。

　　孟子说:"哦,那位时子又哪里知道这种事情做不得呢?假如我想发财,辞去十万钟粟米的官俸却去接受这万钟的赐予,这是想发财吗?季孙说过:'子叔疑这人真奇怪!自己去做官,别人不用,也就罢了,还让他的儿子、兄弟去做国卿。谁不想做官发财,而他却独独想把做官发财私下垄断起来。'古代的集市贸易,人们都是把自己有的东西,去交换自己没有的东西,有关部门对此加以管理罢了。有个低贱的男人,一定要找个惟一突出的高丘登上去,以便四面张望,把集市上贸易的赢利都网罗过来。人们都觉得此人卑鄙下贱,因此便对他征税。向商人征税,就是从这个卑鄙低贱的男人开始的。"

【注释】

①致为臣:辞去官职。　②前日:指孟子未到齐国时。得侍同朝:齐王的谦词,指与孟子得为君臣,同朝共处。　③时子:齐臣。　④中国:国都之中。万钟:六万四千石。矜式:效法。盍:何不。　⑤陈子:孟子弟子陈臻。　⑥十万:约数,指孟子在齐为官的俸禄总数。　⑦季孙、子叔疑:赵岐注为孟子弟子。朱熹注曰:"不知何时人"。　⑧龙断:龙同"垄"。一作"陇",垄断,指平地耸立突出而又四面隔绝的土丘;作动词用,有网罗市利之意。　⑨丈夫:成年男子;贱丈夫,低贱、受人鄙视的男子。　⑩征:征税。

【评析】

前面的评析中已经提到过,孟子对齐宣王可谓是循循善诱了,他很有耐心地顺着宣王的话题,说了那么多关于"王道""仁政"的道理,但宣王仍然我行我素,不为所动,尽管表面上他对孟子很客气、很尊重。孟子在齐国呆得已经没有味道了,又碰上齐国攻占燕国事件。在"止君取燕"失败后,孟子在齐国推行其政治理想的希望彻底破灭了,他决心"去齐"。宣王还想以财利来留住孟子,结果遭到孟子断然拒绝。宣王的这种做法,也不能说一无是处,至少可认为他对孟子还很看重,希望他能成为国人效法的榜样。但他并不真正了解孟子,孟子对是否出仕的态度,不是以利益多寡来衡量的,而是取决于自己的政治主张能否施行。在本章的最后部分,孟子的话语涵义深长,其中隐含着对宣王的严厉批评,即批评他垄断了国家的财利,却没有施行"仁政"的勇气和决心,这种做法是很低贱的。

孟子去齐,宿于昼①。有欲为王留行者,坐而言②。不应,隐几而卧。

客不悦曰:"弟子齐宿③而后敢言,夫子卧而不听,请勿复敢见矣。"

曰:"坐!我明语子。昔者鲁缪公无人乎子思之侧,则不能安子思④;泄柳、申详⑤无人乎缪公之侧,则不能安其身。子为长者虑,而不及子思。子绝长者乎?长者绝子乎?"

【今译】

　　孟子离开齐国,在昼邑住宿。有个来想替齐王挽留孟子的人,恭坐着劝说孟子。孟子不加理会,靠在小桌子上打盹。

　　那人不高兴地说:"学生先一天斋戒存敬然后才敢前来进言。先生却睡而不听,这我就不再敢求见您了。"

　　孟子说:"坐下!我明白地告诉你。从前,鲁缪公如果没有人留在子思身边,就不能够使子思安心;泄柳和申详如果没有人在鲁缪公身边,他们也就不能安下身来。你为我这个长辈打算,还及不上鲁缪公对待子思。是你与长辈决绝呢,还是我这个长辈与你决绝呢?"

【注释】

①昼:齐国西南边邑。　②坐而言:这里的"坐"字与下面"坐!我明语子"中的"坐"字不同。古人席地而坐有两种坐法:一是跪坐,又叫危坐,即两膝着地,腰和股伸直;一是安坐,即两膝着地,屁股贴着脚跟。后者是比较舒适的一种。这里"坐而言"是跪坐,下面"坐!我明语子"是安坐。　③齐宿:齐同"斋",齐宿即先一日斋戒,以示严肃恭敬。④鲁缪公:"缪"同"穆",名显,在位三十三年。子思:孔子孙,名伋。朱熹注此句:"缪公尊礼子思,常使人候伺,道达诚意于其侧,乃能安而留之也。"　⑤泄柳:即《告子下》第六章中的子柳,鲁缪公时贤人。申详:孔子弟子子张的儿子,子游的女婿。

【评析】

　　孟子这里主要表达的是君主应该如何对待贤者的态度,即君主必须要有诚意,要使贤者能够安心。反过来,贤者所顾虑的是自己的主张能否影响君主。齐王想挽留孟子,但又不理解孟子;齐王手下想替齐王留住孟子,却不去劝说齐王改变态度,只用空话来留孟子,这怎能留得住呢?

孟子去齐。尹士①语人曰:"不识王之不可以为汤、武,则是不明也;识其不可,然且至,则是干泽②也。千里而见王,不遇故去,三宿而后出昼,是何濡滞也?士则兹不悦③。"

高子④以告。

曰:"夫尹士恶知予哉?千里而见王,是予所欲也;不遇故去,岂予所欲哉?予不得已也。予三宿而出昼,于予心犹以为速,王庶几改之!王如改诸,则必反予。夫出昼而王不予追也,予然后浩然有归志。予虽然,岂舍王哉?王由足用为善⑤。王如用予,则岂徒齐民安,天下之民举安。王庶几改之,予日望之!予岂若是小丈夫然哉?谏于其君而不受则怒,悻悻然见于其面,去则穷日之力而后宿哉?"

尹士闻之,曰:"士诚小人也。"

【今译】

孟子离开了齐国。尹士对别人说:"不知道齐王成不了商汤、周武那样的圣君,那是(孟子)缺乏眼力;知道他不行,可还是要来,那就是(孟子)贪图富贵。不远千里来见齐王,不相融洽而离去,却在昼邑留宿三夜才走,为什么这样慢腾腾的呢?我就对这一点不高兴。"

高子把这些话告诉了孟子。

孟子说:"那个尹士又哪里了解我呢?不远千里来见齐王,这是我的愿望;不相融洽而离去,难道是我的愿望吗?我是不得已啊。我在昼邑留宿三夜才走,从我内心来说还认为快了点,(当时我想)齐王也许会改变态度吧!齐王如果改变了态度,就一定会把我召回去。我走出昼邑而齐王不来追我回去,然后我才有了难以抑止的回乡念头。我尽管如此,难道愿意舍弃齐王吗?齐王还是可以办好政事的。齐王如果用我,何止是齐国百姓能得到安居乐业,天下的百姓都能得到安居乐业。齐王也许会改变态度,我天天盼望他能如此!我难道会像那种心地狭窄的小人一样吗?向他的国君进谏没被采纳就大发脾气,怒容满面,一旦离开就竭尽全力走上一天才住宿吗?"

尹士听到这些话后,说:"我真是个小人。"

【注释】

①尹士:齐国人。 ②干泽:干,求;泽,禄。 ③兹不悦:倒装句,即不悦此。 ④高子:齐国人,孟子弟子。 ⑤王由足用为善:"由"同"犹";"足用",足以。此句意为齐王还不算太坏,足以做点好事。

【评析】

尹士不了解孟子以天下为己任的责任感,所以对孟子"三宿出昼"之举严加批评,但一旦知道了孟子的良苦用心后,他却能勇于承认错误,所以不失为是个明理之人。

但历史上存心曲解孟子"三宿出昼"的还有人在,最典型的大概要数南宋初的郑厚。他在其《艺圃折中》一书中大骂孟子"卖仁义",说:"孟轲抱纵横之具,饰以仁义,行鬻于齐。齐王酬之以客卿,且曰:'我欲中国而授孟子室,养弟子以万钟。'轲意齐王不知价者,遂愚齐王,求极所索而后售。齐王徐而思轲之言曰:'王如用予,则齐王犹反掌',开辟以来无是理,是必索高价者,悔而不酬。轲亦觉齐王之稍觉也,卷而不售,抱以之它。徐而自思曰:'齐王之酬我,其直矣!矫然不售,行将安鬻?迟迟吾行。'三宿出昼,冀齐王呼己而还直。是又市井贩妇,行鬻鱼盐果菜之态,京师坐鬻犹有体。小儿方啼而怒,进以饭,推而不就;俟其怒歇而饥也,睨然望人进之矣。轲之去齐、留齐,儿态也夫!"

(南宋余允文《尊孟辨》引)郑厚诬蔑孟子"卖仁义",恶毒地说孟子做买卖还不如市井贩妇,只能算是喜怒无常的"小儿",可谓竭尽诟骂之能事来对孟子进行人身攻击。这除了说明他自己内心阴暗丑陋外,又能起什么作用?诚如稍后朱熹说的:"诋孟子,未有若此言之丑者!虽欲自绝,而于日月何伤乎?有不必辨矣!"

孟子去齐,充虞路问曰:"夫子若有不豫色然。前日虞闻诸夫子曰:'君子不怨天,不尤人。'"

曰:"彼一时,此一时也。五百年必有王者兴,其间必有名世者①。由周而来,七百有余岁矣。以其数,则过矣;以其时考之,则可矣。夫天未欲平治天下也;如欲平治天下,当今之世,舍我其谁也?吾何为不豫哉?"

【今译】

孟子离开齐国,充虞在路上问道:"先生好像有点不愉快的样子。以前我听先生说过:'一个有道德修养的人是不埋怨天,不责怪人的。'"

孟子说:"那时是那时,现在是现在。每五百年一定会有称王天下的人兴起,其间一定有以才德闻名于世的人出现。从周朝开国以来,已有七百多年了。论年数,已超过了(五百年);以时势来考察,该有圣贤出现了。上天大概还不想让天下太平和治理;要是想使天下太平和治理,那当今世上,除了我还有谁(能担当这重任)呢?我为什么不愉快呢?"

【注释】

①名世者:赵岐注为"次圣之才";朱熹注为"其人德业闻望可名于一世者"。

【评析】

先秦儒者多为天下不平治而深感忧患,他们既有治国平天下之志,又有惟自己才能治国平天下的自信。但往往是事与愿违,所以他们只能把天下能否平治归之于"天命"。如孔子一方面说"天生德于予"(《论语·述而》),"文王既没,文不在兹乎"(《论语·子罕》),"苟有用我者,期月而已可也,三年有成"(《论语·子路》),同时又慨叹"道之将行也与,命也;道之将废也与,命也"(《论语·宪问》)。孟子在这点上与孔子颇多相似,他一方面说"当今之世,舍我其谁也""王如用予,则岂徒齐民安,天下之民举安",同时也只能认为"夫天未欲平治天下也"。这些说法看似矛盾,但却又是事实。

孟子去齐,居休①。公孙丑问曰:"仕而不受禄,古之道乎?"

曰:"非也。于崇②,吾得见王,退而有去志,不欲变,故不受也。继而有师命③,不可以请。久于齐,非我志也。"

【今译】

　　孟子离开齐国,在休地住下。公孙丑问道:"做官却不受俸禄,这是古代的规范吗?"

　　孟子说:"不是的。在崇地时,我见到了齐王,回来后便有了离开的念头,我不想改变这种念头,所以不受俸禄。接着齐国发生战事,不能请求离去。长久留在齐国,并不是我的意愿。"

【注释】

①休:地名,在今山东滕州市北,离孟子家已不远。　②崇:齐国地名。　③师命:师旅之命,即作战的命令。

【评析】

孟子多次劝说齐王不果,早有去齐之意,但因战事起,不便离去,所以拖了不少时日。焦循认为这是"圣贤之道,不为太甚,旁通以情"的表现。

滕文公上

【解题】

本篇内容涉及孟子在宋、滕等国游历时的一些对话和辩论。孟子对农家、墨家、杨朱、纵横家等的批判,多集中于本篇。

本篇上篇凡五章,基本上是孟子对滕世子、后来的滕文公的游说,以及孟子在滕国的一些遭遇。其中包括孟子对滕世子言性善、劝行尧舜治国之道,教世子行儒家丧礼,谈"王道仁政"具体构想及井田制度等。在滕遇到农家代表许行的弟子陈相,孟子与之展开辩论。末章则是对墨家学者夷之思想的一些批判。

滕文公为世子①,将之楚,过宋而见孟子。孟子道性善,言必称尧舜。

世子自楚反,复见孟子。孟子曰:"世子疑吾言乎?夫道一而已矣。成覸②谓齐景公曰:'彼丈夫也,我丈夫也,吾何畏彼哉?'颜渊曰:'舜何人也,予何人也,有为者亦若是。'公明仪③曰:'文王我师也;周公岂欺我哉?'今滕,绝长补短④,将五十里也,犹可以为善国。《书》⑤曰:'若药不瞑眩,厥疾不瘳⑥。'"

【今译】

滕文公在做世子时,将要去楚国,路过宋国,去看望孟子。孟子讲了人性本善的观点,言谈之中不离尧舜。

世子从楚国回来,又去见了孟子。孟子说:"世子怀疑我的话吗?真理只有一个罢了。成覵曾对齐景公说:'他是男子汉大丈夫,我也是男子汉大丈夫,我干吗要怕他呢?'颜渊说过:'舜是什么样的人,我也是什么样的人,有作为的人也像他一个样子。'公明仪曾说:'文王是我的老师,周公难道会骗我吗?'现在的滕国,把土地截长补短(进行丈量),将近有五十里见方,还是能治理成一个好国家。《尚书》中说:'如果药服了后不使人头晕目眩的话,那病是不会痊愈的。'"

【注释】

①世子:天子或诸侯的嫡长子。 ②成覵:齐景公时的勇臣。 ③公明仪:曾子弟子。 ④绝长补短:当时丈量土地时的常用语。 ⑤《书》:指《商书·说命篇》,但今本为东晋梅赜所上伪古文《尚书》。按:此两句见于《国语·楚语》引武丁之书,学者疑为梅氏取之于此。 ⑥瞑眩:头晕目眩;瘳:痊愈。

【评析】

在孟子看来,人生来本是性善的,与尧舜这样的圣人一样。不过一般人为私欲所蒙蔽,因而失去了天生的善性;尧舜没有私欲的蒙蔽,所以能扩充这种善性,成为圣人。孟子与滕世子谈人性本善问题,总是称述尧舜。不过滕世子还是有所疑惑,因此再次去向孟子请教。孟子强调,天下的真理只有一个,不论圣贤还是普通人,本性都是一样的,圣贤能够做到的,普通人经过努力也能够做到,除此之外别无他理。滕国虽小,但只要他世子能以尧舜为榜样,用力不懈,同样可以把滕国治理好。

我们知道,孟子是主张"人性本善"的,并把这一理论作为其"王道""仁政"政治主张的哲学基础。而孟子自己明确提到"性善",则始见于此章。朱熹因此在其注中特别指出:"孟子之言性善,始见于此,而详具于《告子》之篇。然默识而旁通之,则七篇之中,无非此理。"

滕定公薨①,世子谓然友②曰:"昔者孟子尝与我言于宋,于心终不忘。今也不幸至于大故,吾欲使子问于孟子,然后行事。"

然友之邹问于孟子。

孟子曰:"不亦善乎!亲丧,固所自尽③也。曾子曰:'生,事之以礼;死,葬之以礼,祭之以礼,可谓孝矣。'诸侯之礼,吾未之学也。虽然,吾尝闻之矣:三年之丧,齐疏之服,馆粥之食④,自天子达于庶人,三代共之。"

然友反命,定为三年之丧。父兄百官皆不欲,曰:"吾宗国⑤鲁先君莫之行,吾先君亦莫之行也,至于子之身而反之,不可。且《志》曰⑥:'丧祭从先祖。'曰:'吾有所受之也。'"

谓然友曰:"吾他日未尝学问,好驰马试剑。今也父兄百官不我足也,恐其不能尽于大事,子为我问孟子。"

然友复之邹问孟子。

孟子曰:"然,不可以他求者也。孔子曰:'君薨,听于冢宰⑦。'歠粥,面深墨⑧,即位而哭,百官有司莫敢不哀,先之也。上有好者,下必有甚焉者矣。君子之德,风也;小人之德,草也。草尚⑨之风,必偃。是在世子。"

然友反命。

世子曰:"然,是诚在我。"

五月居庐⑩,未有命戒。百官族人可,谓曰知。及至葬,四方来观之,颜色之戚,哭泣之哀,吊者大悦。

【今译】

滕定公去世了,世子对师傅然友说:"前些时候孟子在宋国曾与我交谈过,我心里始终不能忘记。现在不幸遭到了这样的大变故,我想派你去问问孟子,然后再举办丧事。"

然友到邹国去向孟子请教。

孟子说:"这不是很好吗!父母的丧事,本来就应该竭尽自己的心力。曾子说过:'(父母)在世时,依礼去奉侍;去世时,依礼去安葬、去祭祀,这可说是尽孝了。'有关诸侯的礼仪,我没有学习过。但我曾听说过:守丧期三年,穿缝了边的粗布丧服,喝稠粥,从天子到老百姓,夏、商、周三代都是一样的。"

然友回去复命,于是定为三年丧期。滕国的父老百官都不愿意,说:"我们的宗国鲁国的历代国君都没有实行过,我们的历代国君也没有实行过,到你这里却要改变祖先的做法,这事不能做。何况《志》书里说过:'丧葬和祭祀要照祖先的成规办事。'这样就可说:'我们是上有所承的。'"

世子对然友说:"我以前不曾学礼问仪,而喜欢跑马击剑;现在父老百官们都对我不满,恐怕这次丧事不能做到尽心竭力了,你再替我去问问孟子吧。"

然友又到邹国去向孟子请教。

孟子说:"是呀,这事不能求之于别人的。孔子说过:'国君去世,(太子)将一切朝事委托首相去办理,喝稀粥,面色深黑,一临孝子之位便痛哭,大小官吏便没有敢不悲哀的,因为太子带了头。'在上位者有什么爱好,下面的人便一定会爱好得更厉害。君子的德,是风;小人的德,是草。风吹到草上,草一定会随风而倒。这事取决于世子。"

然友回去复命。

太子说:"对,这事的确取决于我。"

于是世子住在丧庐里整整五个月,不曾发号施令。朝中百官和族中亲属都表示满意,说世子懂礼。等到下葬时,四方的人都来观礼,世子容颜的悲伤,哭泣的哀痛,使前来吊丧的客人都十分满意。

【注释】

①滕定公:滕文公之父。薨:周朝时,天子死曰"崩",诸侯死曰"薨"。②然友:世子的师傅。 ③自尽:竭尽自己的心力。 ④三年之丧:子女为父母、臣下为君上的守丧期。齐疏之服:用粗布缝边制成的丧服。馆粥之食:稀粥之类的食品。 ⑤宗国:滕、鲁都是文王的后代所封之国,鲁的祖先周公为长,兄弟宗之,故滕称鲁为宗国。 ⑥《志》曰:志,记的意思,这里指国家史官掌管的记事之书。 ⑦冢宰:六卿之长。⑧歠:喝,饮。深墨:深黑色,指丧居内心哀痛,面不洗,忧形于色。⑨尚:通"上",一说为"加也",亦可通。 ⑩五月居庐:古礼,诸侯死后五个月葬。未葬之前,孝子应住在庐中。

【评析】

滕定公去世,滕世子想根据儒家的丧礼来行事,结果遭到了很大的阻力。经过孟子的启发,他认识到一切事情取决于自己做得怎样。这其中,本人意志、信心具有很大的作用。

此章引出一个问题,即儒家所谓的"三年之丧"。按儒家的观点,"三年之丧"乃是指子女为父母,妻妾为夫,诸侯为天子,臣为君的守丧期。"三年之丧"始于何时?有人把之追溯得很早,如孟子本章中认为在夏、商、周三代已然。现在可知的上古文献最早记载"三年之丧"的是《左传》。《左传》记鲁昭公十一年时,叔向曾对鲁昭公不行"三年之丧"大加非议。但征诸史实,"三年之丧"至少在孟子时代还很不普遍,否则滕国的父兄百官不会这么反对滕世子,而反对的理由之一是儒风最盛的鲁国也从来不实行"三年之丧"。从现有的资料来看,我们只能说,"三年之丧"在周代或有实行,但决不普遍,只是儒家学者非常强调,如孔子(见《论语·阳货》)、孟子、荀子等。荀子在其《礼论》中对"三年之丧"有较详细的论述,且还提出了"三年之丧"实际是"二十五月而毕"。秦始皇统一后,曾规定"臣为君服斩衰三年"(见《晋书·礼志中》)。汉代起,"三年之丧"逐渐流行起来。王莽改制,"三年之丧"

开始大行。进入东汉后,"三年之丧"在民间也开始流行起来。至于具体的内容,可参看杨志刚《中国礼仪制度研究》(华东师范大学出版社2001年5月版)。

滕文公问为国。

孟子曰:"民事不可缓也。《诗》云:'昼尔于茅,宵尔索绹,亟其乘屋,其始播百谷。'① 民之为道也,有恒产者有恒心,无恒产者无恒心。苟无恒心,放辟邪侈,无不为已。及陷乎罪,然后从而刑之,是罔民也。焉有仁人在位,罔民而可为也?是故贤君必恭俭礼下,取于民有制。阳虎②曰:'为富不仁矣,为仁不富矣。'夏后氏五十而贡,殷人七十而助,周人百亩而彻,其实皆什一也③。彻者,彻也;助者,藉也④。龙子⑤曰:'治地莫善于助,莫不善于贡。'贡者,校⑥数岁之中以为常。乐岁,粒米狼戾⑦,多取之而不为虐,则寡取之;凶年,粪其田而不足,则必取盈焉。为民父母,使民盻盻然⑧,将终岁勤动,不得以养其父母,又称贷而益之⑨,使老稚转乎沟壑,恶在其为民父母也?夫世禄,滕固行之矣。《诗》⑩云:'雨我公田,遂及我私。'惟助为有公田。由此观之,虽周亦助也。设为庠序学校以教之。庠者,养也;校者,教也;序者,射也。夏曰校,殷曰序,周曰庠,学则三代共之,皆所以明人伦也。人伦明于上,小民亲于下。有王者起,必来取法,是为王者师也。《诗》⑪云:'周虽旧邦,其命惟新',文王之谓也。子力行之,亦以新子之国!"

使毕战问井地⑫。

孟子曰:"子之君将行仁政,选择而使子,子必勉之!

夫仁政必自经界⑬始。经界不正，井地不均，谷禄不平。是故暴君污吏必慢其经界。经界既正，分田制禄可坐而定也。夫滕，壤地褊小，将为君子焉，将为野人⑭焉；无君子，莫治野人；无野人，莫养君子。请野九一而助，国中什一使自赋。卿以下必有圭田⑮，圭田五十亩，余夫⑯二十五亩。死徙无出乡，乡田同井，出入相友，守望相助，疾病相扶持，则百姓亲睦。方里而井，井九百亩，其中为公田。八家皆私百亩，同养公田。公事毕，然后敢治私事，所以别野人也。此其大略也。若夫润泽之，则在君与子矣。"

【今译】

滕文公询问治国的事情。

孟子说："与百姓有关的事是刻不容缓的。《诗经》上说：'白天赶紧割茅草，晚上要把绳索搓，快快修缮旧房舍，开春就把谷种播。'老百姓的一般规律是：有固定的产业就会有一贯向善的心思，没有固定的产业就不会有一贯向善的心思。假如没有一贯向善的心思，那歪门邪道，不守法纪，胡作非为，什么都干得出来。等到他们犯了罪，然后施加刑罚，这等于设下网罗陷害人民。哪有仁爱之君在位，可以干出陷害人民的事呢？所以贤明的君主必定恭谨俭朴，对臣下有礼，向百姓征收赋税有定制。阳虎曾说过：'要想发财就别讲仁爱，要讲仁爱就别想发财。'夏朝每家五十亩而行'贡'法，商朝每家七十亩而行'助'法，周朝每家一百亩而行'彻'法，实际征的税率都是十分抽一。彻是抽取的意思，助是借助的意思。龙子说：'管理土地没有比助法更好的，没有比贡法更不好的。'贡法就是计量、比较几年的收成而定出一个税收的定数。丰收之年，粮食到处抛撒，多征收一点也不算苛暴，却征得不多；凶年饥岁，田里的收获连购买来年的肥料都不够，却一定要征足这个定数。作为百姓父母的国君，而使百姓整年地辛勤劳动，结果却无法养活自己的父母，还得靠借贷来凑足纳税的数字，以至使老老小小弃尸于山沟荒野之中,哪里还算得上是百姓的父母呢?官员世代承袭田租收入的'世禄'制度,滕国早就实行了。《诗经》上说:'首先降雨到公田,然后再把私田泽。'只有实行助法才会有公田,从这篇《诗》来看,就是周朝,也是实行助法的。(百姓的生活问题基本解决后)要设立'庠''序''学''校'等来教育他们。'庠'是教养的意思,'校'是含有教导的意思,'序'是训导的意思。夏朝叫校,殷朝叫序,周朝叫庠。至于(大)学三代都叫'学',(它们)都是用来向学生阐明并教导他们明白人与人之间的各种伦常关系的。在上位者明白人与人的伦常关系,小百姓们在下面自然也就亲密无间了。如有能称王天下的人兴起,一定会来学习仿效的,这样就成了称王天下者的老师了。《诗经》上说:'岐周虽是个古老之国,接受的天命却是常新的。'这是赞美文王的。你努力干下去,也可以使你的国家焕然一新。"

滕文公派毕战来询问井田制度。

孟子说:"你的国君将要实行仁政,经过挑选派你来问我,你要努力呀!要实行仁政,必须要从划分和理清田界开始。田界没有划分理清,井田的大小就不均衡,作为俸禄所分的谷物就不能做到公平。因此,那些暴君和贪吏总是要千方百计把正确的田界搞乱。田界如果划分理清了,分配田地给老百姓,制定俸禄,便可不费气力地决定下来了。滕国国土狭窄,但也要有执政的君子,也要有种田的百姓。没有执政的君子,便不能治理种田的百姓;没有种田的百姓,便不能养活执政的君子。建议你们在郊野实行九分抽一的助法,在都城实行自行缴纳十分之一的赋税。国卿以下的官吏一定要有供祭祀用的圭田,圭田为五十亩;剩余劳动力就每人另给田二十五亩。(这样)埋葬或搬家都不用走出乡里,每个乡同耕一井之田,平日出入互相友爱,防守盗贼互助互帮,一家有病人大家照顾,那百姓间便真正友爱团结了。(办法是)每一里见方的土地为一个井田,一个井田共有九百亩,中间百亩是公田,八家各耕一百亩为私田,八家须共同耕种好公田;公田里的活完了,然后才敢去干私田的活,这样做就是为了使老百姓跟官吏有所区别。这只是井田制的大概情况,至于怎样做得更完善、更理想,那就得靠你的国君和你了。"

【注释】

①《诗》:指《豳风·七月》。昼尔于茅:白天去取茅草。索绹:搓绳。亟其乘屋:赶紧修缮房屋。　②阳虎:鲁国季氏的家臣,与孔子同时,字货。　③"夏后氏五十而贡"三句:孟子假托古史来阐述自己的理想,事实恐怕不一定是这样。什一:十分取一。　④彻:赵岐注为"彻取",即抽取;郑玄以为有"通"之意,即"为天下之通法"。藉:借,意为借民力耕种公田。　⑤龙子:古贤人。　⑥校:通"校",计量,比较。　⑦狼戾:狼藉。　⑧盻盻然:勤苦不休息的样子。　⑨称贷:借债。益:补足。　⑩《诗》:指《小雅·大田》第三章。　⑪《诗》:指《大雅·文王》第一章。命:天命。　⑫毕战:滕国之臣。井地,井田。　⑬经界:对土地丈量、分界。　⑭为:有。君子:统治者。野人,百姓。　⑮圭:洁白。圭田:以供祭祀的田叫圭田。　⑯余夫:剩余劳动力。

【评析】

此章所论亦是孟子仁政思想的重要内容,其中所说无外乎两条:一是安定民众,使他们生活有保障;二是在民众生活得到保障后,实行"明人伦"的道德教育。其中也体现了孟子关于统治者与被统治者关系的思想。

此章可引出的问题更多,值得注意的至少有两个方面:一是上古的教育制度问题,一是井田制度问题。

一般认为,我国上古时代的教育制度是"王官之学",即官学。但夏朝和殷朝的学校我们知道的实在不多,比较清楚的学校制度多从周朝讲起。周朝设在各地的"乡校",孟子称作"庠",但《汉书·儒林传》中却称"序",那只是属于供普通贵族子弟就学的。周朝还有一种较高级的"国学",设在王都或诸侯国的都城内。设在王都的叫"辟雍",设在诸侯国都城内的叫"泮宫",它们是供大贵族子弟学习的地方。此外,一说前者的性质属于"小学",而后者属于"大学"。当时贵族子弟所学的是"六艺",即"礼、乐、射、御、书、数"。它们属于"小学"的内容,即基础教育。其中"书"即文字,"数"即计数,这是学习文化的基础知识;"礼"和"乐"是包括当时贵族从事政治活动与宗教活动的基础知识;"射"和"御"则是关于战争活动的基本技能。"小学"的"六艺"主要是对贵族子弟进行知识和技艺的必要教育和训练,培养能文能武的初级人才。至于"大学"的内容,基本课程一开始有诗、书、礼、乐"四术"。与"小学"相比,"诗"是新设的课程;"书"不再仅是孩子所学的"六书"造字原则,而是读训典之类(历史文献);"礼"与"乐"也不仅是礼仪、音乐,而且还要学习理论。后来,又陆续加进了《易》和《春秋》(泛指历史)两门课。所以,"大学"课程合计也是六门(各诸侯国并不统一),因其沿用"小学"的"六艺"之名,遂有"六艺"之称,这"大学"的"六艺",据说就是后来儒家经典中"六经"的最初源头。当然,学者对以上说法的观点是很不一致的。

至于井田制的问题就更大了。一般认为我国上古实行的是井田制度,但井田制究竟是怎样的?孟子的这段话可说是现存最详细、最重要的文字了。任何研究中国上古土地制度、税赋制度者,少不了都会引用孟子本章的言论。按孟子的说法,井田制的主要内容是把土地划成方块,井之中有"公田"也有"私田",分得私田的"野人",要无偿地耕种公田,以养活作为土地所有者的"君子",如此等等。我们知道,有关周朝的制度,孔子已慨叹"文献不足征"。所以,孟子言之凿凿的这一套类似劳役地租的古制,其真实性究竟如何大可怀疑,由此也引起学术界很大的争论。这方面的争论,这里就不作具体叙述了,有兴趣者可参看各种有关的研究资料。

有为神农之言者许行①,自楚之滕,踵门而告文公曰:"远方之人闻君行仁政,愿受一廛而为氓。"②

文公与之处。其徒数十人,皆衣褐,捆屦、织席以为食③。

陈良之徒陈相与其弟辛,负耒耜而自宋之滕④,曰:"闻君行圣人之政,是亦圣人也,愿为圣人氓。"

陈相见许行而大悦,尽弃其学而学焉。

陈相见孟子,道许行之言曰:"滕君则诚贤君也。虽然,未闻道也。贤者与民并耕而食,饔飧而治。今也滕有仓廪府库,则是厉民而以自养也,恶得贤⑤?"

孟子曰:"许子必种粟而后食乎?"

曰:"然。"

"许子必织布而后衣乎?"

曰:"否。许子衣褐。"

"许子冠乎?"

曰:"冠。"

曰:"奚冠?"

曰:"冠素。"

曰:"自织之与?"

曰:"否。以粟易之。"

曰:"许子奚为不自织?"

曰:"害于耕。"

曰:"许子以釜甑爨、以铁耕乎⑥?"

曰:"然。"

"自为之与?"

曰:"否。以粟易之。"

"以粟易械器者,不为厉陶冶。陶冶亦以其械器易粟者,岂为厉农夫哉?且许子何不为陶冶,舍⑦皆取其宫中而用之？何为纷纷然与百工交易？何许子之不惮烦？"

曰："百工之事固不可耕且为也。"

"然则治天下独可耕且为与？有大人之事，有小人之事。且一人之身，而百工之所为备，如必自为而后用之，是率天下而路⑧也。故曰：或劳心，或劳力。劳心者治人，劳力者治于人；治于人者食人，治人者食于人，天下之通义也。当尧之时，天下犹未平，洪水横流，泛滥于天下，草木畅茂，禽兽繁殖，五谷不登，禽兽偪⑨人，兽蹄鸟迹之道交于中国。尧独忧之，举舜而敷治⑩焉。舜使益掌火，益烈山泽而焚之，禽兽逃匿。禹疏九河，瀹济、漯而注诸海，决汝、汉，排淮、泗而注之江⑪，然后中国可得食也。当是时也，禹八年于外，三过其门而不入，虽欲耕，得乎？后稷教民稼穑，树艺五谷，五谷熟而民人育。人之有道也，饱食、煖衣、逸居而无教，则近于禽兽。圣人有忧之，使契为司徒，教以人伦：父子有亲，君臣有义，夫妇有别，长幼有序，朋友有信⑫。放勋曰⑬：'劳之来之，匡之直之，辅之翼之，使自得之，又从而振德之。'圣人之忧民如此，而暇耕乎？尧以不得舜为己忧，舜以不得禹、皋陶⑭为己忧。夫以百亩之不易⑮为己忧者，农夫也。分人以财谓之惠，教人以善谓之忠，为天下得人者谓之仁。是故以天下与人易，为天下得人难。孔子曰：'大哉尧之为君！惟天为大，惟尧则之，荡荡乎民无能名焉！君哉舜也！巍巍乎有天下而不与焉！'⑯尧舜之治天下，岂无所用其心哉？亦不用于耕耳。吾闻用夏变夷者，未闻变于夷者也。陈良，楚产也，悦周公、仲尼之道，北学于中国。北方之学者，未能或之先也。彼所谓豪杰之士也。子之兄弟事之数十年,师死而遂倍⑰之。昔者孔子没,三年之外,门人治任⑱将归,入揖于子贡,相向而哭,皆失声,然后归。子贡反,筑室于场,独居三年,然后归。他日,子夏、子张、子游以有若似圣人,欲以所事孔子事之,强曾子。曾子曰:'不可。江汉以濯之,秋阳以暴之,皓皓乎不可尚已。'今也南蛮鴃舌⑲之人,非先王之道,子倍子之师而学之,亦异于曾子矣。吾闻出于幽谷迁于乔木者,未闻下乔木而入于幽谷者。《鲁颂》曰:'戎狄是膺,荆舒是惩⑳。'周公方且膺之,子是之学,亦为不善变矣。"

"从许子之道,则市贾不贰,国中无伪,虽使五尺之童适市,莫之或欺。布帛长短同,则贾相若;麻缕丝絮轻重同,则贾相若;五谷多寡同,则贾相若;屦大小同,则贾相若。"

曰:"夫物之不齐,物之情也。或相倍蓰,或相什伯,或相千万㉑。子比而同之,是乱天下也。巨屦小屦同贾,人岂为之哉?从许子之道,相率而为伪者也,恶能治国家?"

【今译】

　　有位主张神农学说的人叫许行,从楚国来到滕国,登门求见,对滕文公说:"我这个远方来的人听说您实行仁政,希望得到一个住所并做您的百姓。"滕文公给了他住所。他的门徒有几十个,都穿着粗麻织成的衣服,靠编草鞋、织麻席谋生。

　　陈良的门徒陈相和他的弟弟陈辛,背着农具从宋国来到滕国,对滕文公说:"听说您实行圣人的政治,那您也是圣人了,我们愿意做圣人的百姓。"

　　陈相见到许行十分高兴,全部抛弃他原来所学的东西而向许行学习。

陈相来见孟子,转述许行的话说:"滕君确实是个贤明的国君。不过,他还不曾听到真正的道理。贤者应该跟百姓一起耕种获取口粮,自己做饭,兼理国事。现在滕国有粮仓财库,那是损害百姓来养活自己,这怎么算得上贤明呢?"

孟子说:"许子一定自己种庄稼才吃饭吗?"

陈相说:"是的。"

孟子说:"许子一定自己织布才穿衣服吗?"

陈相说:"不,许子穿粗麻编织的衣服。"

孟子说:"许子戴帽子吗?"

陈相说:"戴的。"

孟子说:"戴什么帽子?"

陈相说:"戴白绢帽子。"

孟子说:"自己织的吗?"

陈相说:"不,用粟米换来的。"

孟子说:"许子为什么不自己织呢?"

陈相说:"那会妨碍耕种。"

孟子说:"许子用锅甑做饭、用铁器耕地吗?"

(陈相)说:"是的。"

孟子说:"是自己制作的吗?"

陈相说:"不,用粟米换来的。"

孟子说:"农夫用粟米换炊具和农具,不能算是损害陶工、铁匠;陶工、铁匠也用他们的炊具和农具换粟米,难道能说是损害了农夫吗?而且,许子为什么不自己做陶工、铁匠,什么东西都可储备在家中随时取用呢?为什么还要这样忙碌地与各种工匠去交换呢?为什么许子这样不怕麻烦?"

陈相说:"各种工匠的活本来就不可能一边种地一边兼做的。"

孟子说:"那么,治理天下的事难道独独可以一边种地一边兼做的吗?有官吏做的事情,有百姓做的事情。而且,一个人所需用的东西,各种工匠的制品都不可缺少,如果件件东西一定要自己制造的才去用，这是率领天下的人疲于奔命。所以说：有的人动脑筋，有的人卖力气，动脑筋的人统治别人，卖力气的人受别人统治；受人统治的人养活别人，统治人的人被别人养活，这是天下通行的法则。当尧在位时，天下还不安定，洪水横流，到处泛滥，草木生长茂盛，禽兽成群繁殖，谷物没有收成，禽兽危害人民，它们的足迹遍布中原各地。尧独自对此情况忧虑，选拔舜出来分别治理。舜派益掌管火政，益放火焚烧山野沼泽地带，禽兽四处奔逃躲避。禹疏通了九河，治理济水、漯水，让河水流入海中，开掘汝水、汉水，疏通淮水、泗水，把水导入江中，然后中原大地的民众才能种上庄稼有饭吃。在那个时候，禹在外面忙了八年，三次经过家门都没进去，即使他想亲自耕种，能做到吗？后稷教导百姓耕种收割，栽培谷物；谷物成熟了才能养育百姓。人有其生活规律，吃饱了、穿暖了、住得舒服了，要是没有教化，那也会与禽兽差不多。圣人又为此忧虑，便派契做掌管教育的司徒，教育人们懂得人与人之间相处的道德关系：父子之间要相亲相爱，君臣之间要有道义，夫妇之间要有内外之别，长幼之间要有尊卑次序，朋友之间要有诚信。尧说过：'要鼓励他们，纠正他们，帮助他们，使他们各得其所，又从而加以提携与施以恩德。'圣人这样为百姓思虑担忧，还有空余时间耕种吗？尧以得不到舜这样的人作为自己的忧虑，舜也把得不到禹和皋陶这样的人看作为自己的忧虑。而以一百亩农田没有种好作为自己的忧虑，那是农夫。把财物分给别人叫作惠，教导别人行善叫作忠，为天下民众求得人才叫作仁。所以，把天下让给别人容易，为天下民众求得人才难。孔子说：'尧作为君主真是伟大啊！只有天最伟大，只有尧能够效法天，对尧的广阔无边的圣德，百姓们简直找不到适当的词来形容它！舜也不愧为一个真正的君主！他拥有天下而不占有它，真是崇高伟大！'尧舜治理天下，难道不用他们的心思吗？只是不用在耕田上去罢了。我只听说以中土的文化习俗去影响改变边远落后民族的事，没听说过被边远落后民族影响改变的。陈良，原是生长在楚国的，因喜爱周公、孔子的学说，跑到北方来向中土学习。北方的学者，还没有能够超过他的。他真算得上个杰出的人物。你们兄弟向他学习了几十年，老师死了竟背叛他的学说。从前孔子去世，守丧三年已满，弟子们整理行李将要各自回去，进屋向子贡行礼告别，相对痛哭，都泣不成声，然后才回去。子贡又回到墓地筑屋，在那里独住了三年，这才回去。过了些日子，子夏、子张和子游因为有若长得有点像孔子，想用侍奉孔子的礼节侍奉他，强求曾子同意。曾子说：'不行，就如用江汉的水洗濯过那样，用盛夏的太阳暴晒过那样，老师的那种纯净洁白是无法达到的。'现在许行这个说话像鸟叫的南方蛮子，居然指责我们古圣先王之道，你们却背叛自己的老师向他学习，这与曾子就完全不同了。我只听说鸟儿总是从幽暗的山谷飞迁到高大的树木上去，却没听说过从高大的树木上飞迁下来到幽暗的山谷中去。《鲁颂》上说：'攻击戎狄，痛惩荆舒。'周公还要攻击他们，你们却赞同他们的学说，这真是越变越坏了。"

陈相说："听从许子的学说，就可以使市场上物价一律，市场中没有弄虚作假的，哪怕是身高五尺的孩子去市场，也不会有人欺骗他。布匹和丝绸长短一样，价钱也就一样；麻线和丝絮的轻重一样，价钱也就一样；各种谷物的多少一样，价钱也就一样；鞋的大小一样，价钱也就一样。"

孟子说："货物的品种质量不一致，是货物本然的情形；有的相差一倍五倍，有的相差十倍百倍，有的相差千倍万倍。你强把它们等同起来，这是要淆乱天下。好鞋坏鞋一样价钱，又有谁肯干呢？听从许子的学说，就是引导大家去弄虚作假，这怎么能治理国家呢？"

【注释】

①神农：上古传说人物，一说即炎帝，相传他是中国农耕的发明者。神农之言：诸子百家中农家内部的一派，《汉书·艺文志》著录有《神农》二十篇，或为此派的典籍。许行，楚人，孟子同时代的农家代表人物，不见于他书记载。　②踵门：登门。廛：住所。氓：旧注作野民，即百姓。　③褐：粗麻织成的衣服。捆屦：编织麻、草鞋。　④陈良：楚国的儒者。耒耜：古代的农具。　⑤饔飧：熟食，早餐叫"饔"，晚餐叫

"飧",这里是说自己弄饭吃。厉:损害。 ⑥釜:金属炊具。甑:陶土炊具。爨:烧火煮饭。铁:铁制农具。 ⑦舍:同"啥",什么。 ⑧路:奔走于道路,得不到休息之意。 ⑨偪:古"逼"字。 ⑩敷治:分治。 ⑪益、禹:舜的臣子。九河:古代黄河下游的九条支流,名徒骇、太史、马颊、覆釜、胡苏、简、絜、钩盘、鬲津。瀹:疏通。济、漯、汝、汉、淮、泗:均是水名。 ⑫后稷:相传名弃,为周朝始祖,尧时掌管农事之职。契:舜的臣子,商朝的祖先。 ⑬放勋:尧之名。曰:清代考据学家认为当作"日",因与"曰"字形近而误,可通;惟字误已久,译文仍用"曰"。 ⑭皋陶:一作咎繇,传说是虞舜时的司法官。 ⑮易:治。 ⑯孟子引孔子赞颂尧舜的话见于《论语·泰伯》,但有所去取。 ⑰倍:同"背"。 ⑱治任:收拾行李。 ⑲鴃舌:鴃即伯劳鸟,鸣叫声难听,孟子以"鴃舌之人"喻许行这个南方人说话难听懂,其中含有贬义。 ⑳诗句引自《诗经·鲁颂·閟宫》。膺:攻打。荆:楚国。舒:附楚的邻近小国。 ㉑蓰:五倍。什、伯、千、万:都是指倍数。

【评析】

本章记述了孟子与农家学者的辩论。战国诸子百家中有农家,但因各种原因(如秦始皇"焚书"),我们对农家的情况知之甚少,因此《孟子》一书中保存的这些片断资料弥足珍贵。

《孟子》此章所载的内容,是属于农家学派中主张"神农之言"一派的思想,而许行则是该派的代表人物。许行认为,"贤者与民并耕而食,饔飧而治",即人人必须劳动,自食其力,虽国君也不能例外。孟子与许行弟子陈相展开了辩论。孟子以所谓中原"正统"自居,语气中不无傲慢之处,而"南蛮鴃舌之人"更有人身攻击之嫌。但是,孟子对许行思想的批判应该说是正确的和有力的。他通过指出许行理论的内在矛盾,强调了随社会生产发展而产生的不同生产者之间产品交换的必要性,进而论证了社会分工的必要性和重要性。我们知道,社会分工是人类社会历史发展的必然趋势,是社会生产力发展的必然结果。原始人类社会的第一次社会分工是农业与畜牧业的分离,以后又出现了农业与手工业的分工、脑力劳动与体力劳动的分工、统治者与被统治者的分工,等等。而每一次的社会分工实际上促进了社会生产力的发展以及社会的进步。尽管这种发展和进步是要付出代价的,其中不乏血与泪、贪婪与欲望等肮脏的东西,但人类在进入文明社会之后,统治者的贪欲往往就是历史发展的动力,而社会矛盾也就越来越多。恩格斯曾经指出:"在黑格尔那里,恶是历史的动力借以表现出来的形式。这里有双重的意思,一方面,每一种新的进步都必然表现为对某神圣事物的亵渎,表现为对陈旧的、日渐衰亡的,但为习惯所崇奉的秩序的叛逆,另一方面,自从阶级对立产生以来,正是人的恶劣的情欲——贪欲和权势成了历史发展的杠杆。"(《路德维希·费尔巴哈和德国古典哲学的终结》,《马克思恩格斯选集》第4卷,第233页)许行对这种社会状况或有省察,但他提出治疗社会病的"药方"却是有问题的。他只承认农业与手工业之间需要分工,反对国家管理者脱离直接生产,反对脑力劳动与体力劳动的分工。这种主张貌似平等,但却是违背人类历史发展规律的、反文明的思想,实际就是想退回到原始的社会状态中去。所以很明显,孟子的理论较许行的思想要合理得多,代表了一种社会进步的思想。

孟子本章的论述,是中国历史上第一个比较全面地从生产发展和产品交换角度来论证社会分工必要性的理论,有很高的思想史意义。客观地说,孟子的社会分工理论,即使在今天仍不失其重要意义。

墨者夷之因徐辟而求见孟子①。孟子曰:"吾固愿见,今吾尚病,病愈。我且往见。"夷子不来②。

他日,又求见孟子。孟子曰:"吾今则可以见矣。不直,则道不见,我且直之。吾闻夷子墨者,墨之治丧也,以薄为其道也③。夷子思以易天下,岂以为非是而不贵也?然而夷子葬其亲厚,则是以所贱事亲也。"

徐子以告夷子。

夷子曰："儒者之道，'古之人若保赤子'④，此言何谓也？之则以为爱无差等⑤，施由亲始。"

徐子以告孟子。

孟子曰："夫夷子信以为人之亲其兄之子为若亲其邻之赤子乎？彼有取尔也。赤子匍匐将入井，非赤子之罪也。且天之生物也，使之一本，而夷子二本故也。盖上世尝有不葬其亲者，其亲死，则举而委之于壑。他日过之，狐狸食之，蝇蚋姑嘬之⑥。其颡有泚⑦，睨而不视。夫泚也，非为人泚，中心达于面目，盖归反虆梩⑧而掩之。掩之诚是也，则孝子仁人之掩其亲，亦必有道矣。"

徐子以告夷子。夷子怃然⑨，为间⑩，曰："命之⑪矣。"

【今译】

墨家信徒夷之通过徐辟的关系求见孟子。孟子说："我本来愿意见他，但现在我还病着，病好了，我将要去看他。"夷子就没去。

过了些日子，夷之又来求见孟子。孟子说："我现在可以和他见面了。不直率地说，道理就显现不出，我就直率地说吧。我听说夷子是墨家的信徒，墨家办丧事，以节俭作为他们的准则。夷子想拿它来改变天下的礼俗，难道以为不这样就不足贵吗？可是夷子却厚葬他父母，这是拿自己看不起的东西来侍奉父母亲。"

徐子把这些话告诉了夷子。

夷子说："按儒家信徒的说法，'古代的君王对待百姓如同爱护婴儿一般'，这话是什么意思呢？我认为就是爱人没有亲疏厚薄的差别，只是实施却从自己的父母开始罢了。"

徐子又把这些话转告孟子。

孟子说："夷子难道真的认为人们爱他侄儿与爱他邻居的婴儿是

一样的吗?他只是抓住了这一点:婴儿在地上爬着快要掉进井里去时,这并不是婴儿的罪过。上天生养万物,使它们都只有一个本源,而夷子(这么说)是认为有两个本源的缘故。大概上古时曾有过不埋葬父母的人,父母死了,就把尸体抬到山沟里扔了。后来路过那里,看见狐狸在吃尸体,苍蝇蚊子在叮咬尸体。那人额角直冒汗,斜着眼睛不敢正视。那人的流汗,不是流给别人看的,而是内心愧疚难过而自然流露在面目上的,可能他回去取了畚箕和铁锹掩埋了尸体。掩埋尸体确实是对的,那么孝子仁人埋葬自己的父母亲,一定也是有道理的。"

徐子把孟子的话告诉了夷子。夷子茫然若有所失,过了片刻,说:"孟子教育了我。"

【注释】

①墨者:即墨家学派中人。夷之:事迹不可考。徐辟:孟子弟子。 ②夷子不来:赵岐注为"夷子闻孟子病,故不来",这是记一个事实,但后来的通行解释为是孟子说的话,即夷子不必来了;这里从赵岐解。 ③此句言墨家主张薄葬,反对厚葬。 ④若保赤子:语见《尚书·康诰》。 ⑤爱无差等:即墨家主张的"兼爱"思想。 ⑥蚋:蚊类昆虫。姑:同"盬",吮吸。嘬:咬、吃。 ⑦泚:出汗的样子。 ⑧蘽梩:蘽,盛土的器具。梩,铲土的锹。 ⑨怃然:茫然若失的样子。 ⑩为间:停了片刻。 ⑪命:教也。之:夷之自指。

【评析】

此章记载的是孟子与墨家学者夷之辩论的内容。辩论牵涉的是两个有关联的问题:一是关于爱人有否差等的问题,一是关于父母丧葬的问题。

由于此章一些内容的用语过于简单混沦,不好理解也不好翻译,如"彼有取尔也""一本""二本"等。朱熹在其《集注》中有一番诠释,不失为有据的一家之言。朱熹认为,夷之所用的都是"遁辞":他引《尚书·康诰》"若保赤子",这是"援儒而入于墨",以证明墨家"爱无差等"

之说不误,因为儒家经典中也有认可;又说"爱无差等,施由亲始",这是"推墨而附于儒",以证明他自己厚葬父母也没错,并没有违背墨家原则。孟子的反驳是:一般说来,人们爱其侄儿与爱邻人之子还是有差等的;"若保赤子"之说只是打比方,其意为老百姓因无知而犯法,如婴儿无知而向井里爬去,这当然不能归罪于婴儿。又:人物出生一定是本于父母这一源,这是自然之理,是"一本",所以"爱"由这个源头而起,以后再推己及人,所以爱是有差等的;如果按墨家所言"爱无差等",那是把自己的父母视为陌生人("路人")一样;反过来说,陌生人也就等于是自己的父母了,这不泯灭了人与人之间的亲疏之别,也不就成了"二本"吗?朱熹认为,夷之还算是一个"本心之明"的明理之人,所以他最终还能接受孟子的教育。

应该说,孟子、大而言之是儒家,其"爱有差等"的思想是从人之常情推出来的,然后推己及人,由近及远,"老吾老以及人之老,幼吾幼以及人之幼"。这比墨家没有亲疏远近之分的"兼爱"思想,显然更容易为人们所接受。

滕 文 公 下

【解题】

《滕文公》下篇凡十章,内容都是一些对话,涉及方面包括:关于士人对诸侯的应有立场、出仕为官与坚持原则的关系、"谋道"与"谋食"的关系;行"善政"与国家大小、与用人、与执行的程度及时间等的关系;此外还有对纵横家、杨朱、墨翟的批判,和对所谓特立之士的评价。

陈代①曰:"不见诸侯,宜若小然。今一见之,大则以王,小则以霸。且《志》曰,'枉尺而直寻',宜若可为也。"

孟子曰:"昔齐景公田,招虞人以旌,不至,将杀之②。'志士不忘在沟壑,勇士不忘丧其元。'孔子奚取焉?取非其招不往也。如不待其招而往,何哉?且夫枉尺而直寻者,以利言也。如以利,则枉寻直尺而利,亦可为与?昔者赵简子使王良与嬖奚乘③,终日而不获一禽。嬖奚反命曰:'天下之贱工也。'或以告王良。良曰:'请复之。'强而后可,一朝而获十禽。嬖奚反命曰:'天下之良工也。'简子曰:'我使掌与女乘。'谓王良,良不可,曰:'吾为之范④我驰驱,终日不获一;为之诡遇⑤,一朝而获十。《诗》云:"不失其驰,舍矢如破。"⑥我不贯⑦与小人乘,请辞。'御者且羞与射者比⑧,比而得禽兽,虽若丘陵,弗为也。如枉道而从彼,何也？且子过矣，枉己者，未有能直人者也。"

【今译】

陈代说："不愿去见诸侯，好像有点拘泥于小节吧。如今一去见诸侯，大可以实行'王道'而称王天下；小也可以富国强兵而称霸于世。况且以前的《志》书中说过，'屈曲一尺而所伸直的却是八尺'，似乎是可以见一见的。"

孟子说："从前齐景公去打猎，拿饰有羽毛装饰的旌旗召唤管山林苑囿的小吏，小吏没有去，景公要杀掉他。（孔子得知后说：）'志士不怕弃尸山沟，勇士不怕丢掉脑袋。'孔子的赞赏是取他哪一点呢？就是取他敢于对不合乎礼仪的召唤不接受。如果我不待诸侯以礼相招便去见他们，那算什么呢？而且你所谓的屈曲一尺而所伸直的却是八尺，那只是从利益观点出发说的。要是专从利益方面考虑，如果屈曲八尺而所伸直的却是一尺也有利益，难道也能做吗？从前，赵简子派王良替他一个名叫奚的宠臣赶车（出去打猎），一整天也没有打到一只鸟。奚回来向赵简子汇报说：'（王良简直）是世上最拙劣的车手。'有人把这话告诉了王良。王良说：'请让我们再来一次吧。'奚经过勉强劝说后才答应，一个早上就打到了十只鸟。奚回来又汇报说：'（王良真）是世上最出色的车手。'赵简子说：'那我就派他专门替你赶车。'他告诉了王良，王良不答应，说：'我按照驾车的规矩替他赶车，一整天打不到一只鸟；不按驾车的规矩赶车，一个早上便打到十只鸟。可《诗经》上说："不失规范而奔驰，箭一发出便射中。"我不习惯于为小人驾车，请不要让我干这份差事。'车手尚且羞于与坏的射手合作；即使合作后打到的禽兽堆积如山，也不屑干。如果损害原则去屈从那些诸侯，那又算什么呢？而且你也错了，自己不正直的人，从来没有能使别人正直的。"

【注释】

①陈代：孟子弟子。　②田：田猎。虞人：看守山林、苑囿的小吏。旌：

饰有五色羽毛的旗子。"招虞人以旌,不至":古代君王或诸侯有所召唤,需有相当的信物,旌是召大夫的,弓是召士的,皮冠才是召虞人的,现在用旌,所以他不应召。　③赵简子:赵鞅,春秋时晋国的正卿。王良:晋国驾车的能手。嬖奚:赵简子的一个名叫奚的宠臣。乘:这里指驾车打猎。　④范:按规范驾车。　⑤诡遇:不按规范驾车。　⑥《诗》:指《小雅·车攻》。舍矢:放箭。破:杀伤、中的。　⑦贯:通"惯"。　⑧比:合。

【评析】

孟子的弟子陈代,对于老师坚持原则,得不到诸侯的礼请就不去见他们的举动,觉得有点太拘泥于小节了。所以想劝老师在礼节问题上不妨委曲一点,以换取"大可以实行'王道'而称王天下,小也可以富国强兵而称霸于世"的大目标。结果遭到了孟子的严肃批评,因为这关系到儒家十分看重的"出处""去就"的原则问题。在孟子看来,陈代的想法是错误的,而原因在于:其一,如果一开始就在礼仪这样的原则问题上让步,以后又怎么能够达到大目标呢? 其二,如果屈从诸侯,就表明自己本身不正直,而自身不正直的人又如何去让别人正直呢? 所以孟子宁愿自己的目标达不到,也决不放弃原则。从孟子一生的行事来看,他就是这么做的。

景春①曰:"公孙衍、张仪②岂不诚大丈夫哉? 一怒而诸侯惧,安居而天下熄。"

孟子曰:"是焉得为大丈夫乎? 子未学礼乎? 丈夫之冠③也,父命之;女子之嫁也,母命之,往送之门,戒之曰:'往之女家,必敬必戒,无违夫子!'以顺为正者,妾妇之道也。居天下之广居,立天下之正位,行天下之大道④;得志,与民由之;不得志,独行其道。富贵不能淫,贫贱不能移,威武不能屈,此之谓大丈夫。"

【今译】

景春说:"公孙衍、张仪这样的人难道不是真正的大丈夫吗?他们一发怒,诸侯们便害怕;他们安静下来,天下便太平无事。"

孟子说:"这又怎么能算大丈夫呢?你没有学过礼吗?男子成人行冠礼时,由父亲给予训导;女子出嫁时,母亲训导她,送她到门口,告诫说:'到了婆家,必须恭敬,必须谨慎,不要违背丈夫!'以顺从为准则,那是做女人的道理。住在天下最宽大的住宅里,站在天下最正确的位置上,走在天下最广阔的大道上;能实现志向时,与百姓一起去实现;不能实现志向时,独自施行这个原则;富贵不能诱惑,贫贱不能动摇,威武不能屈服,这才称得上是大丈夫。"

【注释】

①景春:与孟子同时,习纵横术。 ②公孙衍:字犀首,魏国人,是当时纵横家中的著名人物,曾任秦国大良造,并佩五国相印。张仪:魏国人,与苏秦并称的纵横家名人,曾说六国连横以奉秦国。 ③冠:行冠礼,古时男子年二十行冠礼,以示成年。 ④这里的"广居""正位""大道",按朱熹的注释:"广居,仁也;正位,礼也;大道,义也。"这是义解,译文只仅就字面而言。

【评析】

所谓"大丈夫",就如现在所说的"男子汉"。在孟子看来,公孙衍、张仪之类的纵横家,屈从贪得无厌的诸侯们,没有原则,摇唇鼓舌,唯利是图,那只能算是小女人。真正的大丈夫,应该站得直、行得正、坚定不移,为正义的理想目标而不懈地奋斗。儒家历来有轻视妇女的不足,孔、孟也不例外,此不待多言。但他们强调的"大丈夫"理想人格,却具有崇高的精神境界,代表了旧时代中国知识分子最高的人生理想。这一理想,曾激励历史上许许多多正直的知识分子,勇于以天下国家为己任,救邦国于危难,拯生民于涂炭,置生死利害于度外。由此,"大丈夫"精神也成为他们不畏强暴、坚持正义的座右铭。

周霄①问曰:"古之君子仕乎?"

孟子曰:"仕。《传》曰:'孔子三月无君,则皇皇如也;出疆必载质②。'公明仪曰:'古之人三月无君,则吊③。'"

"三月无君则吊,不以急乎?"

曰:"士之失位也,犹诸侯之失国家也。《礼》曰:'诸侯耕助以供粢盛④,夫人蚕缫⑤以为衣服。牺牲不成⑥,粢盛不洁,衣服不备,不敢以祭。惟士无田,则亦不祭。'牲杀、器皿、衣服不备,不敢以祭,则不敢以宴,亦不足吊乎?"

"出疆必载质,何也?"

曰:"士之仕也,犹农夫之耕也,农夫岂为出疆舍其耒耜哉?"

曰:"晋国亦仕国也,未尝闻仕如此其急。仕如此其急也,君子之难仕,何也?"

曰:"丈夫生而愿为之有室,女子生而愿为之有家,父母之心,人皆有之。不待父母之命,媒妁⑦之言,钻穴隙相窥,逾墙相从,则父母国人皆贱之。古之人未尝不欲仕也,又恶不由其道。不由其道而往者,与钻穴隙之类也。"

【今译】

周霄问道:"古代的君子做官吗?"

孟子说:"做官的。记载上说:'孔子只要三个月没有君主任用他,就感到心神不安;离开国境时,一定要携带与别国君主初次见面的礼物。'公明仪说:'古代的人三个月没有君主任用,便要去安慰他。'"

周霄问:"三个月没有君主的任用便要安慰他,不也太急了点吗?"

孟子说:"士人失去职位,就像诸侯失去了国家。《礼》书上说:'诸侯亲自耕种农田以生产祭品,诸侯夫人带头养蚕缫丝以制作祭服。祭祀用的牲畜不肥硕,祭祀用的谷物不洁净,祭祀用的衣服不完备,不敢用来祭祀。士人要是没有供祭祀用的田地,那也不能祭祀。'(祭祀用的)牲畜、器皿、衣服不完备,不敢用来祭祀,也就不能举行宴会,这难道还不该去安慰吗?"

周霄又问:"离开国境一定要携带与别国君主初次见面的礼物,又是什么道理呢?"

孟子说:"士人去做官,就和农夫去耕田一样,农夫难道会因为离开国境而抛下他的农具吗?"

周霄说:"魏国也是一个有官可做的国家,我从未听说过想做官竟有如此急切的。想做官如此急切,君子却这样难于做官,这又是为什么呢?"

孟子说:"男孩子一生下来,父母便希望替他找妻室;女孩子一生下来,父母便希望替她找婆家。父母的这种心情,人人都有。可是不经过父母的许可、媒人的介绍,便钻洞扒缝、互相偷看,爬过墙去进行幽会,那么父母和社会上的人都会瞧不起他们。古代的人不是不想做官,但又讨厌做官不择手段的行径。不通过正当途径而去做官的人,就与男女钻洞扒缝差不多。"

【注释】

①周霄:魏国人。 ②《传》:不详何书。皇皇:通"惶惶",不安之意。质:同"贽""挚",古人初相见时所带的礼物。 ③吊:慰问。 ④耕助:连绵动词,与下文"蚕缫"相对成文;"助"即"藉",古时天子、诸侯需"藉田",即每年春耕之始到田边去扶犁耕地,实仅是个仪式。粢盛:可以盛在器皿中的谷物叫"粢",已盛在器皿中的谷物叫"盛"。 ⑤夫人:专指诸侯的正妻。蚕缫:养蚕抽茧出丝,这里所指亦仅是个仪式。 ⑥牺牲:祭祀用的牛羊猪等牲畜,亦称"牲杀"。不成:不肥硕。 ⑦媒妁:这里泛指媒人。

【评析】

此章所说的内容,与孟子与陈代对话的那章意思相近。儒家强调要出仕为官,目的在于做官能行其道。所以,君子急于出仕做官,是担心没有行道的机遇。但决不能因此见利而忘义、放弃原则,否则还不如不做。孔子、孟子一生,仆仆于道路,不是不急于出仕做官,以行其大道,但结果都没有成功,原因就在于此。倘若他们仅仅以做官为目的,那早就稳稳当当地做上了,如齐宣王"欲中国而授孟子室,养弟子以万钟",就是孟子坚持原则的一个典例。

彭更①问曰:"后车数十乘,从者数百人,以传食②于诸侯,不以泰乎?"

孟子曰:"非其道,则一箪食不可受于人;如其道,则舜受尧之天下,不以为泰。子以为泰乎?"

曰:"否。士无事而食,不可也。"

曰:"子不通功易事,以羡③补不足,则农有余粟,女有余布;子如通之,则梓、匠、轮、舆④皆得食于子。于此有人焉,入则孝,出则悌,守先王之道,以待⑤后之学者,而不得食于子;子何尊梓、匠、轮、舆而轻为仁义者哉?"

曰:"梓、匠、轮、舆,其志将以求食也;君子之为道也,其志亦将以求食与?"

曰:"子何以其志为哉?其有功于子,可食而食之矣。且子食志乎?食功乎?"

曰:"食志。"

曰:"有人于此,毁瓦画墁⑥,其志将以求食也,则子食之乎?"

曰:"否。"

曰:"然则子非食志也,食功也。"

【今译】

彭更问道:"后面随着几十辆车,身边跟着几百个人,在各诸侯国辗转而接受款待,这不有点过分了吗?"

孟子说:"要是不合理,就是一筐饭也不可以接受;要是合理,就是舜接受尧的天下,也不算过分。你认为过分了吗?"

彭更说:"我不是这个意思。(我认为)读书人不工作却吃人家的,是不可以的。"

孟子说:"你如果不互通各人的成果,交换各自的产品,以多余的去补足不够的,那么农民就会有剩余的粮食,妇女就会有剩余的布匹(别人却缺衣少食);你要是能互通有无,那么木匠、车工就都能从你那里得到吃的。现在这里有个人,在家里孝顺父母,出外尊敬长上,谨守古代圣王的道义,以此来扶持、培养后来的学者,却不能从你那里得到吃的;你为什么尊重木匠、车工,却轻视行仁义的人呢?"

彭更说:"木匠、车工,他们的动机就在于解决吃饭问题;君子们学习和施行道义,动机难道也是为了解决吃饭问题吗?"

孟子说:"你为什么要论他们的动机呢?他们对你有功绩,可以给予吃的才给他们吃的。况且,你是根据动机给予吃的呢?还是根据功绩给予吃的呢?"

彭更说:"根据动机。"

孟子说:"现在这里有个人,干活时打碎屋上的瓦,划破刚粉刷好的墙,他的动机在于解决吃饭问题,那你给他吃吗?"

彭更说:"不给。"

孟子说:"那你就不是根据动机,而是根据功绩了。"

【注释】

①彭更:孟子弟子。 ②传食:意为转食。 ③羡:多余。 ④梓、匠:都是木工。轮:制车轮的。舆:制车的。 ⑤待:读持,扶持之意。 ⑥画墁:在新粉饰的墙壁上刻画。

【评析】

孟子弟子彭更,看到自己的老师带着一大帮弟子,周游于诸侯之间,"无事而食",有点过分,所以提出疑问。问题的关键实际还在于社会分工这一点上。孟子认为,读书人以行道服务于社会,所以他们的"得食",与农民种地、妇女织布、工匠制器而"得食"一样合理,这仅是脑力劳动与体力劳动的分工不同罢了。换言之,读书人是以其"精神产品"来"求食"的。彭更的后一个问题,是抓住儒家强调"士志于道""君子谋道不谋食"的立场,提出:"君子之为道也,其志亦将以求食与?"这实际有偷换概念之嫌,把"志"与"谋"混在一起了。君子固然应该"谋道不谋食",但社会在给予报酬时,却不能因为君子"志""不谋食"而不给或少给,而应该根据他们对社会做出的实际贡献——即孟子所说的"功"——来衡量并付酬。

孟子所说的道理本来是很浅显的,但在中国历史上,有类似彭更(还有许行)这样想法的人却一直不少。即使在不远的过去,还上演过强迫知识分子必须到工厂、农村去"参加劳动"、去接受"再教育"的闹剧,充分说明了这种思想源远流长、根深蒂固,这倒是值得大家警惕的。

万章①问曰:"宋小国也,今将行王政,齐、楚恶而伐之,则如之何?"

孟子曰:"汤居亳②,以葛为邻,葛伯放③而不祀。汤使人问之曰:'何为不祀?'曰:'无以供牺牲也。'汤使遗之牛羊,葛伯食之,又不以祀。汤又使人问之曰:'何为不祀?'曰:'无以供粢盛也。'汤使亳众往为之耕。老弱馈食。葛伯率其民,要其有酒食黍稻者夺之,不授者杀之。有童子以黍肉饷,杀而夺之。《书》曰:'葛伯仇饷④。'此之谓也。为其杀是童子而征之,四海之内皆曰:'非富天下也,为匹夫匹妇复仇也。''汤始征,自葛载',十一征而无敌于天下。东面而征西夷怨,南面而征北狄怨,曰:'奚为后我?'民之望之,若大旱之望雨也,归市者弗止,芸者不变。诛其君,吊其民,如时雨降。民大悦。《书》曰:'徯我后,后来其无罚。'⑤'有攸不惟臣,东征,绥厥士女。篚厥玄黄,绍我周王见休,惟臣附于大邑周⑥。'其君子实玄黄于篚,以迎其君子;其小人箪食壶浆,以迎其小人。救民于水火之中,取其残而已矣。《太誓》曰:'我武惟扬,侵于之疆,则取于残,杀伐用张,于汤有光。'⑦不行王政云尔。苟行王政,四海之内,皆举首而望之,欲以为君,齐、楚虽大,何畏焉?"

【今译】

万章问道:"宋国是个小国,现在想要实行王道之政,齐国、楚国却讨厌它而攻打它,那该怎么办?"

孟子说:"商汤居住在亳地,与葛国为邻,葛伯十分放肆,不祭祀先祖神灵。汤派人去问他:'为什么不祭祀?'葛伯说:'没有供祭祀的牲畜。'汤派人送牛羊给他,葛伯把牛羊吃了,并不用作祭祀。汤又派人去问:'为什么不祭祀?'葛伯说:'没有供祭祀的谷物。'汤派亳地的民众去替他耕种,由老弱的人给耕田的人送饭。葛伯却带领他的民众拦住那些携着酒食饭菜的送饭人进行抢夺,不给的便杀掉。有个孩子携着饭和肉送去,他们抢走肉饭,还把这个孩子杀掉了。《尚书》中说:'葛伯与送田饭的人为仇。'说的就是这件事。因为杀死这个孩子,汤才出兵讨伐葛伯,天下人都说:'这不是想贪图天下的财富,而是为平民百姓报仇。'《尚书》中说:'商汤当初的征讨,是从葛国开始的。'进行了十一次征伐,没有遇到敌手。当他东向征讨,西面的夷人就埋怨,当他南向征讨,北面的狄人也埋怨,都说:'为什么把我们放在后面'?民众盼望他,如同大旱时盼望着下雨一样。(他的军队所到之处)赶集的不停止买卖,种田的照常下田,诛杀残暴之君而安抚那里的民众,就像下了及时雨一样。老百姓十分高兴。《尚书》中说:'等待我们的君王,君王一到,我们就得救了!'又说:'攸国不臣服,武王出师东征,去安抚那里的男女民众。他们把黑色和黄色的绸帛装在竹篮里,以能介绍进见周王为荣,臣服于大周国。'那里的官吏把黑色和黄色的绸帛装在筐里,迎接周国的官吏;那里的百姓用筐盛着饭、用壶盛着酒浆,迎接周国的士兵。可见武王出师为的只是从水火中解救百姓,除掉残酷暴君。《尚书·太誓》中说:'发扬我们的威武,攻入邘国的疆土,除掉害民的暴君,以此张大杀伐之功,那就比商汤更有荣光。'不行王道之政罢了,如实行王道之政,天下的人都抬头企望着,想拥戴他为君主;齐国和楚国尽管强大,又有什么可怕的呢?"

【注释】

①万章:孟子弟子。　②亳:今河南商丘境内。　③放:放纵无道。　④《书》:指《尚书》逸篇,引文见《古文尚书·仲虺之诰》,学者疑为伪书。仇饷:与送饭的人为仇。　⑤以上这段内容可参看《梁惠王下》第十一章。　⑥攸:旧注为"所",杨伯峻以为是国名。惟:思。绥:安抚。厥:其。士女:男女,即百姓。篚:筐,此处作动词。玄黄:指黑色和黄色的丝帛。休:美、善。此段可能亦是《尚书》逸文,其中不少话语见于伪《古文尚书·武成》,内容是述周武王东征之事。　⑦《太誓》:古文《尚书》篇名,已佚,孟子所引数句见今本《太誓中篇》,学者以为乃东晋梅颐羼入。于:杨伯峻认为即邘,乃国名。

【评析】

此章是孟子在宋国时言论,所谈内容与孟子回答滕文公关于小国、弱国如何面对大国、强国的立场基本是一致的(参见《梁惠王下》第十三、十四、十五章)。孟子始终坚信,强弱之势不是一成不变的,关键还在于是否行仁政、得民心。如果能行仁政,就必然能得民心。而如果能得民心,强弱之势就有可能得到转变,因此齐国、楚国这些大国、强国也就不足为惧了。

事实是否就如此呢？恐怕未必，但孟子又不能违背自己的信念，所以他也只能这样说，这实际也是很无奈的。在我们的经验世界中，经常会碰到这样的情况：许多在理论上说得通、说得对的事情，实际上却不一定行得通，因为前者是理想，而后者却是现实。理想与现实之间会存在相当大的距离甚至会发生很大的矛盾，许多"照理说""应该是"的事情，在现实的生活世界中，却往往就"不照理""不必是"如此的。但思想家、哲学家并不能因为经验现象而否定"理"和"应该"的存在，他们只能根据"理"和"应该"去立论，所以往往会给人以一种"迂腐"的印象，孟子也不例外，这大概也就是思想家、哲学家与常人的区别吧？

孟子谓戴不胜①曰："子欲子之王之善与？我明告子。有楚大夫于此，欲其子之齐语也，则使齐人傅②诸？使楚人傅诸？"

曰："使齐人傅之。"

曰："一齐人傅之，众楚人咻③之，虽日挞而求其齐也，不可得矣；引而置之庄、岳④之间数年，虽日挞而求其楚，亦不可得矣。子谓薛居州⑤，善士也，使之居于王所。在于王所者，长幼、卑尊皆薛居州也，王谁与为不善？在王所者，长幼、卑尊皆非薛居州也，王谁与为善？一薛居州，独⑥如宋王何？"

【注释】

①戴不胜：宋国的臣子。　②傅：做师傅。　③咻：喧哗。　④庄、岳：齐国的街名、里名。　⑤薛居州：宋国的善士。　⑥独：将。

【今译】

孟子对戴不胜说："你想要你的君王向善吗？我可以明白地告诉你。譬如，这里有个楚国的大夫，想让他的儿子学会说齐国话，那么，是让齐人教他呢？还是让楚人教他？"

戴不胜答道："让齐人教他。"

孟子说："一个齐人教他，许多楚人在旁边吵嚷干扰，尽管天天鞭打他，逼他讲齐国话，这也是做不到的；如果把他带到齐国庄街、岳里这样的闹市住上几年，那你就是天天鞭打他，逼着他讲楚国话，那也是做不到的。你说薛居州是个好人，要他住到王宫中去。如果在王宫中的人，无论年纪长幼、地位高低，都是像薛居州那样的人，那国王又能与谁去干坏事呢？如果在王宫中的人，无论年纪长幼、地位高低，都不是像薛居州那样的人，那国王又能与谁去干好事呢？仅仅一个薛居州，能拿宋王怎么样呢？"

【评析】

戴不胜和薛居州都是宋国的大臣。

宋国是个小国，当时处在周围大国的虎视眈眈中，宋国君臣想要使国家有所振兴，但又缺乏良方。孟子在短暂的居宋期间，曾与宋国的臣子进行了交谈，如戴不胜、戴盈之等。本章所记就是孟子与戴不胜的一番谈话。孟子的主要意思是，宋王周围的善臣太少了，仅仅靠一个"善士"薛居州是远远不够的。言外之意就是说，宋王如想要行善政，就首先需要任用贤达、排斥奸佞。换句话说，就是孟子认为当时宋国的贤臣太少了，要想行仁政恐怕很难。

公孙丑问曰："不见诸侯何义？"

孟子曰："古者不为臣不见。段干木逾垣而辟之①，泄柳闭门而不内②，是皆已甚；迫，斯可以见矣。阳货欲见孔子而恶无礼③，大夫有赐于士，不得受于其家，则往拜其门。阳货瞰孔子之亡也④，而馈孔子蒸豚。孔子亦瞰其亡也，而往拜之。当是时，阳货先，岂不得见？曾子曰：'胁肩谄笑，病于夏畦⑤。'子路曰：'未同而言，观其色赧赧然，非由之所知也。'由是观之,则君子之所养,可知已矣。"

【今译】

公孙丑问道:"不主动去见诸侯,是什么道理呢?"

孟子说:"古时候,不是臣子便不去见。段干木跳墙躲避魏文侯,泄柳关门不接待鲁缪公,这都做得过分了;如果硬是要见,那还是可以见的。阳货想让孔子来见他,但又怕失礼,(按当时的礼仪)大夫如果赏赐东西给士,士要是不能在家里亲自接受,就到大夫家登门拜谢。因此阳货打听到孔子不在家时,送给孔子一个蒸乳猪;孔子也打听到阳货不在家时,才到他家去拜谢。在那时,阳货若是先去看孔子,孔子怎会不去看他呢?曾子说过:'耸起两肩,装出讨好的笑脸,那比盛夏时在菜地里干活还要累。'子路说:'明明与此人志趣不相投,却要勉强与他谈话,看他那脸色羞愧的样子,我真不明白是怎么回事。'从这些话来看,君子应该怎样培养自己的品德操守就可一目了然了。"

【注释】

①段干木:魏文侯时的高士。逾垣而辟之:魏文侯登门拜访他,他翻墙逃避。 ②泄柳:见《公孙丑下》第十一章注。内:一作"纳"。 ③阳货:阳虎。见:使动用法,即让孔子去见他,其事见《论语·阳货》。 ④瞰:窥伺。亡:不在。 ⑤胁肩:耸肩。谄笑:勉强装笑。畦:干灌园、浇水等农田活。

【评析】

此章意旨与前面孟子对陈代、周霄所言基本相同。

戴盈之①曰:"什一,去关市之征,今兹②未能,请轻之,以待来年,然后已,何如?"

孟子曰:"今有人日攘③其邻之鸡者,或告之曰:'是非君子之道。'曰:'请损之,月攘一鸡,以待来年,然后已。'如知其非义,斯速已矣,何待来年?"

【今译】

戴盈之说:"田税十分抽一,废除关卡和市场的税收,今年还不能做到,现在先减轻一些,等到明年,再完全实行,怎么样?"

孟子说:"现在有个人每天偷邻居一只鸡,有人告诫他说:'这不是有德之人的行为。'那人说:'先减少一点吧,每月偷一只鸡,等到明年,再洗手不干。'假如知道此事做得不对,就该马上改正,何必要等到明年呢?"

【注释】
①戴盈之:宋国大夫。 ②兹:年。 ③攘:偷盗。

【评析】

从前面万章与孟子的对话中我们知道,宋国想"行王政",大概孟子又把他的那套"仁政"理论告诉了宋国的君臣,于是就有戴盈之的这一番解释。戴盈之知道他们以前的做法不对,但又下不了决心马上改正。孟子就以偷鸡的故事做比喻,告诉宋臣应该知错就改,不要推三阻四,找借口。孟子的说法自然是完全正确的,但难免给人有操之过急的迫切感觉,因为改革税制事关国家的大政方针,不是能一蹴而就的。孟子之所以这么说,那是另有缘由的,即在他看来,宋国的君臣根本就不想真正"行王政",只是嘴上说说而已,一旦要动真格时就推三阻四了,所以他要用严厉的话堵住他们的借口。正因为孟子有这种感觉,因此他在宋国呆的时间不长,所以在《孟子》一书中,我们也找不到他与宋王本人对话的记录。

公都子①曰:"外人皆称夫子好辩,敢问何也?"

孟子曰:"予岂好辩哉? 予不得已也。天下之生久矣,一治一乱。

"当尧之时，水逆行，泛滥于中国，蛇龙居之，民无所定，下者为巢，上者为营窟②。《书》曰：'洚水警余③。'洚水者，洪水也。使禹治之。禹掘地而注之海，驱蛇龙而放之菹④。水由地中行，江、淮、河、汉是也。险阻既远，鸟兽之害人者消，然后人得平土而居之。

"尧舜既没，圣人之道衰，暴君代作，坏宫室以为污池，民无所安息；弃田以为园囿，使民不得衣食。邪说暴行又作，园囿、污池、沛泽多而禽兽至。及纣之身，天下又大乱。周公相武王，诛纣伐奄，三年讨其君，驱飞廉⑤于海隅而戮之，灭国者五十，驱虎、豹、犀、象而远之，天下大悦。《书》曰：'丕显哉，文王谟！丕承哉，武王烈！佑启我后人，咸以正无缺。'⑥

"世衰道微，邪说暴行有作，臣弑其君者有之，子弑其父者有之。孔子惧，作《春秋》。《春秋》，天子之事也。是故孔子曰：'知我者，其惟《春秋》乎！罪我者，其惟《春秋》乎！'

"圣王不作，诸侯放恣，处士⑦横议，杨朱、墨翟之言盈天下⑧，天下之言不归杨，则归墨。杨氏为我，是无君也；墨氏兼爱，是无父也；无父无君，是禽兽也。公明仪曰：'庖有肥肉，厩有肥马，民有饥色，野有饿莩，此率兽而食人也。'杨、墨之道不息，孔子之道不著，是邪说诬民，充塞仁义也。仁义充塞，则率兽食人，人将相食。吾为此惧，闲⑨先圣之道，距杨、墨，放淫辞，邪说者不得作。作于其心，害于其事；作于其事，害于其政。圣人复起，不易吾言矣。

"昔者，禹抑洪水而天下平，周公兼夷狄、驱猛兽而百姓宁,孔子成《春秋》而乱臣贼子惧。《诗》云:'戎狄是膺,荆舒是惩,则莫我敢承。'无父无君,是周公所膺也。我亦欲正人心,息邪说,距诐行,放淫辞,以承三圣者,岂好辩哉?予不得已也。能言距杨、墨者,圣人之徒也。"

【今译】

公都子说:"别人都说老师您喜欢辩论,请问这是为什么呢?"

孟子说:"我难道喜欢辩论吗?我是不得已啊!人类社会诞生已经很久了,时而太平,时而动乱。

"当尧的时候,洪水横流,在中原泛滥,到处被龙蛇盘踞,百姓无处安身,低洼地的人只好在树上搭窝,高地的人只好打凿一个连一个的洞穴。《尚书》中说:'洚水警诫了我们。'洚水就是洪水。于是命禹去治水。禹掘地而把洪水导入海中,把龙蛇驱赶到草泽中去;水被纳入河道中流,那便是长江、淮水、黄河和汉水。危害既已解除,害人的鸟兽也没有了,然后人们得以到平地上来居住。

"尧舜去世后,圣人之道就逐渐衰落了,暴君不断地出现,毁坏民宅来做深池,弄得百姓无处安居;破坏农田来做园林,使得百姓不能获得衣食。荒谬的学说、残暴的行为又兴起了,园林、池沼、草泽一多,禽兽也就随之而来。到了商纣时,天下又大乱起来。周公辅佐武王,诛杀纣王,讨伐奄国,与暴君征战了三年,把飞廉赶到海边杀了,被灭的国家有五十个,把虎、豹、犀、象驱赶到了远方去,天下的百姓十分喜悦。《尚书》中说:'多么高明啊,文王的谋略!多么无愧于先人啊,武王的功绩!帮助、启发我们后人的,都是正道而无缺陷。'

"(不久,又)世风日下、王道衰微,荒谬的学说、残暴的行为出现了,有臣下杀害君上的事,有儿子杀害父亲的事。孔子深感忧惧,便写作了《春秋》这部书。《春秋》所记述的,是天子权限内的事;所以孔子说:'理解我的人,恐怕只是通过《春秋》吧!责骂我的人,恐怕也只是通过《春秋》吧!'

"圣王没有产生,诸侯横行无忌,在野的读书人乱发议论,杨朱、墨翟的学说充斥天下,世上的言论不属于杨朱一派,就属于翟墨一派。杨朱主张一切为我,那是目无君主;墨翟主张不分亲疏,一视同仁,那是目无父母。目无君主和父母,是禽兽的行为。公明仪说:'厨房里摆着肥肉,马棚里养着肥马,百姓却面露饥色,野地里还有饿死的人,这等于驱使禽兽去吃人。'杨、墨的学说不破除,孔子的学说便得不到发扬光大,那是任从邪说坑害百姓,阻塞仁义的道路。仁义的道路被阻,就等于是让野兽去吃人,必将出现人吃人的惨象。我为此而深感忧惧,(便出来)捍卫古代圣人的思想,批判杨、墨,驳斥错误言论,使主张荒谬学说的人无法兴起。(荒谬的学说)从心里产生出来,便会要危害工作,工作受了危害,也就危害了政治。即使圣人再度出现,也不会改变我这些话的。

"过去,大禹治好了洪水使天下太平,周公征服了夷狄,赶走了猛兽使百姓安宁,孔子著了《春秋》使胡作非为的乱臣贼子感到害怕。《诗经》中说:'攻击戎狄,痛惩荆舒,没有谁敢抗拒我。'目无君主、父母的人,是周公所要惩罚的。我也要端正人心,根绝谬论,反对偏颇的行为,驳斥荒谬的言论,以继承禹、周公、孔子三位圣人。我难道是喜欢辩论吗?实在是不得已啊。能够以言论来反对杨、墨学说的人,就是圣人的门徒。"

【注释】

①公都子:孟子弟子。　②营窟:相连的窟穴。　③《书》:指《尚书》逸篇,伪《古文尚书》将其采入《大禹谟》。洚:古音与"洪"同。　④菹:长草的沼泽。　⑤飞廉:赵岐注为"纣谀臣"。　⑥《书》:赵岐注为"《尚书》逸篇",以下各句见于伪《古文尚书·君牙》。丕:大。　⑦处士:不在朝廷做官闲居家中的士人。　⑧杨朱:道家人物,生于孟子之前,其生卒年代不可考,约生活在战国初期,没有著作存世,思想片断散见于《孟子》《庄子》《韩非子》《吕氏春秋》和《淮南子》中。墨翟:墨家创始人,生活在孟子之前,所传有《墨子》一书。　⑨闲:捍卫。

【评析】

面对当时"诸子蜂起,百家争鸣"的思想格局,一向以"圣人之徒"和儒学捍卫者自居的孟子,当然不能袖手旁观。于是,"攻乎异端""拨乱反正",对各家各派学说进行批判,自然成了他的责任和使命,用他在本章中的话说,即:"我亦欲正人心,息邪说,距诐行,放淫辞,以承三圣者。"由此,也使孟子有了"好辩"之名,但他认为这是"不得已"的。就事论事,无论从逻辑推论、语言技巧、判断能力、应变策略诸方面看,孟子的确称得上是个辩论高手。他也自称"我知言""诐辞知其所蔽,淫辞知其所陷,邪辞知其所离,遁辞知其所穷"(《公孙丑上》)。孟子"好辩"表现在许多方面,如与人讨论、政治游说、思想争辩等。本章主要是孟子对杨朱、墨翟思想的批判。孟子之所以要"距杨、墨",是因为当时这两家的思想影响很大,而两家之言都与儒家思想不合。

杨朱是道家中人,生于孟子之前,其生卒年代已不可考,大约生活在战国初期。杨朱没有留下著作,他的思想片断散见于《孟子》《庄子》《韩非子》《吕氏春秋》和《淮南子》中。他主张"贵生""重己""为我","全性葆真,不以物累形","拔一毛而利天下不为也"。孟子认为,杨朱"为我",其问题的实质是"无君"。孟子的定性是否准确可以讨论,因为杨朱的"为我",是想表达既反对别人对自己的侵夺,也反对侵夺别人,这其中有合理因素。但从儒家立场而言,孟子的定性又无可厚非。儒家强调稳定的社会等级秩序,主张尊卑有别、长幼有序,君君、臣臣、父父、子子。杨朱"为我",强调个人,社会等级秩序就无法保证,而首当其冲的就是"君"的地位受到冲击。所以孟子说这是"无君",进一步言,"无君"就等于"禽兽"。

墨家是当时与儒家齐名的"显学",墨子主张"兼爱""非攻""节葬""非乐"等,"摩顶放踵利天下为之"。孟子认为,墨子"兼爱",其问题的实质是"无父"。儒家讲"仁者爱人",但儒家所讲是从人之常情出发的"爱有差等",是一种推己及人、由近及远的爱,所谓"老吾老以及人之老,幼吾幼以及人之幼"(《梁惠王上》)。而墨家所讲的是"爱无差等",

爱没有亲疏远近之分。这在孟子看来是泯灭了人与人之间的亲疏之别,将人父等同于己父,那等于没有己父,这不仅大逆不道,而且就等于"禽兽"。孟子的话是尖刻了一点,但如前面已经指出过的,儒家的"爱有差等"比墨家的"爱无差等",更符合人性的一般特征,所以也更容易为人所接受。

匡章①曰:"陈仲子岂不诚廉士哉?居於陵,三日不食,耳无闻,目无见也。井上有李,螬食实者过半矣,匍匐往,将食之,三咽然后耳有闻,目有见②。"

孟子曰:"于齐国之士,吾必以仲子为巨擘③焉。虽然,仲子恶能廉?充④仲子之操,则蚓而后可者也。夫蚓,上食槁壤,下饮黄泉⑤。仲子所居之室,伯夷之所筑与?抑亦盗跖⑥之所筑与?所食之粟,伯夷之所树与?抑亦盗跖所树与?是未可知也。"

曰:"是何伤哉?彼身织屦,妻辟纑⑦,以易之也。"

曰:"仲子,齐之世家也;兄戴,盖⑧禄万钟。以兄之禄为不义之禄而不食也,以兄之室为不义之室而不居也,辟⑨兄离母,处于於陵。他日归,则有馈其兄生鹅者,己频顣曰:'恶用是鶂鶂者为哉⑩?'他日,其母杀是鹅也,与之食之。其兄自外至,曰:'是鶂鶂之肉也。'出而哇之。以母则不食,以妻则食之;以兄之室则弗居,以於陵则居之。是尚为能充其类也乎?若仲子者,蚓而后充其操者也。"

【今译】

匡章说:"陈仲子难道不是个真正廉洁的人?他住在於陵,三天没什么吃的,(饿得)耳朵听不到声音,眼睛看不见东西。井台上有个李子,金龟子已咬食了大半,他爬过去,取来吃,吞咽了三口,才恢复了听觉和视觉。"

孟子说:"在齐国的士人中,我一定推仲子为首屈一指的人物。但是,仲子又怎么称得上廉洁呢?如要完全实现仲子的操守,那只有变成蚯蚓后才行,蚯蚓,在地上吃干土,在地下饮泉水。仲子住的房子,是伯夷建造的呢?还是盗跖建造的呢?所吃的粮食,是伯夷种的呢?还是盗跖种的呢?这些都不可知。"

匡章说:"这有什么关系?他亲自编草鞋,妻子绩麻搓线,拿去换来的。"

孟子说:"仲子,出身于齐国的世族;他哥哥陈戴,在盖邑的封地每年有禄米几万石。仲子认为他哥哥的俸禄是不义之禄而不吃,认为哥哥的房子是不义之室而不住,避开哥哥,离开母亲,住在於陵。有一天回家,正好有人送给他哥哥一只活鹅。他皱着眉头说:'要这嘎嘎叫的东西有什么用?'过了些日子,他母亲杀了这只鹅,给他吃了。他哥哥从外面进来,说:'这是嘎嘎叫的肉。'仲子跑到外面去吐了。母亲的东西便不吃,妻子的东西却吃;哥哥的房子便不住,於陵的房子却住。这能算是完全实现廉洁了吗?像仲子这样的人,恐怕只有变成蚯蚓后才能完全实现廉洁。"

【注释】

①匡章:齐人,孟子的朋友,曾在齐威王、宣王时为官。 ②陈仲子:齐国某大族中人,号称"廉士"。於陵:齐国地名。螬:昆虫,杨伯峻以为即金龟子。将食之:将,持,取。 ③巨擘:擘,大拇指;巨擘犹言顶尖人物。 ④充:扩充、推广。 ⑤槁壤:干枯的尘土。黄泉:地下泉水。 ⑥盗跖:春秋时著名的大盗,柳下惠的兄弟。 ⑦辟纑:绩麻搓线。 ⑧盖:地名,是仲子之兄陈戴的封地。 ⑨辟:同"避"。 ⑩已:指仲子。频顣:皱眉头。鶂鶂:鹅叫声。

【评析】

陈仲子是齐国有名的"廉士",在《荀子》《韩非子》《淮南子》等文献中都有关于他事迹的记载。在孟子看来,陈仲子在齐国算得上是个数一数二的人物了,但还不能说他完全就做到了"廉"。孟子的意思是,陈仲子的"廉",作为一种个人的人生态度,不能说不可以,但要推广开来却是个问题,就是陈仲子本人也不能彻底做到他自己的主张。就如赵岐在其"章指"中说的:"圣人之道,亲亲尚和;志士之操,耿介特立,可以激浊,不可常法。"

离　娄　上

【解题】

本篇的内容涉及面相当广泛,时间的跨度也可能较大,许多内容难以确定是在何时何地、就何人而发表的言论,所以只能看作孟子所讲、弟子们所记的语录。就每章的具体内容而言,基本上是以孟子的语录为主,也有少量孟子与学生、外人的对话。

本篇上篇凡二十八章,以孟子的语录为主,也有一些是与学生或其他人的对话,内容亦比较广泛,包括了孟子论治国之道、论个人的品德修养、论教育、论孝道、论"经""权"关系,等等。

孟子曰:"离娄之明,公输子之巧,不以规矩,不能成方员①;师旷之聪,不以六律,不能正五音②;尧舜之道,不以仁政,不能平治天下。今有仁心仁闻,而民不被其泽,不可法于后世者,不行先王之道也。故曰:徒善不足以为政,徒法不能以自行。《诗》云:'不愆不忘,率由旧章③。'遵先王之法而过者,未之有也。圣人既竭目力焉,继之以规矩准绳,以为方员平直,不可胜用也;既竭耳力焉,继之以六律正五音,不可胜用也;既竭心思焉,继之以不忍人之政,而仁覆天下矣。故曰:为高必因丘陵,为下必因川泽,为政不因先王之道,可谓智乎?是以惟仁者宜在高位。不仁而在高位,是播其恶于众也。上无道揆④也,下无法守也,朝不信道,工不信度⑤,君子⑥犯义,小人犯刑,国之所存者幸也。故曰:城郭不完⑦,兵甲不多,非国之灾也;田野不辟,货财不聚,非国之害也。上无礼,下无学,贼民兴,丧无日矣。《诗》曰:'天之方蹶,无然泄泄⑧!'泄泄,犹沓沓⑨也。事君无义,进退无礼,言则非先王之道者,犹沓沓也。故曰:责难于君谓之恭,陈善闭邪谓之敬,吾君不能谓之贼。"

【今译】

孟子说:"即使有离娄那样的视力,公输般那样的巧艺,如果不用圆规和曲尺,就不能画出准确的方形和圆形;即使有师旷那样的辨音听力,如果不用六律,就不能校正五音;即使有尧舜那样的治道,如果不实行仁政,就不能治理好天下。现在的一些诸侯,虽有仁爱的心思和仁爱的声望,但百姓却受不到恩泽,也不足为后世所效法,就是因为他们不能实行前代圣王之道的缘故。所以说,仅有善心不足以治理国家,仅有良法也不能使它自动执行,《诗经》中说:'不偏差也不遗忘,一切循照旧规章。'遵循前代圣王的法度而犯过错,从来就没有过。圣人既已竭尽了目力,又用圆规、曲尺、水准和墨线来画方、圆、平、直,那些东西便用之不尽了;(圣人)既已竭尽听力,又用六律来校正五音,各种音调也就用之不尽了;(圣王)既已竭尽了心思,又实行了从不忍人之心出发的仁政,那仁爱便广被天下了。所以说,筑高就必须凭借丘陵,挖深就必须利用河流沼泽。治理国家如果不凭借先王之道,那能说是明智吗?所以只有仁人才适宜处在领导的位子上;不仁的人处在领导的位子上,就是把他的恶行散播到群众中去。在上位者没有规范可循,在下位者没有法度可守,朝廷不信道义,工匠们不信尺度,做官的违反义理,老百姓触犯刑法,国家还能存在下去,那只是侥幸。所以说,城墙不坚固,武器不充足,不是国家的灾难;农田没开垦,财富没积聚,不是国家的祸害。在上者没有礼义,在下者没有教育,造反的百姓兴起，那亡国的日子便不远了。《诗经》中说：'老天正在降祸乱，不要多嘴又多舌。'多嘴多舌就是啰嗦。事奉国君不讲义，进退之间不讲礼，开口便诋毁先王之道，这就如同喋喋不休的啰嗦。所以说，责求君主行仁政叫作'恭'，陈说善道、阻塞邪念叫作'敬'，认为国君不能为善而放弃努力叫作'贼'。"

【注释】

①离娄：一名离朱，相传是黄帝时的一个视力极佳者，能在百步外见秋毫之末。公输子：鲁班（一作般），鲁国的巧匠，生活于春秋末期，小于孔子而长于墨子，事迹散见于《墨子》《战国策》《礼记》。规矩：圆规、曲尺。员，通"圆"。　②师旷：晋平公时著名的乐师。聪：辨音能力强。六律：指阳律六，太簇、姑洗、蕤宾、夷则、无射、黄钟；另有阴吕六，大吕、应钟、南吕、函钟、小吕、夹钟，合称律吕或十二律；相传黄帝时乐师伶伦截竹为筒，以筒的长短区别声音的清浊高下，乐器之音以此为标准。五音：宫、商、角、徵、羽五个音阶。　③《诗》：指《大雅·假乐》。愆：过。率：循。　④揆：度，估量揣测。　⑤度：测量工具。　⑥君子：这里指当官的人。　⑦完：牢固。　⑧《诗》：指《大雅·板》。蹶：动，这里指动乱。泄：多言。　⑨沓沓：多而重复，这里指啰嗦。

【评析】

此章论治国之道。孟子在这里提出这么几点看法：一、治理国家必须效法尧舜这样的圣君，他们的治国方法如同规矩之于工匠、音律之于乐师，是不可或缺的；二、光有善心，光能明先王之道还不行，还必须认真地去施行；三、要保证先王之道的施行，就必须任用贤者，让仁人在位；四、军事、经济的强大与否对一个国家而言不是最关键的，最关键的是礼义、教化和先王之道；五、人臣之道在于能劝君王知难而上行善政，向君王陈说仁义而批判邪说，不做这种努力的臣下就等于在"贼害"自己的国君。

孟子曰:"规矩,方员之至①也;圣人,人伦②之至也。欲为君,尽君道;欲为臣,尽臣道。二者皆法尧舜而已矣。不以舜之所以事尧事君,不敬其君者也;不以尧之所以治民治民,贼其民者也。孔子曰:'道二,仁与不仁而已矣。'暴其民甚则身弑国亡,不甚则身危国削。名之曰幽、厉③,虽孝子慈孙,百世不能改也。《诗》云:'殷鉴不远,在夏后之世④。'此之谓也。"

【今译】

孟子说:"圆规和曲尺,是方圆的极至;圣人,是做人的最高境界。要做国君,就应该尽到国君之道;要做臣子,就应该尽到臣子之道。这二者都不过是效法尧舜罢了。不以舜事奉尧的态度来事奉国君,便是不尊敬自己的国君;不用尧治理百姓的做法来治理百姓,便是残害自己的百姓。孔子说:'(治国)原则不外两种,即行仁政与不行仁政罢了。'以暴虐对待百姓,重则自己被杀,国家灭亡;轻则自己危险,国势削弱,死后被加上'幽''厉'这样的恶名,纵使其有孝顺仁慈的子孙,哪怕经过了百代,也是更改不了的。《诗经》中说:'殷商的鉴戒并不远,就在夏朝统治时期。'说的就是这个意思。"

【注释】

①至:极至、顶点。 ②人伦:这里有做人之道的意思。 ③名:称作,即指后世加谥号。幽、厉:指西周的暴君周幽王、周厉王,"幽"和"厉"都是恶谥。按:厉王本在幽王之前,但习惯上称"幽厉"。 ④《诗》:指《大雅·荡》。鉴:铜镜。

【评析】

此章承接上一章而言。孟子除了强调国君应有国君的职责、臣下应有臣下的职责外,还强调,无论君臣,都应该效法尧舜。主要是想说明,如果君臣不能行尧舜之道、祸国殃民的话,就会得到遗臭万年的结果。

孟子曰:"三代之得天下也以仁,其失天下也以不仁。国之所以废兴存亡者亦然。天子不仁,不保四海;诸侯不仁,不保社稷;卿大夫不仁,不保宗庙;士、庶人不仁,不保四体。今恶死亡而乐不仁,是犹恶醉而强酒。"

【今译】

孟子说:"夏、商、周三代得到天下是由于仁,其失去天下是由于不仁。国家的兴盛、衰败和生存、灭亡的原因也是如此。天子要是不仁,就不能保住天下;诸侯要是不仁,就不能保住国家;公卿大夫要是不仁,就不能保住祖先的宗庙;士子和老百姓要是不仁,就不能保全自己的身体。现在有些人讨厌死亡,但却又乐意不仁,这与讨厌醉酒却又偏要喝酒一样。"

【评析】

此章亦是接续前两章之意而展开的论述,就孟子的观点而言,无非是强调了这么一点,即无论在上位者还是在下位者都必须遵循仁道,否则不仅不能保自己的事业,恐怕连自身也难保了。

孟子曰:"爱人不亲,反其仁;治人不治,反其智;礼人不答,反其敬。行有不得者,皆反求诸己,其身正而天下归之。《诗》云:'永言配命,自求多福①。'"

【今译】

孟子说:"自己爱别人,别人却不亲近自己,便应反躬自问是否仁爱;自己管理别人,别人却不服管理,便应该反躬自问是否明智;自己对别人有礼貌,别人却不加回应,便应该反躬自问是否恭敬。凡自己所做没有得到预期效果的,都应反过来从自己身上去找原因,自身端正了,天下人自然会归向自己。《诗经》中说:'应该念念不忘与天命配合,自己去多寻求点幸福。'"

【注释】

① 见《公孙丑上》第四章注。

【评析】

此章所言的是儒家所坚持的一个十分重要的个人修养原则——"反求诸己"。"反求诸己"所强调的是,当我们遇到任何问题的时候,首先想到的是应该检讨自己在哪方面存在着不足之处,然后马上加以改正。因为只有做到自身端正了,我们所做的事情才会取得成效。

孟子曰:"人有恒言,皆曰'天下国家'。天下之本在国,国之本在家,家之本在身。"

【今译】

孟子说:"人们有句口头常说的话,都说'天下国家'。天下的根本在于国,国的根本在于家,家的根本在于个人自身。"

【评析】

此章所言也是儒家的一个重要思想,即认为从个人的修养出发,才能一步步地展开,进而把家、国、天下都治理好。《大学》的"三纲领,八条目"中有所谓"修身,齐家,治国,平天下",说的也是这个道理。

需要说明的是,这里所说的"国",是指诸侯的封地、诸侯国,而"天下"才大致相当我们今天意义上的国家。

孟子曰:"为政不难,不得罪于巨室①。巨室之所慕,一国慕之;一国之所慕,天下慕之;故沛然德教溢乎四海。"

【今译】

孟子说:"治理国政并不难,关键在于不得罪那些有影响的卿大夫家族。因为那些卿大夫家族所向慕的,一国的人都会向慕;一国的人所向慕的,天下人都会向慕,因此德教便会声势浩大、充溢于天下。"

【注释】

①巨室:卿大夫之家。

【评析】

孟子这里所说的"巨室",是指那些为国人们所敬重和仿效的卿大夫之家。在战国时代,各诸侯国的国政基本都已操纵于这些大家族的手中。所以,孟子认为,国君要想在国内推行"仁政""德教",离开了这些大家族的支持,那是很难行得通的,因此国君必须先做好他们的工作。

孟子曰:"天下有道,小德役①大德,小贤役大贤;天下无道,小役大,弱役强。斯二者,天也。顺天者存,逆天者亡。齐景公曰:'既不能令,又不受命,是绝物也。'涕出而女于吴②。今也小国师大国而耻受命焉,是犹弟子而耻受命于先师也。如耻之,莫若师文王。师文王,大国五年,小国七年,必为政于天下矣。《诗》云:'商之孙子,其丽不亿。上帝既命,侯于周服。侯服于周,天命靡常。殷士肤敏,祼将于京③。'孔子曰:'仁不可为众也④。夫国君好仁,天下无敌。'今也欲无敌于天下而不以仁,是犹执热而不以濯也。《诗》云:'谁能执热,逝不以濯⑤?'"

【今译】

孟子说:"政治清明时,道德平庸的人被道德高尚的人役使,不太贤能的人被十分贤能的人役使；政治黑暗时，小的被大的役使，弱的被强的役使。这两种情况，都是天意。顺从天意就能生存，违背天意就要灭亡。齐景公说过：'既不能命令别人，又不愿接受别人的命令，这是绝路一条。'他只得流着泪把女儿嫁到吴国。现在小国效法大国，却又耻于听命于大国，这好比学生耻于听命于老师。如果真以为耻，不如效法周文王。效法周文王，大国只消五年，小国只消七年，就一定可以统治整个天下了。《诗经》中说：'商朝的子孙，人数何止十万，上帝既已授命于文王，他们只能臣服于周朝。他们臣服于周朝，可见天意没有一定。殷朝臣子漂亮聪敏，将去周朝镐京助祭。'孔子说：'仁德不是以人数多少来衡量的。国君如果爱好仁德，便无敌于天下。'现在有些人一心想无敌于天下却又不施仁政，就好比手拿了烫东西又不用冷水冲洗。《诗经》中说：'谁能手拿了烫东西，不用冷水来冲洗？'"

【注释】

①役：役于、被役，下同。　②《吴越春秋·阖闾内传》载吴王阖闾要攻打齐国，齐景公只得将女儿作为人质出嫁给吴国。女：嫁。　③《诗》：指《大雅·文王》。丽：数。亿：当时以十万为亿。肤敏：美丽而敏捷。祼：灌，一种祭祀的仪式。　④仁不可为众也：意为仁不是根据人数的多少来衡量的。　⑤《诗》：指《大雅·桑柔》。

【评析】

孟子认为，当天下政治清明的时候，一切都是按着常规来行事的，即道德好的役使道德差的，贤明的役使不贤明的。而当天下政治黑暗的时候，那就纯粹以势力的大小和力量的强弱来办事了。这些都可以说是天意使然，因此是不能违背的。但是，孟子要说的是，天意也不是不能改变的。如弱小的周国却能战胜强大的殷朝，这就说明只要国君能够施行仁政、修饰德教的话，那么，"天命"是可以转移的。

孟子曰："不仁者可与言哉？安其危而利其菑①，乐其所以亡者。不仁而可与言，则何亡国败家之有？有孺子歌曰：'沧浪②之水清兮，可以濯我缨；沧浪之水浊兮，可以濯我足。'孔子曰：'小子听之！清斯濯缨；浊斯濯足矣，自取之也。'夫人必自侮，然后人侮之；家必自毁，而后人毁之；国必自伐，而后人伐之。《太甲》曰：'天作孽，犹可违；自作孽，不可活③。'此之谓也。"

【今译】
　　孟子说："不仁的人难道可用言词来说服吗？他们视危险为安全，视灾祸为得利，视自取灭亡之道为快乐。不仁的人如果可用言词说服，那还会有亡国败家的事吗？有个童谣这么唱道：'沧浪之水清，可洗我帽缨；沧浪之水浊，可洗我双脚。'孔子说：'后生们听呀！水清洗帽缨，水浊洗双脚。这都是由水本身决定的。'（所以）人一定是先自辱了，然后别人才敢侮辱他；家一定是先自毁了，然后别人才会来毁坏它；国一定是先自征伐了，然后别人才来征伐它。《尚书·太甲》中说'天降祸害，还可以躲避；自己作孽，逃也没法逃。'说的正是这个意思。"

【注释】
①孽：灾难。　②沧浪：青苍的水色。　③见《公孙丑上》第四章注。

【评析】
在孟子看来，个人、家、国的祸福、荣辱、兴衰这一切，主要都是由自身因素所决定的，外部因素也只是通过内因而发生一些作用。而自身因素中，最根本的便是"仁"与"不仁"之间的区分了。所以孟子认为，一个不仁的人，那是不足以与他谈什么的。

　　孟子曰："桀纣之失天下也，失其民也；失其民者，失其心也。得天下有道：得其民，斯得天下矣。得其民有道：得其心，斯得民矣。得其心有道：所欲与之聚之，所恶勿施，尔①也。民之归仁也,犹水之就下、兽之走圹也。故为渊驱鱼者,獭也;为丛驱爵②者,鹯③也;为汤武驱民者,桀与纣也。今天下之君有好仁者,则诸侯皆为之驱矣。虽欲无王,不可得也。今之欲王者,犹七年之病求三年之艾④也。苟为不畜,终身不得。苟不志于仁,终身忧辱,以陷于死亡。《诗》云:'其何能淑,载胥及溺⑤。'此之谓也。"

【今译】
　　孟子说:"夏桀、商纣丧失天下,是由于失去了百姓拥护;而失去百姓拥护,是由于失去了百姓的心。得到天下是有方法的:得到百姓的拥护,就能得到天下。得到百姓拥护是有方法的:得到百姓的心,就能得到百姓的拥护。得到百姓的心是有方法的:他们想要的就替他们积聚起来,他们讨厌的就不要强加给他们,如此而已。百姓归向仁政,就如水往低处流,兽往旷野跑。因此,为深渊赶来游鱼的是水獭,为森林赶来鸟雀的是鹯鹰,为商汤、周武赶来百姓的是夏桀和商纣。现在天下如有爱好仁德的国君,那其他诸侯都会替他把百姓赶到境内来。(这样的国君,)纵然不想称王天下,也是做不到的。现今那些想称王天下的人,好比患了七年的病要谋求三年的陈艾来医治一样,假如平时不蓄藏,那一辈子也得不到。如果无意于仁政,那就一辈子忧患和受辱,以至于死亡。《诗经》中说:'他们怎么能做得好,只是一起沉溺下去。'说的正是这种人。"

【注释】
①尔:如此。　②爵:同雀。　③鹯,鹯鹰一类的猛禽。　④艾:一种可用来治病的中草药,以干而久藏为好。　⑤《诗》指《大雅·桑柔》。淑:善。胥:相。

【评析】
此章论述国家的存亡与民众和民心的关系问题。孟子强调,民心的向背是国家兴亡的关键之所在,而要想得到民心,就必须与百姓忧乐与共,想百姓所想,恶百姓所恶。做到这一点的惟一的途径,还是在于能施行仁政。此外,孟子还指出了,要想得到民心,那不是一蹴而就、立时可得的,它有待于平时的不断积累、蓄存,就如同久病之人欲求放了多年的陈艾,如果平时没有蓄存,临时急着想要,那还是无济于事的。

孟子曰:"自暴①者,不可与有言也;自弃者,不可与有为也。言非礼义,谓之自暴也;吾身不能居仁由义,谓之自弃也。仁,人之安宅也;义,人之正路也。旷安宅而弗居,舍正路而不由,哀哉!"

【今译】

孟子说:"自己毁坏自己的人,不能与他讲什么善言;自己抛弃自己的人,不能与他有所作为。出言与礼义相背,叫作自己毁自己;自认不能心怀仁德、遵义而行,叫作自己抛弃自己。仁是人们最安适的住宅,义是人们最正确的道路。空着最安适的住宅不住,舍去最正确的道路不走,可悲啊!"

【注释】

①暴:害。

【评析】

此章名曰"居仁由义章",在《孟子》一书中颇为出名,宋明理学家对此章犹多讨论。按孟子人性本善的理论,"仁"和"义"都是一个人天生就具有的"善端"(见《公孙丑上》第六章)。而孟子所谓"大丈夫"应居的"广居"、应行的"大道"(见《滕文公下》第二章),也就是"仁"与"义"。所以,一个人如果不把这些"善端"充分发挥出来、不按"仁""义"去行事的话,那就是非常可悲的自暴自弃。朱熹在其《集注》中强调说:"道本固有,而人自绝之,是可哀也!此圣贤之深戒,学者所当猛省也。"

孟子曰:"道在迩而求诸远,事在易而求诸难。人人亲其亲,长其长,而天下平。"

【今译】

孟子说:"道在近处却往远处去求,事本简易却向难处去做。只要人人都亲爱自己的双亲,尊敬自己的长辈,那天下就太平了。"

【评析】

要行王道"仁政",孟子以为并不是一件非常困难的事情,也不必到很远的地方去寻求,就从身边的小事做起就可以了。只要人人都能做好身边的每一件小事,那么天下也就可以平治了。

孟子曰:"居下位而不获于上①,民不可得而治也。获于上有道,不信于友,弗获于上矣。信于友有道,事亲弗悦,弗信于友矣。悦亲有道,反身不诚,不悦于亲矣。诚身有道,不明乎善,不诚其身矣。是故诚者,天之道也;思诚者,人之道也。至诚而不动者,未之有也;不诚,未有能动者也。"

【今译】

孟子说:"处在下位而又不能得到上级信任,百姓就治理不好。取得上级信任是有方法的,不能取信于朋友,就得不到上级信任。取信于朋友是有方法的,事奉父母不能得到父母的欢心,就不能取信于朋友。得到父母的欢心是有方法的,反省自身心意不诚,就得不到父母的欢心。使自身真诚是有方法的,不明白什么是善,自身就不能真诚。所以,诚是自然的法则;追求诚,是做人的法则。做到了至诚而不被感动,是从没有过的事;如果不诚,也从不能感动人。"

【注释】

①获于上:得到上级的信任。

【评析】

本章的核心概念是"诚",它也可说是儒家的核心概念之一。儒家所谓的"诚",一般就是指"真实无妄"。儒家的"诚",是从人的道德实践中抽象概括出来的,其实质所指的是道德实践的高度自觉的品质或心理状态。孟子这里所论的"诚",是指真诚地去内省人的仁、义、礼、智等先天所具有的善性,而当"诚"达到极致的境界,那就可以感动一切。

本章从"居下位"至"不诚其身矣",与《中庸》第二十章中的一段文字几乎完全相同。据说《中庸》为子思所作,因此孟子与子思的思想关联十分密切,历史上也有"思孟学派"之称。但学术界一般认为,《中庸》是战国晚期甚至汉初的作品,所以《孟子》与《中庸》孰先孰后的问题,学者们历来意见不一,这一问题比较复杂,这里就不纠缠了。

仅就一般而言,在先秦儒家思想的发展过程中,"诚"的概念经过了一个逐步发展、完善的过程。我们知道,孔子并未直接言"诚",而只是通过言"仁"来透显"诚"的意蕴。孟子开始言"诚",本章即是一例,此外还有如《尽心上》中说的"万物皆备于我,反身而诚,乐莫大焉"等。以后的《荀子》《大学》《中庸》无不言"诚",而以《中庸》为最。《中庸》从二十章到二十六章集中论"诚",其重要者如:"诚者,天之道也;诚之者,人之道也""诚者,物之终始,不诚无物""唯天下至诚为能经纶天下之大经,立天下之大本,知天地之化育""自诚明,谓之性;自明诚,谓之教。诚则明矣,明则诚矣。唯天下至诚为能尽其性。能尽其性,则能尽人之性;能尽人之性,则能尽物之性;能尽物之性,则可以赞天地之化育;可以赞天地之化育,则可以与天地参矣""诚则形,形则著,著则明,明则动,动则变,变则化。惟天下至诚为能化"等。《中庸》之"诚",

成为一个统贯天人的概念,它既是宇宙的本体,也是人性的本体,体现了先秦儒家"天人合一"的思维模式。

孟子曰:"伯夷辟纣,居北海之滨①,闻文王作,兴②曰:'盍归乎来③!吾闻西伯④善养老者。'太公辟纣,居东海之滨⑤,闻文王作,兴曰:'盍归乎来!吾闻西伯善养老者。'二老者,天下之大老也,而归之,是天下之父归之也。天下之父归之,其子焉往?诸侯有行文王之政者,七年之内,必为政于天下矣。"

【今译】

孟子说:"伯夷躲避商纣,居住在北海边上,听说文王兴盛起来了,振奋地说:'何不去归属!我听说西伯是善于奉养老人的。'太公姜尚躲避商纣,居住在东海边上,听说文王兴盛起来了,振奋地说:'何不去归属!我听说西伯是善于奉养老人的。'这两位老人,是天下德高望重的老人,他们去归属文王,这等于天下做父亲的归属了文王。天下的父亲都归属了,他们的儿子还会去哪里呢?诸侯中如有实行文王之政的,七年之内,就一定能统一天下了。"

【注释】

①北海之滨:黄河从右碣石入海处。 ②兴:"起""兴奋"的意思。 ③盍归乎来:来是语助词。 ④西伯:后来的周文王。 ⑤东海之滨:指海曲县,治所在今山东日照。

【评析】

此章说的也是人心的向背问题。孟子认为,养老尊贤本是"仁政"的要务之一,周文王做到了这一点,所以就能人心所向,最终拥有了天下。

孟子曰："求也为季氏宰①，无能改于其德，而赋粟②倍他日。孔子曰：'求非我徒也，小子鸣鼓而攻之可也！'由此观之，君不行仁政而富之，皆弃孔子者也，况于为之强战！争地以战，杀人盈野；争城以战，杀人盈城；此所谓率土地而食人肉，罪不容于死。故善战者服上刑③，连诸侯④者次之，辟草莱、任土地⑤者次之。"

【今译】

孟子说："冉求做季康子的家臣，没有能力改变季氏的德行，却把田赋增加了一倍。孔子说：'冉求已不是我的门徒，弟子们可以大张旗鼓地去攻击他！'从这件事看来，国君不行仁政而帮他搜刮财富的人，都是被孔子所唾弃的；何况那些为君主们努力争战的人呢！为争夺土地而战，杀死的人遍野；为争夺城池而战，杀死的人满城；这就是所谓的为了土地而吃人肉，其罪之大，处死刑还嫌不足。所以，好战的人该受最重的刑罚，唆使诸侯"合纵连横"的人该受次一等的刑罚，迫使百姓开垦荒地、乱分田地而增加赋税的人该受更次一等的刑罚。"

【注释】

①求：孔子弟子冉求，字子有。季氏：季康子，鲁国贵族。　②赋粟：征收粟米。　③上刑：重刑。　④连诸侯：联结诸侯，即当时所谓的"合纵连横"。　⑤辟草莱：开垦荒地。任土地，把土地私分而征赋税。

【评析】

此章是孟子对时政的批评。孟子对当时诸侯国之间战争不断非常痛恨，所以认为那些好战者应当受到重罚；而对当时的纵横家们唆使诸侯"合纵连横"进行战争，孟子也很不满，认为其罪行仅次于那些好战者；至于那些主张废井田、开阡陌，实行土地私有的法家的政治改革，孟子也以为是变乱了旧制，是不好的行为，所以也应受到处罚。

孟子曰:"存乎人者,莫良于眸子。眸子不能掩其恶。胸中正,则眸子了①焉;胸中不正,则眸子眊②焉。听其言也,观其眸子,人焉廋③哉?"

【今译】
　　孟子说:"观察人,没有比观察人的眼睛更好了。眼睛不能掩盖人内心的丑恶。一个人心胸正,眼睛就明亮;心胸不正,眼睛就昏暗。听一个人讲话,观察他的眼睛,这人内心的善恶又怎能隐藏得了呢?"

【注释】
①了:明。　②眊:昏花。　③廋:藏匿。

【评析】
俗谚云:眼睛是心灵的窗户。内心正直,眼神自然坦荡明亮。孟子把观察一个人的眼睛作为相人善恶的一种方法,应该说还是有一定道理的。但是否绝对如此,那就很难说了。

孟子曰:"恭者不侮人,俭者不夺人,侮夺人之君,惟恐不顺焉,恶得为恭俭? 恭俭岂可以声音笑貌为哉?"

【今译】
　　孟子说:"恭敬的人不会侮辱别人,俭朴的人不会掠夺别人。那些侮辱、掠夺别人的君主,只怕别人不顺从,又怎能做得到恭敬和俭朴呢? 恭敬和俭朴难道可凭悦耳的声音和讨好的笑脸做得出来的吗?"

【评析】
孟子认为,恭敬和俭朴这两种美德是表现在具体事情上的。而当时的那些诸侯们,说得好听,强装笑脸,实质干的却是些欺侮人、掠夺人的勾当,他们又怎么能称得上是恭敬和俭朴呢?

淳于髡①曰:"男女授受不亲,礼与?"

孟子曰:"礼也。"

曰:"嫂溺,则援之以手乎?"

曰:"嫂溺不援,是豺狼也。男女授受不亲,礼也;嫂溺,援之以手者,权②也。"

曰:"今天下溺矣,夫子不援,何也?"

曰:"天下溺,援之以道;嫂溺,援之以手。子欲手援天下乎?"

【今译】

淳于髡问:"男女间不亲手递接东西,是礼制吗?"

孟子说:"是礼制。"

淳于髡又问:"要是嫂嫂掉入水中,是不是用手去援救她呢?"

孟子说:"嫂嫂掉入水中不去援救,这是豺狼。男女间不亲手递接东西,是礼制;嫂嫂掉入水中,用手去援救,是变通。"

淳于髡说:"现在天下人都掉入了水中,可先生却不去援救,这是为什么?"

孟子说:"天下人掉入水中,要用道去援救;嫂嫂掉入水中,要用手去援救。难道你想用手去援救天下人吗?"

【注释】

①淳于髡:齐国人,为人滑稽善辩,先后在齐威王、齐宣王朝任职,事迹散见于《战国策》《史记》等典籍。　②权:变通。

【评析】

淳于髡是齐国出名的辩士,当时也在齐国的"稷下学宫"。他身"长不满七尺",生性"滑稽多辩",所以《史记》把他列入《滑稽列传》。司马迁还说他"博闻强记,学无所主。其谏说,慕晏婴之为人也,然而承意观色为务"(《史记·孟子荀卿列传》)。善于"承意观色"的淳于髡,显然对孟子坚持自己政治原则的做法不满,所以存心要给孟子出难题,于是就有了本章记录的对话。淳于髡不愧是个辩士,一上来就用一个两难的话题想扣住孟子。针对淳于髡的伦理难题,孟子答以守原则与行变通之间的常理。淳于髡实际想要的也是这样的回答,所以话锋一转,点出主题,即现在天下正有急难,你就不应该死抱原则而不求变通。孟子的回答十分巧妙,首先分清伦理问题与政治问题的界限,指出对这两者援救的方法途径不同,前者以"手",后者只能以"道"。然后顺着淳于髡转换话题的做法,反唇相讥,反问他难道"欲手援天下",把难题扔给了对方,因为"援天下"只能以"道"而不能以"手",这也是常识。至于"援天下"的"道"是什么"道"呢?孟子这里虽然没有明说,但根据孟子的一贯主张却是很清楚的,那就是"先王之道""仁政"之"道"。

孟子本章所论述的"经"与"权"关系的思想,在儒学中具有重要的意义。儒家主张"反经行权",即认为,在一般情况下应该坚持原则,这就是"反经"。但不排斥在特殊情况下、在条件允许的范围内,对原则做出适当的调整或变通,这就是"行权"。儒家的"经权之辨",是中国式智慧的一种具体表现,它既有助于我们避免绝对主义,也有助于我们避免相对主义。

公孙丑曰:"君子之不教子,何也?"

孟子曰:"势不行也。教者必以正;以正不行,继之以怒;继之以怒,则反夷①矣。'夫子教我以正,夫子未出于正也。'则是父子相夷也。父子相夷,则恶矣。古者易子而教之,父子之间不责善。责善则离,离则不祥莫大焉。"

【今译】

公孙丑问:"君子不亲自教育儿子,为什么呢?"

孟子答道:"因为情势上行不通。执教者一定要用正道来教育,用正道而无效,随之而来的是被激怒;执教者被激怒,就反而伤了感情。(儿子会这么说:)'您以正道来教育我,自己却不按正道来做。'那父子就相互伤了感情。父子相互伤感情,那就很不好了。古时候人们交换儿子来进行教育,父子之间不以正道来责求对方。以正道责求对方,彼此就会产生隔膜,没有比隔膜更不好的事了。"

【注释】
①夷:伤害。

【评析】
此章讲中国古人的一种颇为通行的教育观点——"易子而教"。古人一般不主张亲自教育自己的儿子,为的是尽可能避免教育中可能产生的一些副作用,这也是所谓"回避"的一种。朱熹在其《集注》中曾说道:"易子而教,所以全父子之恩,而亦不失其为教。"因此,朱熹把自己的儿子就交给了当时另一个大儒吕祖谦去教育,这大概也是朱熹在实践这种教育观吧?

孟子曰:"事,孰为大?事亲为大。守,孰为大?守身为大。不失其身而能事其亲者,吾闻之矣,失其身而能事其亲者,吾未之闻也。孰不为事?事亲,事之本也。孰不为守?守身,守之本也。曾子养曾晳①,必有酒肉;将彻,必请所与;问有余,必曰有。曾晳死,曾元②养曾子,必有酒肉;将彻,不请所与;问有余,曰亡矣,将以复进也。此所谓养口体者也。若曾子,则可谓养志也。事亲若曾子者可也。"

【今译】
孟子说:"事奉,谁最为重要?事奉父母最为重要。守护,什么最为重要?守护自身的操守最为重要。不使自身陷于不义而又能事奉父母的人,我听说过;自身已陷于不义却又能事奉父母的人,我没听说过。什么长上不应事奉?但事奉父母是最根本的。什么正义不应守护?但守护自身的操守是最根本的。曾子奉养他父亲曾晳,每餐一定有酒肉;将要撤除时,一定要请示余下的给谁;曾晳如问还有没有剩余,一定回答说有。曾晳死后,曾元奉养曾子,每餐也一定有酒肉;将要撤除时,便不请示余下的给谁了;曾子如问还有没有剩余,回答说没了。为的是将剩余的用于下次。这叫作奉养父母的口和体。像曾子,可以说是顺从父母意愿之养。事奉父母能做到像曾子那样,就算可以了。"

【注释】
①曾晳:名点,孔子学生,曾参(即曾子)之父。　②曾元:曾参之子。

【评析】
此章言孝道。孟子从"事亲"及"守身"两个方面论述了孝道。现代人或许会问:为什么说"守身"也属于孝道的内容呢?按儒家的观点来解释,"事亲"与"守身"两者本来就是密切关联的,如《孝经·开宗明义章》中说得很明白:"身体发肤,受之父母,不敢毁伤,孝之始也。立身行道,扬名于后世,以显父母,孝之终也。夫孝,始于事亲,中于事君,终于立身。"也就是说,如果一个人由于自己不能谨守节操,陷于了不义之中,那就会使父母因自己的不善而受累乃至受辱,这就是极大的不孝了。此外,孟子还强调,事奉父母不能仅仅满足于"口体"之养,更关键的还在于要顺从父母的意愿——"养志"。这与孔子的思想是完全一致的,孔子说过:"今之孝者,是谓能养。至于犬马,皆能有养。不敬,何以别乎!"(《论语·为政》)

孟子曰:"人不足与适也①,政不足间②也,惟大人为能格君心之非。君仁莫不仁,君义莫不义,君正莫不正。一正君而国定矣。"

【今译】

　　孟子说:"那些当权的小人不值得去指责,他们的政事也不值得去非议;只有大德的人才能纠正国君思想上的错误。国君仁,便没有人不仁;国君义,便没有人不义;国君正,便没有人不正。一旦端正了国君,国家便安定了。"

【注释】

①人:赵岐注为在位之"小人"。适:繁体字作"適",通"谪",即批评、指责之意。 ②间:非议。

【评析】

此章言治道。孟子认为,天下治乱,与统治者的德行联系在一起,尤其与作为最高统治者的国君关系最为密切,因此"格君心之非"就成为非常重要的事情。只要最高统治者本身行为端正了,一个国家也就能够治理好了。所以儒家历来都强调要"正君心",认为正君心就可以正百官,而正百官则可以正万民,由此天下也就得到了治理。

　　孟子曰:"有不虞①之誉,有求全之毁。"

【今译】

　　孟子说:"有出乎意料的赞誉,也有苛求完美的诋毁。"

【注释】

①虞:预料。

【评析】

　　孟子认为,称赞与指责有时不一定都符合事实,所以无论对己对人都不能纯以别人的评价来看待。朱熹解释此章时说的好:"毁誉之言,未必皆实。修己者不可以是遽为忧喜,观人者不可以是轻为进退。"

孟子曰:"人之易其言也,无责耳矣。"

【今译】

孟子说:"人们之所以轻易发表言论,是由于没有责任心的缘故。"

【评析】

儒家认为,一个人应"讷于言而敏于行",这也是一种个人的品德修养,孔子曾多次就此告诫他的学生。对本章中的"责"字,赵岐和朱熹都注为责任的意思。但也有学者认为当作"责备"解,"无责耳矣"即不值得去责备、批评,亦可通。

孟子曰:"人之患,在好为人师。"

【今译】

孟子说:"人们的毛病,在于喜欢充当别人的老师。"

【评析】

孟子这是批评那些缺乏自知之明和骄傲狂妄的人。本章与上面两章联系起来看,它们都关涉个人修养的问题,似乎是作者有意这么安排的。

乐正子从于子敖①之齐。

乐正子见孟子。孟子曰:"子亦来见我乎?"

曰:"先生何为出此言也?"

曰:"子来几日矣?"

曰:"昔者。"

曰:"昔者,则我出此言也,不亦宜乎?"

曰:"舍馆②未定。"

曰:"子闻之也,舍馆定,然后求见长者乎?"

曰:"克有罪。"

【今译】

乐正子随王驩来到了齐国。

乐正子去见孟子。孟子说:"你也来见我吗?"

乐正子说:"老师为什么讲这样的话呢?"

孟子说:"你来了几天了?"

乐正子说:"前些日子。"

孟子说:"前些日子,那我说这话,不也合适吗?"

乐正子说:"因为客馆还没确定。"

孟子说:"你听说过,要等客馆定下了,然后才去求见长辈吗?"

乐正子说:"我错了。"

【注释】

①子敖:即王驩(见《公孙丑下》第六章)的字,当时他已为齐国的右师。
②舍馆:客舍。

【评析】

乐正子是孟子的弟子,王驩出使鲁国后回国,乐正子跟他一起来齐国。这时孟子正在齐国,所以乐正子去谒见孟子。孟子批评他没有履行尊师之道,因为乐正子不是一到齐国就去看望老师。但这恐怕只是孟子说话的一个由头,孟子主要是因为他随王驩而至齐,没有什么大事,只是一些吃吃喝喝之事。另外,孟子对王驩这个齐王的宠臣,一向很看不起,这在《孟子》书中多有提及。

孟子谓乐正子曰:"子之从于子敖来,徒餔啜①也。我不意子学古之道而以餔啜也。"

【今译】

孟子对乐正子说:"你这次跟随王驩来,只不过是为了吃喝。我没想到你学了古人的道理却用来谋取吃喝。"

【注释】
①铺啜：饮食。

【评析】
此章接上章而来，也是孟子之所以严厉批评乐正子的真正原因所在。

孟子曰："不孝有三①，无后为大。舜不告而娶，为无后也，君子以为犹告也。"

【今译】
孟子说："对父母不孝的事有三件，其中以没有后代为最大。舜不先禀告父母而娶妻，为的是担心没有后代，所以君子认为这如同禀告了父母一样。"

【注释】
①不孝有三："阿意曲从，陷亲不义，一不孝也；家贫亲老，不为禄仕，二不孝也；不娶无子，绝先祖祀，三不孝也。"

【评析】
据说舜取尧的二女为妻时，没有事先禀告父母。因为如果先禀告了父母，就有可能娶不成妻子，这样就有可能"无后"，成为最大的"不孝"了，所以他没有先禀告父母就娶了尧的女儿。在孟子看来，舜的做法可以理解，这也属于一种"经""权"之间的变通办法。

孟子曰："仁之实，事亲是也；义之实，从兄是也；智之实，知斯二者弗去是也；礼之实，节文斯二者是也；乐之实，乐斯二者，乐则生矣，生则恶可已也。恶可已，则不知足之蹈之,手之舞之。"

【今译】
　　孟子说:"仁的实质,就是事奉父母;义的实质,就是顺从兄长;智的实质,就是明白这两者的道理而执着地坚持;礼的实质,就是调节、修饰这两者;乐的实质,就是从这两者中得到快乐,快乐由此而生,快乐一产生就不可遏止了。快乐不可遏止,就会情不自禁地手舞足蹈起来。"

【评析】
此章言仁、义、礼、智、乐,这些都属于儒家思想中的核心德目。孟子认为,在仁、义、礼、智、乐中,以仁和义二目为最重要,而仁、义的实质就是孝顺父母、顺从兄长。至于其余三者,是围绕着仁、义而展开的。

　　孟子曰:"天下大悦而将归己,视天下悦而归己,犹草芥也,惟舜为然。不得乎亲,不可以为人;不顺乎亲,不可以为子。舜尽事亲之道而瞽瞍①厎豫②,瞽瞍厎豫而天下化;瞽瞍厎豫而天下之为父子者定,此之谓大孝。"

【今译】
　　孟子说:"天下的人都十分高兴,并将要归附于自己;把天下的人悦服并归附自己,看得像草芥一样的,只有舜是如此的。不能得到父母的欢心,不可以做人;不能顺从父母的心愿,便不成其为儿子。舜尽了事奉父母之道而使瞽瞍高兴起来。瞽瞍高兴了,天下人都受到了感化;瞽瞍高兴了,天下的父子伦常也由此确定,这就叫作大孝。"

【注释】
①瞽瞍:舜的父亲,性情顽固,曾多次想谋杀舜,参见《万章上》第二、四章。②厎豫:厎,致;豫,乐。

【评析】

　　此章进一步阐述了儒家的孝道,孟子强调了孝道的关键还在于使父母的心情愉悦。

离 娄 下

【解题】

本篇下篇凡三十三章,以孟子的语录为主,此外有一些是孟子在齐国的谈话,及与学生或其他人的对话。其内容涉及面比较广泛,包括了孟子论圣贤品格、论治国之道、论君臣关系、论人性本质、论品德修养、论行事原则、论儒家道统、论历史等。

孟子曰:"舜生于诸冯,迁于负夏,卒于鸣条①,东夷之人也。文王生于岐周,卒于毕郢②,西夷之人也。地之相去也千有余里,世之相后也千有余岁。得志行乎中国,若合符节③,先圣后圣,其揆④一也。"

【今译】

孟子说:"舜出生在诸冯,迁居到负夏,去世于鸣条,是东方边地的人。文王出生在岐周,去世于毕郢,是西方边地的人。两地相距一千多里,时代相隔一千多年。他们的意愿得以实现并在中土施行,简直一模一样,(说明无论)在先的圣人还是在后的圣人,他们的准则是一样的。"

【注释】

①诸冯、负夏、鸣条:都是地名,今已难以确指为何地,依孟子之言当在东方。　②岐周:指岐山下周的旧邑,在今陕西岐山县东北。毕郢:相传是文王去世之地,在今陕西咸阳市东。　③符节:符、节是古代表示

印信之物,原料有玉、铜、角、竹等,形状有龙、虎、人之别,随用途而异,一般是剖为两半,各执其一,相合无间,以代印信。　④揆:准则。

【评析】

此章是说,"圣人"虽有地域、时代的不同,但他们所作所为的准则却是没有什么差别的,这也就是"圣人"之所以为"圣人"的原因所在。

子产①听郑国之政,以其乘舆济人于溱、洧②。孟子曰:"惠而不知为政。岁十一月徒杠③成,十二月舆梁④成,民未病涉也。君子平其政,行辟人⑤可也,焉得人人而济之?故为政者,每人而悦之,日亦不足矣。"

【今译】

子产在郑国当政,用自己所乘的车子在溱水、洧水边帮助人们渡河。孟子说:"这只是恩惠,却不懂得治理政事。要是十一月修成走人的小桥,十二月修成行车的大桥,百姓便不会再为渡河发愁了。做官的如果治理好政事,哪怕外出时让行人回避也可以,怎能去一个个地帮行人渡河呢?所以,治理政事的人,要使每个人都满意,连时间也不够了。"

【注释】

①子产:公孙侨的字,春秋时郑国的贤相,颇得孔子称许。　②溱、洧:郑国二水名。　③徒杠:供徒步人过河的独木桥。　④舆梁:可通马车的大桥。　⑤行辟人:辟同"避",行辟人是说叫行人回避。

【评析】

郑国贤相子产以"惠民"闻名,孔子曾多有赞许,如"子谓子产……其养民也惠"(《论语·公冶长》),"或问子产。子曰:'惠人也'"(《论语·宪问》)。孟子同意以"惠"来评价子产,但又认为他不知如何治国。或许孟子有"求全之毁"的嫌疑,但从另一个角度而言,孟子有他的道理。因为在他看来,作为一个当政者,就不能光着眼于对民众施一些具体的小恩小惠,而更应重视能解决民众根本困难的大恩惠。子产以自己的车子助他人渡河固然是件好事,但如他能让有关部门及时修成桥梁,那不就从根本上解决了民众渡河难的问题了吗?所以,古人有曰:"治世以大德,不以小惠。"

孟子告齐宣王曰:"君之视臣如手足,则臣视君如腹心;君之视臣如犬马,则臣视君如国人;君之视臣如土芥,则臣视君如寇仇。"

王曰:"礼,为旧君有服①,何如斯可为服矣?"

曰:"谏行言听,膏泽下于民;有故而去,则君使人导之出疆,又先于其所往②;去三年不反,然后收其田里。此之谓'三有礼'焉。如此,则为之服矣。今也为臣,谏则不行,言则不听;膏泽不下于民;有故而去,则君搏执之,又极③之于其所往;去之日,遂收其田里。此之谓寇仇。寇仇,何服之有?"

【今译】

　　孟子告诉齐宣王说:"君主把臣下看得如同手足,臣下就会把君主看得如同腹心;君主把臣下看得如同狗马,臣下就会把君主看得如同常人;君主把臣下看得如同泥土、草芥,臣下就会把君主看得如同强盗、仇敌。"

　　宣王说:"礼制规定,臣下要为以前事奉过的君主服丧,在什么情况下臣下才为君主服丧呢?"

　　孟子说:"如果劝谏被接纳,建议被听从,恩惠下到百姓身上;因故离国时,君主派人护送他出境,且事先派人到他所要去的地方布置妥善;离国三年还没回来,然后才收回他的禄田、房屋。这就叫'三有礼'。君主能做到这样,臣下就会为他服丧。现在做臣下的,劝谏不被接纳,建议不被听从;恩惠不到百姓身上;因故离国时,君主就逮捕他,且事先派人到他所要去的地方制造种种困难;人一离开,便没收他的禄田、房屋。这便叫作强盗、仇敌。对强盗、仇敌,还有什么孝可服呢?"

【注释】
①旧君:过去曾事奉过的君主。服:服丧。 ②先于其所往:先派人去他所要去的地方。 ③极:穷困,使动用法。

【评析】
本章是孟子与齐宣王的对话。孟子在君臣关系上又说了重话,令齐宣王很不舒服,所以故意提出臣下为君上服丧这个问题来难孟子。孟子答以"三有礼",并不点名地批评了当时君上对臣下的基本态度。

在君臣关系上,儒家并不如法家那样主张绝对服从,而是强调有条件的服从。孔子说过:"君使臣以礼,臣事君以忠。"(《论语·八佾》)君在使用臣的时候要符合规则,要合"礼"。也就是说君要有君的样子,要"正",要待臣以"礼"。但在孔子那里,君臣关系的主次性还是很明确的。孟子则比孔子更进了一步,君臣之间的对等性似乎更强了。

孟子曰:"无罪而杀士,则大夫可以去;无罪而戮民,则士可以徙。"

【今译】
　　孟子说:"没有罪而杀害士人,做大夫的就可以离去;没有罪而杀戮百姓,做士人的就可以迁往别处。"

【评析】
此章与上一章可联系起来看。孟子的意思是,当君上无道、残杀无辜之时,可以离开这个国君甚至这个国家。这一方面是表示抗议,另一方面也是自我保护,不必做无畏牺牲。这也与孔子所谓"无道则隐"(《论语·泰伯》)的思想是相一致的。

孟子曰:"君仁,莫不仁;君义,莫不义。"

【今译】

孟子说:"国君仁,便没有人不仁;国君义,便没有人不义。"

【评析】

此章在《离娄上》第二十章中已出现过。但有学者以为两者略有区分,朱熹《集注》引张氏曰:"此章重出,然上篇主言人臣当以正君为急,此章直戒人君,义亦小异耳。"

孟子曰:"非礼之礼,非义之义,大人弗为。"

【今译】

孟子说:"似是而非的礼,似是而非的义,有大德的君子是不干的。"

【评析】

此章指出,有些"礼""义"似是而非,是冒牌货,应当有所鉴别。

孟子曰:"中也养不中①,才也养不才,故人乐有贤父兄也。如中也弃不中,才也弃不才,则贤不肖之相去,其间不能以寸②。"

【今译】

孟子说:"有道德的人能教育熏陶道德不高的人,有才智的人能教育熏陶才智低下的人,所以人们乐于家中有贤能的父兄。要是有道德的人嫌弃道德不高的人,有才智的人嫌弃才智低下的人,那么,贤与不贤这两种人之间的距离近得不能用寸来衡量了。"

【注释】
①中:无过无不及,这里喻有德行。养:是指涵育熏陶。　②不能以寸:不能以寸来量,喻十分接近。

【评析】
贤能的人应该帮助不如自己的人,否则他也就称不上贤能了。

孟子曰:"人有不为也,而后可以有为。"

【今译】
　　孟子说:"人要有所不为,然后才能有所作为。"

【评析】
此章所论有点类似老子的"无为而无为"辩证思想。确实,一个人不能什么都干。辩证法告诉我们:什么都是,就什么都不是。所以,什么都干,可能就是什么都干不成。

孟子曰:"言人之不善,当如后患何?"

【今译】
　　孟子说:"谈论别人的不好,因此而引起后患又该怎么办呢?"

【评析】
此章所论似有针对性,但我们已无法知晓孟子在什么场合,因何事,对何人而说这番话的。就孟子一贯的言论而言,他倒是经常"言人之不善"的。

孟子曰:"仲尼不为已甚者。"

【今译】

　　孟子说:"孔子不做过分的事。"

【评析】

此章借孔子的行事准则,来说明处理事情应恰如其分。

　　孟子曰:"大人者,言不必信,行不必果,惟义所在。"

【今译】

　　孟子说:"有道德的君子,说话不拘泥于句句信守,行为不拘泥于件件贯彻到底,只依据义之所在而言、行。"

【评析】

"言必信,行必果",被孔子列为最次一等的"士"的做人原则,属于"硁硁然小人"(见《论语·子路》),但作为一般的做人原则也还是可以的。孟子此章是进一步发挥了孔子的思想,即认为一个人的言行如果仅仅拘泥于"言必信,行必果"的话,就有可能违背"义"这个更大的原则,所以有德之人的言行是以"义"之所在为原则的。

　　孟子曰:"大人者,不失其赤子之心者也。"

【今译】

　　孟子说:"所谓有德行的人,就是不丧失婴儿般纯朴之心的人。"

【评析】

此章有另一解:把"大人"解为"国君","不失其赤子之心"解为"视民当如赤子,不失其民心"(见赵岐注)。此解似较牵强,故不取。

　　孟子曰:"养生者不足以当大事,惟送死可以当大事。"

【今译】

孟子说:"奉养父母不能算作是大事,只有给他们办好丧事才可以算作是大事。"

【评析】

在礼制中,儒家最重视的是丧礼。孟子此章所言,阐述了这一思想。

孟子曰:"君子深造之以道,欲其自得之也。自得之,则居之安;居之安,则资^①之深;资之深,则取之左右逢其原。故君子欲其自得之也。"

【今译】

孟子说:"君子以道来深造自己,目的是要使自己把握道。自己把握了道,就能处于道而不动摇;处于道而不动摇,就能积蓄深广;积蓄深广,就能取之不尽,左右逢源。所以,君子要使自己把握道。"

【注释】

①资:积蓄的意思。

【评析】

孟子此章所言,既阐述了一个人应该如何修养,也可认为与一个人如何做学问的方法有关。所谓"深造""自得",强调的是要对最本质的东西的把握,要有自己独特的心得体会。

孟子曰:"博学而详说之,将以反说约也。"

【今译】

孟子说:"广博地学习,详尽地阐述,目的是要回到简约地阐述。"

【评析】

此章是讲"博"与"约"的关系。博学详述的目的在于能加深理解,当达到融会贯通后,就可进入更高的境界——简约,即直接抓住问题的要点。

孟子曰:"以善服人者,未有能服人者也;以善养人,然后能服天下。天下不心服而王者,未之有也。"

【今译】

孟子说:"拿自己的善去折服别人,没有能够使人折服的;拿自己的善去影响教育别人,这才能叫天下人心服。天下人不心服而能统一天下的,还从未有过。"

【评析】

孟子讲"保民而王",称王天下的关键就在于能得"民心"。而如何能得"民心"呢?这就是本章所强调的——使天下人"心服"。

孟子曰:"言无实不祥。不祥之实,蔽贤者当之。"

【今译】

孟子说:"言谈不合实际是不好的。这种不好的结果,应由阻碍进用贤者的人承担。"

【评析】

朱熹《集注》认为,此章或有阙文,所以在理解上有不同。"言无实"既可解为"不合实际",也可解为"无实际内容"。本书是根据逻辑推论而译,"蔽贤者"惟"不合实际"方能"蔽贤";若"无实际内容"未必能"蔽贤"。

徐子^①曰:"仲尼亟称于水曰:'水哉,水哉^②!'何取于水也?"

孟子曰:"源泉混混③,不舍昼夜,盈科④而后进,放乎四海。有本者如是,是之取尔。苟为无本,七八月之间雨集,沟浍皆盈;其涸也,可立而待也。故声闻过情⑤,君子耻之。"

【今译】

徐辟说:"孔子屡次赞美水,说:'水啊,水啊!'水有何可取的?"

孟子说:"从源头上流出的泉水滚滚奔流,不分白天黑夜,注满低洼后继续前进,一直流到大海。有本源的正像这样,孔子取得就是这一点。假如没有本源,就像七八月间雨水多时,沟沟洼洼水都满了,可它们的干涸,不一会儿就可等到。所以声誉超过了实际,君子引以为耻。"

【注释】

①徐子:孟轲弟子徐辟。 ②亟:屡次。这里所引孔子赞美水之语,不见于经传,惟《论语·子罕》中有:"子在川上,曰:'逝者如斯夫!不舍昼夜。'"据下文孟子语,疑或即指此语。 ③混混:滚滚。 ④盈科:注满坑洼。 ⑤声闻:名誉。过情:过分。

【评析】

孔子讲"逝者如斯夫!不舍昼夜",一般理解是孔子借河水的奔流不息,感叹时间之流逝、时不我待。孟子则做出了另一层意义的发掘,即有本源与无本源之间的不同,并以此来喻名声与实际,指出不符合实际的名声就如同无源之水,那是为君子所不齿的。

孟子曰:"人之所以异于禽兽者几希,庶民去之,君子存之。舜明于庶物,察于人伦,由仁义行,非行仁义也。"

【今译】

　　孟子说:"人所以不同于禽兽的地方就那么一点点,老百姓丢弃了它,君子保存了它。舜能明了万事万物的道理,能洞察做人之理,依从仁义行事,而不是(把仁义作为手段、工具)去推行仁义。"

【评析】

本章在《孟子》一书中也颇有名,尤其是前半段。在孟子看来,人与动物间的区别并不是很大的,人之所以为人就在于有"人性",而"人性"的主要标志就是人有道德意识,即有仁义之心。但人类社会还是有圣贤、常人、小人等区别,这就在于一个人保有还是丢弃了"人性"。所以,人应该自觉地依从仁义去行事,而不能带有功利目的地去推行仁义。孟子的这一思想,肯定了人类道德生活的可能性和重要性,揭示了人类与动物间的根本区别之所在,这在人类思想史上是有积极意义的,它对推动中国古代伦理学的发展也起到很大的作用。

　　孟子曰:"禹恶旨酒①而好善言。汤执中,立贤无方②。文王视民如伤,望道而③未之见。武王不泄④迩,不忘远。周公思兼三王,以施四事⑤;其有不合者,仰而思之,夜以继日;幸而得之,坐以待旦。"

【今译】

　　孟子说:"禹讨厌美酒,却喜欢有益的话。汤坚持中道,起用贤人没有常规。周文王看待百姓如同他们受了伤害(而加抚慰),已接近了道却仍像还没有看到一样(努力追求)。周武王不轻慢近臣,不遗忘远臣。周公想兼学夏、商、周三代的贤王,实践禹、汤、文、武事业;如有不合的地方,仰起头思索,不分白天黑夜;有幸想通了,便坐着等待天亮(好立即去实行)。"

【注释】

①旨酒:美酒。 ②方:常,一定。 ③而:朱熹注"而读为如","而""如"可通用。 ④泄:狎亵、轻慢。 ⑤三王:夏、商、周三代之王。四事:禹、汤、文、武所行之事。

【评析】

此章是赞美夏、商、周三代圣君的德行。按赵岐的观点,本章的重点在于强调周公能集前代圣君的大成。朱熹注引程颐的观点认为,这是孟子抽取各位圣君最突出的优点,并非说他们只有一个方面的优点。

孟子曰:"王者之迹①熄而《诗》亡,《诗》亡然后《春秋》作。晋之《乘》,楚之《梼杌》,鲁之《春秋》,一也②。其事则齐桓、晋文,其文则史。孔子曰:'其义则丘窃取之矣。'"

【今译】

孟子说:"王者采诗之举废止后,《诗》也就没有了;《诗》没有了,然后孔子便作了《春秋》。晋国的《乘》,楚国的《梼杌》,鲁国的《春秋》,都是一样的史书。它们所记的史事不过是齐桓公、晋文公,它们的文字也只是一般史书的笔法。孔子说:'(《诗》的)褒贬大义,被我(在作《春秋》时)借用过来了。'"

【注释】

①迹:按清儒朱骏声的说法是"迡"字之误,迡是古代王者派出的采诗官,叫"遒人"或"行人",他们的工作是摇着木铎到民间去采录诗。②《乘》《梼杌》《春秋》:都是史书。

【评析】

此章讲《诗》与《春秋》中都含有褒善贬恶的"大义",即历代专治《春秋》的经学家们所说的"微言大义"。

这里关涉到经学史的一些问题,略作述论:

大家知道,《诗》是我国最早的诗歌总集。自汉武帝立"五经博士",《诗》开始称作《诗经》。《诗》之结集,一般认为得力于周王室的采诗制度。据汉代典籍追记,周代有采诗、献诗的习尚,王室派"行人"(又名"遒人")采诗,由太师总汇编纂。《汉书·艺文志》称:"孟春之月,行人振木铎徇于路以采诗,献之太师,比其音律,以闻于天子。"这种说法或以为受到汉代乐府制度"采诗观风"的启示。但参之以《国语》的"故天子听政,使公卿至于列士献诗,瞽献曲"(《国语·周语》)之说,又对照周代官制确有"行人""太师"等职守,再考之《诗》的作者阶层广泛、涉及地域辽阔,周代有采诗、献诗之制,基本是可信的。到春秋中叶后,周王室衰微,政令不能及于列国,采诗之制也大致终结,即如孟子所说的:"王者之迹熄而《诗》亡,《诗》亡然后《春秋》作。"

至于《春秋》,本是通名,泛指西周末期至东周各诸侯国的编年国史,如墨子就曾读过当时各国的《春秋》,说,"吾见百国《春秋》",还具体提到了周、燕、宋、齐等国的"《春秋》"(《墨子·明鬼》)。而为何把史书名之曰"春秋",据杜预在《春秋左氏经传集解序》中说:"记事者以事系日,以日系月,以月系时,以时系年,所以记远近,别同异也。故史之所记,必表年以首事,年有四时,故错举以为所记之名也。"至于现在通行的、被称之为"经"的《春秋》,据说是孔子对鲁国的《春秋》加以整理删定后的专名。有关其中许多具体的问题,经学家有不少争论,这里就不多谈了。

孟子曰:"君子之泽,五世而斩①;小人②之泽,五世而斩。予未得为孔子徒也,予私淑③诸人也。"

【今译】

孟子说:"君子的影响,过了五代后便衰竭了;小人的影响,过了五代后也衰竭了。我没能成为孔子的门徒,我是私下里向别人学取(孔子之道)的。"

【注释】

①泽:影响;斩:绝。 ②小人:赵岐注为"大凶",焦循疏曰,近世通解"为圣贤不在位者"。 ③淑:通"叔",取的意思。

【评析】

作为战国中期大儒的孟子,其师承关系并不清楚。司马迁说他"受业于子思之门人",但"子思门人"是谁? 我们不知道。从中唐韩愈开始,不少学者都说孟子的老师是子思,子思的老师是曾参,此说后来虽流传甚广,但没有确切证据。据此章所言,孟子肯定不是子思的及门弟子,所谓"人",或可能是"子思之门人"吧?

据朱熹的诠释,此章与前三章有内在关联。前面三章叙述从舜、禹、汤、文、武、周公到孔子的德行,此章则以孔子的继承者自任,"其辞虽谦,然其所以自任之重,亦有不得而辞者矣。"也就是说,这里隐含着孟子有继承儒家"道统"的责任感和使命感。

孟子曰:"可以取,可以无取,取伤廉。可以与,可以无与,与伤惠。可以死,可以无死,死伤勇。"

【今译】

孟子说:"可以拿,可以不拿,拿了有损于廉洁。可以给,可以不给,给了有损于恩惠。可以死,可以不死,死了有损于勇敢。"

【评析】

此章从字面上理解的话,强调的是事物都有个"度",过"度"就可能走向其反面,即所谓"过犹不及"。据清儒毛奇龄《圣门释非录》引元儒金履祥语曰:"此必战国之世,豪侠之习胜,多轻施结客,若四豪之类;刺客轻生,若荆、聂之类,故孟子为当时戒耳。"这不失为有说服力的一家之言。

逢蒙学射于羿①,尽羿之道,思天下惟羿为愈己,于是杀羿。孟子曰:"是亦羿有罪焉。"

公明仪曰:"宜若无罪焉。"

曰:"薄乎云尔,恶得无罪?郑人使子濯孺子②侵卫,卫使庾公之斯③追之,子濯孺子曰:'今日我疾作,不可以执弓,吾死矣夫!'问其仆曰:'追我者谁也?'其仆曰:'庾公之斯也。'曰:'吾生矣。'其仆曰:'庾公之斯,卫之善射者也。夫子曰吾生,何谓也?'曰:'庾公之斯学射于尹公之他,尹公之他学射于我。夫尹公之他,端人④也,其取友必端矣。'庾公之斯至,曰:'夫子何为不执弓?'曰:'今日我疾作,不可以执弓。'曰:'小人学射于尹公之他,尹公之他学射于夫子。我不忍以夫子之道反害夫子。虽然,今日之事,君事也,我不敢废。'抽矢,扣轮,去其金,发乘矢⑤而后反。"

【今译】

逢蒙向后羿学习射箭,完全掌握了后羿的射箭技巧,他心想天下只有后羿的射艺超过自己,于是就杀害了后羿。孟子说:"这件事后羿也有罪过。"

公明仪说:"似乎没有罪过吧。"

孟子说:"不过轻一点罢了,怎能说没有罪过呢?郑国派遣子濯孺子侵犯卫国,卫国派庾公之斯追击他。子濯孺子说:'今天我的病发了,拿不了弓,我没命了!'他问驾车的人说:'追赶我的是谁?'驾车的说:'是庾公之斯。'子濯孺子说:'我可活命了。'驾车的说:'庾公之斯是卫国优秀的射手,先生却说我可活命了,这是什么道理呢?'子濯孺子说:'庾公之斯是向尹公之他学射箭的,尹公之他是向我学射箭的。尹公之他是个正派人,他选取的朋友一定也正派。'庾公之斯追上了,问道:'先生为什么不拿弓?'子濯孺子说:'今天我的病发了,拿不了弓。'庚公之斯说:'我向尹公之他学射箭,尹公之他又向先生学射箭。我不忍心拿先生的技艺来伤害先生。尽管如此,但今天的事,是国家的公事,我不敢废弃。'于是抽出箭,在车轮上敲打,把箭头敲掉,连发四箭后便走了。"

【注释】

①逄蒙:后羿的家众及学生,传说曾助寒浞杀死后羿。羿:后羿,传说为夏代诸侯有穷国之君。　②子濯孺子:郑国的大夫。　③庚公之斯:卫国的大夫。　④端人:正派人。　⑤乘矢:四支箭。

【评析】

此章是孟子用历史上的故事来说明交友取人的问题。后羿取人不当,故遭杀身之祸;子濯孺子因学生尹公之他的正派,所取的学生庚公之斯也不失正派,故能死里逃生。

孟子曰:"西子①蒙不洁,则人皆掩鼻而过之。虽有恶人②,齐③戒沐浴,则可以祀上帝。"

【今译】

孟子说:"美女西施沾上了污秽,人们都要捂着鼻子走过去。即使面貌丑陋的人,斋戒沐浴后,也可以去祭祀上帝。"

【注释】

①西子:西施,越国美女。　②恶人:面貌丑陋的人。　③齐:通"斋"。

【评析】

此章就字面理解是讲不能以貌取人。如更深一层诠释,即如朱熹《集注》中引尹氏语曰:"此章戒人之丧善,而勉人以自新也。"意思是说:即使过去是个好人,如现在有不善,也会遭到唾弃,就像美女沾上了污秽;即使过去曾有许多不善,如现在就洗心革面,还能成为好人,就像丑陋之人洁净了身心。

孟子曰:"天下之言性①也,则故而已矣。故者以利为本②。所恶于智者,为其凿也。如智者若禹之行水也,则无恶于智矣。禹之行水也,行其所无事也。如智者亦行其所无事,则智亦大矣。天之高也,星辰之远也,苟求其故,千岁之日至③,可坐而致也。"

【今译】
　　孟子说:"天下人讲论人、物的性,只要推求其本来面目就可以了。其本来面目以顺乎自然为基础。之所以讨厌那些自作聪明的人,是因为他们穿凿附会。如果聪明人能像大禹疏通水流一样,那就不会讨厌聪明了。大禹疏通水流,是让水顺其自然地流行。如果聪明人也能顺其自然地行事,那聪明的作用就大了。天虽然很高,星辰虽然很远,只要能推求其运行的本来面目,即使千年以后的冬至,也可以坐着推算出来。"

【注释】
①性:赵岐注为"天下万物之情性",朱熹注为"人、物所得以生之理也。"　②故:事物的本来面目、本原。利:顺。　③日至:此处指冬至。

【评析】
此章论智。孟子认为,所谓"智",实际就是顺应事物的自然之理,因势利导,不加穿凿,而不是卖弄小聪明。朱熹说得好:"事物之理,莫非自然。顺而行之,则为大智;若用小智而凿以自私,则害于性而反为不智。"

公行子有子之丧①,右师②往吊。入门,有进而与右师言者,有就右师之位而与右师言者。孟子不与右师言,右师不悦曰:"诸君子皆与驩言,孟子独不与驩言,是简驩也。"

孟子闻之,曰:"礼,朝廷不历位而相与言,不逾阶而相揖也。我欲行礼,子敖以我为简,不亦异乎?"

【注释】

①公行子:齐国大夫。有子之丧:据《仪礼·丧服》规定,长子死,父亲得为之服"斩衰"(穿粗麻孝服三年),故不少人认为"子"即公行子的长子。 ②右师:齐王的宠臣王驩,字子敖。

【今译】

公行子死了长子,右师到他家去吊唁,他一进门,便有人迎上去与他说话,也有人跑到他的坐位旁边与他说话。孟子不与他说话,右师不高兴地说:"诸位大夫都与我说话,惟独孟子不与我说话,这是简慢我。"

孟子得知后,说:"按照礼节,在朝廷上不越过位子去与人说话,不走过阶石与别人作揖。我想按礼节行事,子敖却认为我简慢,不也是怪事吗?"

【评析】

此章讲孟子是如何对待那些得势小人的。王驩权势很大,许多人拍他马屁,以致不顾礼节。孟子偏偏不这样做,并对王驩的无理指责加以了驳斥。

孟子曰:"君子所以异于人者,以其存心也。君子以仁存心,以礼存心。仁者爱人,有礼者敬人。爱人者人恒爱之,敬人者人恒敬之。有人于此,其待我以横逆①,则君子必自反也:我必不仁也,必无礼也,此物奚宜②至哉?其自反而仁矣,自反而有礼矣,其横逆由③是也,君子必自反也,我必不忠。自反而忠矣,其横逆由是也,君子曰:'此亦妄人也已矣!如此,则与禽兽奚择④哉?于禽兽又何难焉?'是故君子有终身之忧,无一朝之患也。乃若所忧则有之:舜,人也;我,亦人也。舜为法于天下,可传于后世,我由未免为乡人也,是则可忧也。忧之如何?如舜而已矣。若夫君子所患则亡矣。非仁无为也,非礼无行也。如有一朝之患,则君子不患矣。"

【今译】
　　孟子说:"君子所以与一般人不同,就在于他们所存之心。君子把仁存于心,把礼存于心。仁人爱护别人,有礼的人尊敬别人。爱护别人的人,别人也常爱护他;尊敬别人的人,别人也常尊敬他。这里有个人,他对我蛮横无理,那君子一定会反躬自问:我一定是不仁,一定是无礼,否则这样的事怎么会发生?要是自问做到了仁,自问做到了有礼,而那人还是那样横蛮,君子一定再反躬自问:我一定是不忠。要是自问做到了忠,而那人横蛮如故,君子只好说:'这不过是个狂妄的人罢了,像这样,那与禽兽又有何区别?对禽兽又有什么可责备的呢?'所以,君子有终身的忧虑,没有突发的担心。至于所忧虑的事是有的:舜是人,我也是人;舜能成为天下人的榜样,且可流传到后世,而我还不免是个乡里的普通人,这才是可忧虑的事。忧虑又怎么办呢?要做到像舜一样罢了。至于君子所担心的事就没有了。不合于仁的事不做。不合于礼的事不干。如有什么横祸飞来,君子并不担心。"

【注释】
①横逆:蛮不讲理。　②奚宜:为什么。　③由:通"犹"。　④择:区别、不同。

【评析】
此章言一个人遇到事情时所应有的立场态度,包含了两层含义:

其一,遇到问题应该首先检讨自己,看看是否自己存在着不足之处;其二,只要站得直、行得正,就没有什么可患得患失的,惟一值得担忧的是,自己还没有达到圣贤那样道德水准。最后一句话比较难以理解,即为什么君子对突发的祸患不担心?孟子的意思大概是:因为那不是自己招来的,不必把它看作是令人难堪的事,如赵岐注云:"如有一朝横来之患,非己愆也,故君子归天,不以为患也。"

禹、稷当平世,三过其门而不入①,孔子贤之。颜子当乱世,居于陋巷,一箪食,一瓢饮,人不堪其忧,颜子不改其乐,孔子贤之②。孟子曰:"禹、稷、颜回同道。禹思天下有溺者,由己溺之也;稷思天下有饥者,由己饥之也,是以如是其急也。禹、稷、颜子易地则皆然。今有同室之人斗者,救之,虽被发缨冠③而救之可也;乡邻有斗者,被发缨冠而往救之,则惑也;虽闭户可也。"

【今译】
　　禹和稷处太平时代,三次经过自己家门也不进去,孔子称赞他们。颜渊生当乱世,住在狭小的巷子里,一筐饭,一瓢水,别人受不了这样的清苦生活,颜渊却不变他内心的快乐,孔子也称赞他。孟子说:"禹、稷和颜渊行事的道理是相同的。禹心想天下有淹入水中的人,如同是自己使他们淹入水中一样;稷心想天下有挨饿的人,如同是自己使他们挨饿一样,所以他们会如此急迫。禹、稷和颜渊如果互换一下位置,态度也都会一样的。现在假定有同室的人互相斗殴,那就一定要去救他们,哪怕是披头散发就匆忙顶着帽子,连帽带也不结就去救都可以。要是乡里邻人互相斗殴,也披头散发就匆忙顶着帽子,连帽带也不结就去救,那就未免太糊涂了;这时,哪怕关起门也是可以的。"

【注释】

①稷:周的始祖弃,舜时为农官。稷无"三过其门不入"传说,杨伯峻引杨树达语曰:"本禹事而亦称稷"。　②颜子事,见《论语·雍也》。　③被发:披着头发。缨:系帽绳。缨冠,连绳带帽一起套在头上。

【评析】

此章是讲,圣贤的时代、地位、行为或有不同,但处世的态度其实一样。而所谓一样,就是根据具体情况作出不同的反映。朱熹说:"此章言圣贤心无不同,事则所遭或异,然处之各当其理,是乃所以为同也。"

公都子曰:"匡章,通国皆称不孝焉。夫子与之游,又从而礼貌之,敢问何也?"

孟子曰:"世俗所谓不孝者五:惰其四支,不顾父母之养,一不孝也;博弈好饮酒,不顾父母之养,二不孝也;好货财、私妻子,不顾父母之养,三不孝也;从耳目之欲,以为父母戮①,四不孝也;好勇斗很②,以危父母,五不孝也。章子有一于是乎?夫章子,子父责善而不相遇③也。责善,朋友之道也;父子责善,贼恩之大者。夫章子,岂不欲有夫妻子母之属哉?为得罪于父,不得近,出妻屏子,终身不养焉。其设心以为不若是,是则罪之大者。是则章子已矣。"

【今译】

公都子说:"匡章这个人,国中之人都说他不孝,老师却跟他交游,且对他相当敬重,请问这是为什么?"

孟子说:"世俗认为不孝的行为有五种:四体不勤,不管父母的奉养,是一不孝;嗜好下棋饮酒,不管父母的奉养,是二不孝;贪好钱财,偏爱自己的妻室儿女,不管父母的奉养,是三不孝;放纵声色的欲望以至于犯罪,使父母蒙受耻辱,是四不孝;专逞血气之勇,喜欢逞勇斗殴,以致连累父母,是五不孝。章子有一项这样的行为吗?章子不过是由于父子之间以善相责,把关系弄僵了。以善相责,本是朋友相处的准则;父子之间以善相责,是最容易伤害感情的事。章子难道不想有夫妻、母子的团聚吗?因为得罪了父亲,不得和他接近,自己只好赶走老婆,疏远儿子,终身不受他们的奉养。他的用心是认为,不这样做罪过更大。章子不过如此罢了。"

【注释】

①从:通"纵"。戮:羞辱。 ②很:同"狠"。 ③不相遇:合不来。

【评析】

匡章在《滕文公下》已出现过,此人是齐国的武将,在齐威王时曾大败秦兵,齐宣王时曾率兵取燕,他的事迹散见于《战国策》《吕氏春秋》等。关于匡章"子父责善"的原委,据《战国策·齐策一》记载:匡章的母亲触犯了他父亲,父亲一怒之下杀害他的母亲,埋在马栈下面,父子关系便因此弄僵了。齐威王时,匡章奉命率军抵抗秦师,获胜而归,威王替他安葬了母亲。

匡章是孟子的朋友,就本章的话中可知,孟子对匡章的处境是同情理解的。从中我们也可看到孟子取友不是以别人的赞同或批评为标准的,而是以自己的观察为标准,正如他在《梁惠王下》第七章中关于如何甄别"贤""不可""可杀"的标准那样。

曾子居武城①,有越寇②。或曰:"寇至,盍去诸?"曰:"无寓人于我室,毁伤其薪木。"寇退,则曰:"修我墙屋,我将反。"寇退,曾子反。左右曰:"待先生如此其忠且敬也。寇至,则先去以为民望③;寇退则反,殆于④不可。"沈犹行⑤曰:"是非汝所知也。昔沈犹有负刍之祸⑥,从先生者七十人,未有与焉。"

子思居于卫,有齐寇。或曰:"寇至,盍去诸?"子思曰:"如伋⑦去,君谁与守?"

孟子曰:"曾子、子思同道。曾子,师也,父兄也;子思,臣也,微也。曾子、子思易地则皆然。"

【今译】

曾子住在武城,越国人来进犯。有人说:"敌寇要到了,何不离开这里呢?"曾子说:"不要让别人住进我的房子里,损伤那里的树木。"敌寇退了,曾子说:"把我的墙、屋整修好,我要回来了。"敌寇退了,曾子回来了。他身边的人说:"武城的官员待先生是这样的忠诚和恭敬,一旦敌寇来了,却给百姓做了先离去的榜样;敌寇退了就回来了,这恐怕不可以吧。"沈犹行说:"这事不是你们所能了解的。从前先生住在我那里,有个名叫负刍的人作乱,跟随先生的七十个人,没有一人过问此事的。"

子思住在卫国,齐国人来进犯。有人说:"敌寇要到了,何不离开这里呢?"子思说:"要是我走了,卫君跟谁一道守城呢?"

孟子说:"曾子、子思是一个道理。曾子是(武城人的)师长,父兄;子思是(卫国的)臣子,地位低下。曾子、子思如果换一下位置,都会这样做的。"

【注释】

①武城:鲁国邑名。 ②有越寇:杨伯峻《孟子译注》说,据《左传》哀公二十一年以后吴鲁、越鲁关系史的记载,武城一带是和越灭吴后疆界犬牙交错之地,越寇来去甚易。 ③先去以为民望:是说百姓看了会仿效这种行为。 ④殆:恐怕。于:为、是。 ⑤沈犹行:曾子弟子;沈犹,复姓。 ⑥有负刍之祸:当时有个名叫负刍的人作乱,进攻沈犹氏。 ⑦伋:子思名伋。

【评析】

此章讲先贤虽然行为不同,但遵循的原则是一样的。曾子在武城的地位是宾客,子思在卫国却担任职务。所以,当遇到入侵者时,曾子可以离开,而子思必须留下尽职守。

储子①曰:"王使人瞯②夫子,果有以异于人乎?"

孟子曰:"何以异于人哉?尧舜与人同耳。"

【今译】

储子说:"大王派人窥看先生,是否真有与常人不同之处?"

孟子说:"有什么与常人不同之处?就是尧、舜也与常人一样。"

【注释】

①储子:齐国人,当时或为齐相。 ②瞯:窥看。

【评析】

此章言孟子初到齐国(据一些专家考定为第二次游齐,即齐宣王继位后之游齐),当时孟子已颇有名气,因此齐宣王曾让人私下观察孟子,是否真与常人不同,于是就有了孟子以上的这番话。孟子的意思是,圣贤也是人,其言谈举止与常人并无不同,而所不同的只是内在的德行罢了。

齐人有一妻一妾而处室者,其良人①出,则必餍酒肉而后反。其妻问所与饮食者,则尽富贵也。其妻告其妾曰:"良人出,则必餍酒肉而后反,问其与饮食者,尽富贵也,而未尝有显者来。吾将瞯良人之所之也。"

蚤起,施②从良人之所之,遍国中无与立谈者。卒之东郭墦③间,之祭者,乞其余;不足,又顾而之他。此其为餍足之道也。

其妻归,告其妾曰:"良人者,所仰望而终身也,今若此!"与其妾讪其良人,而相泣于中庭。而良人未之知也,施施④从外来,骄其妻妾。

由君子观之,则人之所以求富贵利达者,其妻妾不羞也,而不相泣者,几希矣。

【今译】

  齐国有个有一妻一妾的人家,她们的丈夫每次外出,就一定是吃饱了酒肉才回来。他妻子问他一起吃喝的是些什么人,据他说都是有钱有势的人。他妻子告诉他的妾说:"丈夫外出,就一定是吃饱了酒肉才回来;问他一起吃喝的是些什么人,都是有钱有势的人,可从来没有显贵的人来过。我想窥探一下丈夫所去的地方。"

  清早起来,她拐弯抹角地跟着丈夫到所去的地方,满城中没有谁与他站下来交谈的。最后他走到东门城外墓地,向那些扫墓人乞讨残剩的祭品;不够,又四面张望,跑到别处去乞讨。这就是他吃饱喝足的方法。

  他妻子回去,(把看到的情况)告诉他的妾,说:"丈夫,是我们指望依靠过一生的人,现在他却是这个样子!"于是跟他的妾一起在庭中咒骂丈夫,哭成一团,丈夫却一点也不知情,得意洋洋地从外面进来,在妻妾面前耍威风。

  从君子的观点看来,一些人用来追求升官发财的手段,能够使他们的妻妾不感到羞耻而相对哭泣的,实在是很少的。

【注释】

①良人:丈夫。　②施:古"斜"字,是说不从正路走。　③墦:坟墓。
④施施:得意洋洋的样子。

【评析】

这是一则颇为有名和有趣的寓言故事。孟子通过这则故事,鞭挞了当时那些求取富贵者卑鄙无耻的嘴脸,他们在光天化日之下衣冠楚楚、自我炫耀,暗中却卑躬屈膝、无所不为。这样的无耻之徒,实际上什么时代都有。

万 章 上

【解题】

本篇的内容以孟子与其高足万章间的对话为主,故全篇名之曰"万章",内容以讨论圣贤出处去就为多,兼及其余。

本篇上篇凡九章,其中除第四章外,全部是孟子与弟子万章间的对话,讨论的话题以古代的圣君贤相为主,如谈舜的孝道,尧、舜、禹三代的"禅让"制,"世袭"制取代"禅让"制,伊尹、百里奚的出身,孔子在他国的交际等。

万章问曰:"舜往于田①,号泣于旻天②,何为其号泣也?"

孟子曰:"怨慕③也。"

万章曰:"'父母爱之,喜而不忘;父母恶之,劳而不怨④。'然则舜怨乎?"

曰:"长息问于公明高⑤曰:'舜往于田,则吾既得闻命矣。号泣于旻天,于父母,则吾不知也。'公明高曰:'是非尔所知也。'夫公明高以孝子之心,为不若是恝⑥:我竭力耕田,共⑦为子职而已矣,父母之不我爱,于我何哉?帝使其子九男二女⑧,百官牛羊仓廪备,以事舜于畎亩之中,天下之士多就之者,帝将胥⑨天下而迁之焉。为不顺于父母,如穷人无所归。天下之士悦之,人之所欲也,而不足以解忧;好色,人之所欲,妻帝之二女,而不足以解忧;富,人之所欲,富有天下,而不足以解忧;贵,人之所欲,贵为天子,而不足以解忧。人悦之、好色、富贵,无足以解忧者,惟顺父母可以解忧。人少,则慕父母;知好色,则慕少艾⑩;有妻子,则慕妻子;仕则慕君,不得于君则热中。大孝终身慕父母,五十而慕者,予于大舜见之矣。"

【今译】

　　万章问道:"舜到农田里去,望着天空哭诉,他为什么要哭诉呢?"

　　孟子说:"是由于舜(对父母)有怨恨和怀恋。"

　　万章:"(从前曾子说过)'父母喜爱,虽然高兴但不敢懈怠;父母厌恶,尽管忧虑但不敢埋怨。'那么,舜抱怨(父母)吗?"

　　孟子说:"长息曾问过公明高说:'舜到农田去,我已聆听了您的教诲。但他一面喊着天、一面喊着父母地哭诉,我就不明白了。'公明高说:'这不是你所能明白的。'在公明高看来,孝子之心绝不能这样满不在乎的:我尽力耕田,恭敬地尽做儿子的职责罢了,父母不爱我,对我有什么关系呢?帝尧让他的九个儿子、两个女儿,还有百官、牛羊、粮仓都齐备,到田野里去事奉舜,天下的士人也多有投奔到他那里去的,帝尧将把整个天下让给舜。因为不能使父母顺心,自己就像穷困的人没有归宿一样。天下的士人喜欢自己,本是人的愿望,却不足以解除忧愁;爱好美色,本是人的愿望,但舜娶了尧的两个女儿,却不足以解除忧愁;富有,本是人的愿望,但舜拥有天下的财富,却不足以解除忧愁;尊贵,本是人的愿望,但舜身为天子,却不足以解除忧愁。人们喜欢自己、美貌女子、富有、尊贵,都不足以解除忧愁,只有使父母顺心悦意才能解除忧愁。人在儿童时期,怀恋父母;知道爱好美色了,就思慕年轻漂亮的女子;有了妻室儿女,便宠爱妻室儿女;做了官,便倾心于君主,得不到君主的信任便内心焦急。(只有)大孝的人才会一辈子怀恋父母。到了五十岁还怀恋父母的,我在大舜身上看到了。"

【注释】

①舜往于田:相传舜曾在历山耕种。 ②旻天:秋天;旻,亦含有仁爱怜悯的意思。 ③慕:思慕、依恋。 ④此段话据焦循、杨伯峻等意见,系曾子所说。劳:忧。 ⑤长息:公明高弟子。公明高:曾子弟子。 ⑥恝:没有忧虑的样子。 ⑦共:通"恭"。 ⑧九男二女:赵岐注,尧以九个儿子尊舜为老师,把两个女儿嫁给舜。 ⑨胥:皆,尽。 ⑩少艾:年轻貌美。

【评析】

儒家认为,"百善孝为先",所以孝道是儒家历来强调的一个做人的根本原则。孟子这里以舜作为"大孝"的楷模,因为舜对父母的孝始终如一,不为任何其他事物所动。

万章问曰:"《诗》①云:'娶妻如之何?必告父母。'信斯言也,宜莫如舜。舜之不告而娶,何也?"

孟子曰:"告则不得娶。男女居室,人之大伦也。如告则废人之大伦,以怼②父母,是以不告也。"

万章曰:"舜之不告而娶,则吾既得闻命矣。帝之妻舜而不告,何也?"

曰:"帝亦知告焉则不得妻也。"

万章曰:"父母使舜完廪,捐阶,瞽瞍焚廪③;使浚井,出,从而揜之④。象⑤曰:'谟盖都君咸我绩⑥。牛羊父母,仓廪父母。干戈朕,琴朕,弤朕,二嫂使治朕栖⑦。'象往入舜宫,舜在床琴。象曰:'郁陶思君尔。'忸怩⑧。舜曰:'惟兹臣庶,汝其于予治⑨!'不识舜不知象之将杀己与?"

曰:"奚而不知也?象忧亦忧,象喜亦喜。"

曰:"然则舜伪喜者与?"

曰:"否。昔者有馈生鱼于郑子产,子产使校人⑩畜之池。校人烹之,反命曰:'始舍之,圉圉焉,少则洋洋焉,攸然而逝⑪。'子产曰:'得其所哉!得其所哉!'校人出,曰:'孰谓子产智?予既烹而食之,曰:得其所哉!得其所哉!'故君子可欺以其方,难罔以非其道。彼以爱兄之道来,故诚信而喜之,奚伪焉?"

【今译】

万章问道:"《诗经》中说:'娶妻应怎么做?必先禀告父母。'相信这话的,该没人比得上舜了。可舜未先禀告父母便娶妻,这是为什么呢?"

孟子说:"禀告了就娶不成。男女成家,是人与人的一个重要伦常关系。要是禀告了便会废止这个重要的伦常关系,结果便不免怨恨父母,所以就不先禀告父母了。"

万章又说:"舜的不先禀告父母便娶妻的道理,我已聆听了您的教诲。帝尧把女儿嫁给舜为妻也不告知舜的父母,这又是为什么呢?"

孟子说:"帝尧也知道告诉对方女儿便嫁不成了。"

万章说:"父母叫舜去整修粮仓,却拿走(登上粮仓的)梯子,瞽瞍还放火焚烧粮仓;又让舜掏井,(瞽瞍等)一出井便堵塞了井口。(舜的弟弟)象说:'谋害舜全是我的功劳,牛羊归父母,粮仓归父母,兵器归我,琴归我,弤弓归我,二位嫂子让她们伺候我睡觉。'象走进舜的住所,舜坐在床上弹琴。象说:'我非常想念你呀。'显得十分尴尬。舜说:'我想着那些臣民,你协助我管理吧!'我不知舜当时知不知道象打算杀害自己?"

孟子说:"怎么会不知道呢?象忧愁,他也忧愁;象高兴,他也高兴。"

万章说:"那么,舜是假装高兴的吗?"

孟子说:"不,从前有人送条活鱼给郑国的子产,子产叫管池沼的人养在水池中。那人把鱼煮着吃了,回报说:'鱼刚放下去,还有些不自然;过了会儿便摇头摆尾地游起来了,一下子便游得无影无踪了。'子产说:'它得到了它应去的地方啊!它得到了它应去的地方啊!'那人出来后说:'谁说子产聪明?我已经把鱼煮着吃了,他却说,它得到了它应去的地方,它得到了它应去的地方。'因此,君子可以用合乎情理的方法欺蒙他,却不能用不合道理的诈骗蒙蔽他。象既然是打着敬爱兄长的幌子来的,舜信以为真而感到高兴,怎么能说是假装呢?"

【注释】

①《诗》:指《诗经·齐风·南山》。 ②怼:怨。 ③完廪:修粮仓。捐阶:抽去梯子。 ④出:一说是舜出井,一说是瞽瞍等人出井,从上下文看,后说更合理。掩:掩。 ⑤象:舜异母弟。 ⑥谟:谋。盖,通"害"。都君,指舜,相传舜在一地住三年,那里便会成为都市,意思是说人都愿意跟从他。 ⑦张:舜的弓名。栖:床。 ⑧郁陶:思念貌。忸怩:不好意思。 ⑨惟:思。于:为,助。 ⑩校人:管理池塘的小吏。 ⑪圉圉:未舒展的样子。洋洋:舒服的样子。攸然:自得的样子。

【评析】

此章也是讲舜的孝行,其中除了前面《离娄上》中提到的舜"不告而娶"事之外,还讲了舜的父亲、兄弟不喜欢他,加害于他的一些事,强调了舜是如何恪守孝悌之道的。

万章问曰:"象日以杀舜为事,立为天子则放之,何也?"

孟子曰:"封之也。或曰放焉。"

万章曰:"舜流共工于幽州①,放驩兜于崇山②,杀三苗于三危③,殛鲧于羽山④,四罪而天下咸服,诛不仁也。象至不仁,封之有庳⑤。有庳之人奚罪焉?仁人固如是乎:在他人则诛之,在弟则封之?"

曰:"仁人之于弟也,不藏怒焉,不宿怨焉,亲爱之而已矣。亲之,欲其贵也;爱之,欲其富也。封之有庳,富贵之也。身为天子,弟为匹夫,可谓亲爱之乎?"

"敢问或曰放者,何谓也?"

曰:"象不得有为于其国,天子使吏治其国而纳其贡税焉,故谓之放。岂得暴彼民哉?虽然,欲常常而见之,故源源而来。'不及贡,以政接于有庳⑥。'此之谓也。"

【今译】

万章问道:"象成天把谋划着杀害舜作为大事务,可舜被拥立为天子后只将他流放,这是为什么呢?"

孟子说:"实际是封了他做诸侯,但也有人说是流放他。"

万章说:"舜把共工流放到幽州,把驩兜流放到崇山,把三苗的国君流放到三危,把鲧流放到羽山,这四项惩处使天下人全部归服,因为惩罚了不仁之人的缘故。象为人最不仁,却将他封在有庳国,有庳国的人又有什么罪过?他人有罪就惩罚,弟弟有罪就封他为诸侯,仁人做事难道就这样吗?"

孟子说:"仁人对于弟弟,不把怒气藏在胸中,不把怨恨埋在心底,就知道亲近、爱护他罢了。亲近他,想使他贵;爱护他,想使他富。把他封在有庳国,正是为了要使他富贵。自己做了天子,而弟弟却是个平民,能说是亲近爱护他吗?"

万章说:"请问,有人说舜流放象,指什么呢?"

孟子说:"象不能在他的封国里有所作为,天子派官吏帮他治理国家,替他缴纳贡税,因此有人说是流放。(这样)象怎能暴虐他的百姓呢?尽管如此,舜还是想常常见到他,所以让他不断来朝见。(记载说:)'不等到朝贡的日子,借征询政事接见有庳国君。'就是指的这个事。"

【注释】

①"流共工于幽州"至"四罪而天下咸服"见于今通行本《尚书·舜典》。共工:水官名。幽州:北方边远地区,据说在今北京密云区东北。②驩兜:帝尧臣子,与共工伙同作恶。崇山:南方边远地区,据说在"澄阳县南七十五里"。③杀:《舜典》作"窜",即流放。三苗:国名,这里指三苗的国君。三危:据说在今甘肃敦煌市南。④殛:一作"诛杀"解,一作"流放"解。鲧:禹之父,因治水无功受罚。羽山:一说在山东蓬莱。⑤有庳:向来以为在今湖南永州市零陵区,后人对此说法多持怀疑态度。有人认为当在离舜的都城蒲阪(今山西永济市)不远。⑥这两句疑是《尚书》逸文。

【评析】

此章说舜成为天子之后,一方面仍然顾及兄弟的情分,让一直想谋害自己的弟弟象有一个体面的身份;另一方面则又能坚持原则,不让这个不仁的弟弟有危害民众的可能。这在某种意义上讲,也是"经"与"权"的平衡。

咸丘蒙①问曰:"语云:'盛德之士,君不得而臣,父不得而子。'舜南面而立,尧帅诸侯北面而朝之,瞽瞍亦北面而朝之。舜见瞽瞍,其容有蹙②。孔子曰:'于斯时也,天下殆哉岌岌乎③!'不识此语诚然乎哉?"

孟子曰:"否。此非君子之言,齐东野人之语也。尧老而舜摄也。《尧典》④曰:'二十有八载,放勋乃徂落,百姓如丧考妣,三年,四海遏密八音⑤。'孔子曰:'天无二日,民无二王⑥。'舜既为天子矣,又帅天下诸侯以为尧三年丧,是二天子矣。"

咸丘蒙曰:"舜之不臣尧,则吾既得闻命矣。《诗》云:

'普天之下,莫非王土;率土之滨,莫非王臣⑦。'而舜既为天子矣,敢问瞽瞍之非臣,如何?"

曰:"是诗也,非是之谓也。劳于王事,而不得养父母也。曰:'此莫非王事,我独贤劳⑧也。'故说诗者,不以文害辞,不以辞害志,以意逆志,是为得之。如以辞而已矣,《云汉》之诗曰:'周余黎民,靡有孑遗⑨。'信斯言也,是周无遗民也。孝子之至,莫大乎尊亲;尊亲之至,莫大乎以天下养。为天子父,尊之至也;以天下养,养之至也。《诗》⑩曰:'永言孝思,孝思维则。'此之谓也。《书》曰:'祗载见瞽瞍,夔夔齐栗,瞽瞍亦允若⑪。'是为父不得而子也?"

【今译】

咸丘蒙问道:"俗话说,'道德高尚的人,君主不能把他看作臣子,父亲不能把他看作儿子。'舜面南就天子位,尧带领诸侯面北朝见他,瞽瞍也面北朝见他。舜看见瞽瞍,神情显得局促不安。孔子说:'在那时,天下真是岌岌可危呀!'不知这话说的确实如此吗?"

孟子说:"不;这不是君子的话,是齐国东郊乡下人的话。尧年老了,由舜代其职。《尧典》中说:'过了二十八年,尧才去世,诸侯百官如同死了父母,服丧三年中,民间停止一切音乐。'孔子说过:'天上没有两个太阳,百姓没有两个天子。'要是舜已做了天子,又率领天下诸侯为尧服丧三年,那就是有两个天子了。"

咸丘蒙说:"舜不以尧为臣,我已聆听了您的教诲。《诗经》中说:'遍天下,没有一处不是天子的土地;围绕四周,没有一个不是天子的臣民。'舜既然做了天子,请问瞽瞍却不是臣民,这该作何解释呢?"

孟子说:"这首诗说的不是这个,而是说作者为天子事务奔忙而不能奉养父母。他说:'这些没有一件不是天子的事,却独我多劳多累。'所以解说诗的人,不因为文字而误解词句,不因为词句而误解本意,要用自己的心去推求本意,这样才对。要是仅看词句,《云汉》这首诗中说:'周朝剩余的百姓,没有一个存留。'相信了这句话,那周朝就没有留下一个人了。孝子的极致,没有比尊敬父母更大的了;尊敬父母的极致,没有比以天下来奉养父母更大的了。做天子的父亲,是尊敬的极致;以天下奉养父母,是奉养的极致。《诗经》中说:'永远讲求孝道,孝道就是法则。'正是这个意思。《尚书》中说:'舜恭敬地来见瞽瞍,谨慎小心,瞽瞍也相信、顺着舜。'这是父亲不能把他看作儿子吗?"

【注释】

①咸丘蒙:孟子弟子。 ②有慼:不安。 ③孔子的这段话不见于《论语》,孟子亦予以否认,但在《墨子·非儒》《韩非子·忠孝》等先秦文献中却有类似的话。"殆哉岌岌乎"是倒装句。 ④《孟子》所引《尧典》语,见于今通行本《舜典》。按:伏生所传今文《尚书》原只《尧典》一篇,到北齐建武年间,吴兴姚方兴在大航头得所谓《尚书》孔氏传古文,始分《尧典》为两篇,从"慎徽五典"到篇末叫作《舜典》,另加"粤若稽古帝舜"二十八字于前,实则与古不合。 ⑤二十有八载:指舜摄政二十八年后。放勋:尧名。徂落:去世。百姓:这里指诸侯百官。考妣:古代对已死父母的称呼。四海:民间。遏密:停止。八音:以金、石、丝、竹、匏、土、革、木为材所作乐器的声音。 ⑥孔子语见于《礼记》的《曾子问》《坊记》等篇。 ⑦《诗》:指《诗经·小雅·北山》。 ⑧贤劳:多劳。 ⑨子:单独。遗:脱漏。 ⑩《诗》:指《诗经·大雅·下武》。 ⑪《书》曰数句:学界多以为是逸篇,今见于伪《古文尚书·大禹谟》。祗:恭敬。夔夔齐栗,敬慎恐惧貌,齐同"斋"。允:信。若:顺。

【评析】

此章仍以舜为代表,讨论儒家十分重视的"君臣""父子"这些所谓的"大义"问题,孟子所要申论和强调的关键,无非在于要注意双方之间既有从属关系,又不能有所偏废,这可说是孟子一贯的思想。

本章中,孟子提出了中国诗学中的一个重要命题——"以意逆志"。孟子认为,在解说诗歌时,不能仅抓住其中的片言只语就望文生义,也不能因为某些艺术性的夸张修饰而对之做出机械的理解。而是必须用心去领会作品全篇的精神实质,再加上自己切身的体会,去探求作者的志趣意向。孟子的这一命题,受到我国历代诗家的重视,成为中国古代诗评中的一个重要术语。

万章曰:"尧以天下与舜,有诸?"

孟子曰:"否。天子不能以天下与人。"

"然则舜有天下也,孰与之?"

曰:"天与之。"

"天与之者,谆谆①然命之乎?"

曰:"否。天不言,以行与事示之而已矣。"

曰:"以行与事示之者,如之何?"

曰:"天子能荐人于天,不能使天与之天下;诸侯能荐人于天子,不能使天子与之诸侯;大夫能荐人于诸侯,不能使诸侯与之大夫。昔者,尧荐舜于天,而天受之;暴②之于民,而民受之。故曰:天不言,以行与事示之而已矣。"

曰:"敢问荐之于天,而天受之;暴之于民,而民受之,如何?"

曰:"使之主祭而百神享之,是天受之;使之主事而事治,百姓安之,是民受之也。天与之,人与之,故曰:天子不能以天下与人。舜相尧二十有八载,非人之所能也,天也。尧崩,三年之丧毕,舜避尧之子于南河③之南,天下诸侯朝觐者,不之尧之子而之舜;讼狱④者,不之尧之子而之舜;讴歌者,不讴歌尧之子而讴歌舜。故曰:天也。夫然后之中国⑤,践天子位焉。而⑥居尧之宫,逼尧之子,是篡也,非天与也。《太誓》曰:'天视自我民视,天听自我民听。'此之谓也。"

【今译】

万章说:"尧把天下给与舜,有这件事吗?"

孟子说:"不,天子不能把天下给与人。"

万章说:"那么,舜获得天下,是谁给他的呢?"

孟子说:"上天给他的。"

万章说:"上天给他的,是上天反复叮咛告诫他的吗?"

孟子说:"不,上天不说话,只是用行为和事情来示意罢了。"

万章说:"用行为和事情来示意,是怎么回事呢?"

孟子说:"天子能向上天推荐人,却不能让上天把天下给他;诸侯能向天子推荐人,却不能让天子给他做诸侯;大夫能向诸侯推荐人,却不能让诸侯给他做大夫。从前,尧将舜推荐给上天,上天接受了;又将他向百姓公开介绍,百姓也接受了。所以说,上天不说话,只是用行为和事情来示意罢了。"

万章说:"请问,推荐给上天,上天接受;公开介绍给百姓,百姓接受了,是怎么回事?"

孟子说:"让他主持祭祀,神灵们都来享用,这就是上天接受了;让他主持政事,政事治理得好,百姓满意,这就是百姓接受了。是上天给他,是百姓给他,所以说,天子不能把天下给与人。舜辅佐尧二十八年,不是人的力量所能办到,这是天意。尧去世后,守孝三年完了,舜到南河之南以回避尧的儿子,天下诸侯来朝见天子的人,不去见尧的儿子而去见舜;诉讼的人,不去见尧的儿子而去见舜;歌功颂德的人,不歌颂尧的儿子而歌颂舜,所以说这是天意。这样,舜才回到国都,坐上天子的位子。要是舜住在尧的官中,逼迫尧的儿子,这是篡夺,不是上天给与的。《太誓》中说:'上天的观察来自百姓的观察,上天的听闻来自百姓的听闻。'说的正是这个意思。"

【注释】

①谆谆:恳切地再三叮咛、告诫。 ②暴:显现。 ③南河:黄河在尧都城的南面,所以叫南河。相传舜避尧的儿子丹朱于河南的偃朱城。 ④讼狱:诉讼。 ⑤中国:国之中央,即首都。 ⑥而:如。

【评析】

儒家认为,统治天下的资格来自"天意",是"天命"所决定的。而"天命"在某种意义上说,又往往是"民意"的集中体现,这是儒家比较一贯的"重民"思想。此章所言,就是阐发了这一思想。

万章问曰:"人有言,'至于禹而德衰,不传于贤而传于子。'有诸?"

孟子曰:"否,不然也。天与贤则与贤,天与子则与子。昔者,舜荐禹于天,十有七年。舜崩,三年之丧毕,禹避舜之子于阳城①,天下之民从之,若尧崩之后不从尧之子而从舜也。禹荐益②于天,七年,禹崩,三年之丧毕,益避禹之子于箕山之阴③。朝觐、讼狱者不之益而之启④,曰:'吾君之子也。'讴歌者不讴歌益而讴歌启,曰:'吾君之子也。'丹朱之不肖,舜之子亦不肖⑤。舜之相尧、禹之相舜也,历年多,施泽于民久。启贤,能敬承继禹之道。益之相禹也,历年少,施泽于民未久。舜、禹、益相去久远⑥,其子之贤不肖,皆天也,非人之所能为也。莫之为而为者,天也;莫之致而至者,命也。匹夫而有天下者,德必若舜、禹,而又有天子荐之者,故仲尼不有天下。继世以有天下,天之所废,必若桀、纣者也。故益、伊尹、周公不有天下。伊尹相汤以王于天下,汤崩,太丁未立,外丙二年,仲壬四年⑦,太甲颠覆汤之典刑,伊尹放之于桐⑧。三年,太甲悔过,自怨自艾,于桐处仁迁义;三年,以听伊尹之训己也,复归于亳⑨。周公之不有天下,犹益之于夏,伊尹之于殷也。孔子曰:'唐、虞禅,夏后、殷、周继,其义一也。'"

【今译】

万章问道:"有人说,'到禹的时代道德衰微了,天下不传给贤者,却传给儿子。'有这样的事么?"

孟子说:"不,不是这样的。天意要给贤者,就给贤者;天意要给儿子,就给儿子。从前,舜把禹推荐给天,过了十七年,舜去世了,守丧三年后,禹到阳城以回避舜的儿子,天下的百姓追随他,就如尧死后不追随尧的儿子却追随舜一样。禹把益推荐给天,过了七年,禹去世了,守丧三年后,益到箕山之北以回避禹的儿子。朝见天子、打官司的人不去见益而去见启,说:'是我们君主的儿子。'歌功颂德的人不歌颂益而歌颂启,说:'是我们君主的儿子。'(尧的儿子)丹朱不中用,舜的儿子也不中用。舜辅佐尧、禹辅佐舜,经历的时间多,对百姓施恩泽已久。启很贤明,能虔诚地继承禹的传统。益辅佐禹,经历的时间短,对百姓施恩泽不长。舜、禹、益辅佐天子时间的久暂,他们儿子的好坏,这都是天意,不是人力所能办到的。不是人力所能办到却办到了,那是天意;不是人力所能招致却自然来了,那是命运。一个普通人却能拥有天下,他的道德一定得像舜和禹那样,而且又有天子的推荐,所以孔子就没能拥有天下。继承祖先之业而拥有天下,天意所要废弃的,一定是像桀、纣那样暴戾的人,所以益、伊尹和周公没能拥有天下。伊尹辅佐汤称王天下,汤去世后,太丁未立就死了,外丙在位二年,仲壬在位四年,太甲破坏了汤的法度,伊尹把他流放到桐邑去。三年之后,太甲悔过自新,痛改前非,在桐邑做到安心于仁,唯义是从,三年中虚心听取伊尹的教诲,这就又回到了亳都。周公不能拥有天下,和益在夏朝、伊尹在殷朝一样。孔子说过:'唐尧、虞舜让位给贤者,夏、商、周三代王位世代继承,道理是一样的。'"

【注释】

①阳城:在今河南登封境内。 ②益:伯益,传说中嬴姓各族之祖,初为舜臣,受到禹重用,被选为继承者,后为禹子启所杀。 ③箕山:在今河南登封县东南。阴,山之北。 ④启:禹子名,后世因避汉景帝刘启讳,也作"开"。 ⑤丹朱:尧的儿子,名朱,封于丹。舜之子:名商均。 ⑥久远:疑原文可能有误,一般认为当作"久暂",即长短之意。 ⑦太丁、外丙、仲壬:都是成汤之子。据《史记·殷本纪》记:商汤王死,太子太丁未立即死,弟外丙立;帝外丙死,外丙弟仲壬立。 ⑧太甲:太丁之子,帝仲壬死,太甲立。桐:在今河南省洛阳市偃师区附近。 ⑨亳:殷都,在今河南省洛阳市偃师区西。

【评析】

这一章与上一章有密切关联,讲的也是统治天下的资格来自"天意",是"天命"所定的问题。

孟子在此章中谈到了中国上古历史上王位继承的两种重要制度,一是"禅让制",一是"世袭制"。相传尧为部落联盟首领时,"四岳"推举舜为继承人,尧对舜考察了三年,接着让他帮助办理政事,尧死后,舜继位。舜又以同样的方式,经过治水的考验,以禹为继承人。禹继位后,又举皋陶为继承人,皋陶早死,又以伯益为继承人。这就是所谓的"禅让制"。但禹死后,禹子启破坏了"禅让制",自己继位而杀了伯益,从此开始了"家天下"的"世袭制"。"世袭制"在其初期,有"父死子继"的形式,也有"兄终弟及"的形式,发展到后世则以"父死子继"为主了。

在本章中,孟子的一些解释颇有"为尊者讳"之嫌。如万章提到的"人有言"三句,在《韩非子·外储说》《新序·节士》等古籍中亦有提及,说明当时持这种观点的人不少。又孟子称道启的为人"贤",恐也未必尽然,杨伯峻《孟子译注》对此颇有考证,可参看。

万章问曰:"人有言,'伊尹以割烹要汤①。'有诸?"

孟子曰:"否。不然。伊尹耕于有莘②之野,而乐尧舜之道焉。非其义也,非其道也,禄之以天下,弗顾也;系马千驷,弗视也。非其义也,非其道也,一介③不以与人,一介不以取诸人。汤使人以币④聘之,嚣嚣然⑤曰:'我何以汤之聘币为哉?我岂若处畎亩之中,由是以乐尧舜之道哉?'汤三使往聘之,既而幡⑥然改曰:'与我处畎亩之中,由是以乐尧舜之道,吾岂若使是君为尧舜之君哉?吾岂若使是民为尧舜之民哉?吾岂若于吾身亲见之哉?天之生此民也,使先知觉后知,使先觉觉后觉也。予,天民之先觉者也;予将以斯道觉斯民也。非予觉之,而谁也?'思天下之民匹夫匹妇有不被尧舜之泽者,若己推而内之沟中。其自任以天下之重如此,故就汤而说之以伐夏救民。吾未闻枉己而正人者也,况辱己以正天下者乎?圣人之行不同也,或远,或近,或去,或不去,归洁其身而已矣。吾闻其以尧舜之道要汤,未闻以割烹也。《伊训》曰:'天诛造攻自牧宫,朕载自亳⑦。'"

【今译】

万章问道:"有人说,'伊尹以去切肉做菜来谋求汤的录用',有这回事吗?"

孟子说:"不,不是这样的。伊尹在有莘国的郊野耕种,喜爱尧舜之道。不合乎道,不合乎义,即使以天下作为俸禄,他也不理睬;即使送四千匹马给他,他也不看一眼。不合乎道,不合乎义,一点点东西也不给别人,也不取别人一点点东西。汤派人带着礼物去聘请他,他不在乎地说:'我要汤的聘礼干什么呢?我何不这样身居田野之中,由此乐于尧舜之道呢？'汤三次派人去礼聘他,然后他才完全改变态度,说：'我与其身居田野之中,由此乐于尧舜之道,我何不使这位君主成为尧舜之君呢？我何不使这些百姓成为尧舜的百姓呢？我何不在我有生之年亲眼看到这些呢？上天降生这些百姓,是要使先知的人帮助后知的人知道,使先觉的人帮助后觉的人觉悟。我,就是上天降生的百姓中先觉悟的人,我将以这个尧舜之道去帮助那些百姓觉悟。不是我去帮助他们觉悟,又是谁去呢？'他认为,天下百姓中有一个男人或一个女人没有得到尧舜之道恩泽的,就像是自己将他们推进沟中去一样。他是这样自愿把天下的重担压在肩上,所以跑到汤那里,以攻打夏桀拯救百姓的事向汤游说。我从未听说过自己不正直却能匡正别人的,更何况以屈辱自己去匡正天下呢？圣人的行事各不相同,有的远离君主,有的接近君主,有的离开朝廷,有的不离朝廷,归根到底只洁净自身罢了。我只听说伊尹以尧舜之道来谋求汤的录用,没听说以切肉做菜的事。《伊训》中说：'上天的讨伐起自夏桀自己,我不过是从亳都开始着手的。'"

【注释】

①伊尹以割烹要汤：此说亦见于《墨子·尚贤》《庄子·庚桑楚》《史记·殷本纪》及《吕氏春秋·本味》,尤以《本味》记述为详。 ②有莘：国名,在今河南陈留县东北。 ③一介：一点点；介,同"芥",一说同"个"。 ④币：帛。这里泛指礼物。 ⑤嚣嚣然：闲暇自得貌。 ⑥幡：同"翻"。 ⑦《伊训》：《尚书》逸篇之一,今本《伊训》为伪书。造：始。牧宫：桀的宫室名,这里寓指夏桀其人。朕：伊尹自称。载：始。

【评析】

此章说伊尹相成汤之事。历史上有关伊尹如何进身方面的传说颇多,且并不好听。孟子对这些传说予以了断然的否认。这实际不是很重要的,重要的是孟子在这里提出了儒家的一个重要思想,即所谓

"使先知觉后知,使先觉觉后觉也。予,天民之先觉者也;予将以斯道觉斯民也。非予觉之,而谁也?"这种"舍我其谁"的担待精神,也就是儒家之所以会选择"入世"做事的一个基本的思想基础,后来宋儒有所谓"为天地立心,为生民立命,为往圣继绝学,为万世开太平"的思想,其思想渊源即来自孟子。

万章问曰:"或谓孔子于卫主痈疽①,于齐主侍人②瘠环,有诸乎?"

孟子曰:"否,不然;好事者为之也。于卫主颜雠由③。弥子之妻与子路之妻,兄弟也④。弥子谓子路曰:'孔子主我,卫卿可得也。'子路以告。孔子曰:'有命。'孔子进以礼,退以义,得之不得曰'有命'。而主痈疽与侍人瘠环,是无义无命也。孔子不悦于鲁、卫⑤,遭宋桓司马⑥将要而杀之,微服而过宋。是时孔子当厄,主司城贞子⑦,为陈侯周⑧臣。吾闻观近臣,以其所为主;观远臣,以其所主。若孔子主痈疽与侍人瘠环,何以为孔子?"

【今译】

万章问道:"有人说,孔子在卫国时住在宦官痈疽家,在齐国时住在宦官瘠环家,有这回事吗?"

孟子说:"不,不是这样的;这是好事之徒编造的。孔子在卫国时住在颜雠由家。弥子瑕的妻子与子路的妻子是姐妹。弥子瑕对子路说:'孔子要是住在我家,卫国的国卿位子便可得到。'子路把这话告诉了孔子。孔子说:'凡事都有命。'孔子依礼而进,依义而退,得不得到官位说由命运决定。如果他住在痈疽和宦官瘠环家中去,就是无视礼义和命运了。孔子在鲁国和卫国不顺心,又遇上宋国的司马桓魋想在路上拦截杀害他,只得改变装束通过宋国。这时孔子正在难中,便住在司城贞子家,做了陈侯周的臣子。我听说,观察在朝的臣子,就看在他所接待的客人;观察外来的客臣,就看他所寄居的主人。要是孔子住在痈疽和宦官瘠环家,那还算什么孔子呢?"

【注释】

①主:名词动用,以某某为主人,意即作客于某家。痈疽:《史记·孔子世家》作雍渠,卫灵公的宦官。　②侍人:宦官。　③颜雠由:《史记·孔子世家》作颜浊邹,卫国的贤大夫。　④弥子:弥子瑕,卫灵公的宠臣。兄弟:即姐妹。　⑤孔子不悦于鲁卫:其事详见《史记·孔子世家》。　⑥宋桓司马:指宋国的司马桓魋。　⑦司城贞子:陈国的卿。　⑧陈侯周:陈怀公之子,名周,具体可参见杨伯峻考证。

【评析】

此章讲圣人行事有一定的原则,而原则就是礼和义,即使在危难之中,这种原则也不会改变。

万章问曰:"或曰:'百里奚自鬻于秦养牲者五羊之皮,食牛,以要秦穆公①。'信乎?"

孟子曰:"否。不然;好事者为之也。百里奚,虞人也。晋人以垂棘之璧与屈产之乘,假道于虞以伐虢。宫之奇谏,百里奚不谏②。知虞公之不可谏而去,之秦,年已七十矣,曾不知以食牛干秦穆公之为污也,可谓智乎? 不可谏而不谏,可谓不智乎? 知虞公之将亡而先去之,不可谓不智也。时举于秦,知穆公之可与有行③也而相之,可谓不智乎? 相秦而显其君于天下,可传于后世,不贤而能之乎? 自鬻以成其君,乡党自好者不为,而谓贤者为之乎?"

【今译】

万章问道:"有人说:'百里奚以五张羊皮的价格将自己卖给秦国养牲畜的人,替人养牛,以此来谋求秦穆公的录用。'是真的吗?"

孟子说:"不,不是这样;这是好事之徒编造的。百里奚是虞国人。晋国人拿垂棘出的美玉和屈地产的好马,向虞国借道攻打虢国。宫之奇出来劝阻,百里奚却没有劝阻。他知道虞公不可劝阻而离开虞国,到了秦国,这时他已七十岁了,竟会不知道以养牛的方式去干求秦穆公是秽行,能说是聪明吗?知道不可劝阻便不劝阻,能说是不聪明吗?知道虞公将亡而先行离开,不能说不聪明。当被秦国起用时,知道秦穆公能有所作为而辅佐他,能说是不聪明吗?辅佐秦国而使它的君主名扬天下,并可流芳于后世,不贤明的人能做到吗?以卖身来成就其君主,乡里洁身自爱的人都不会做,反倒说贤明的人会做吗?"

【注释】

①百里奚:春秋时人,原为虞国大夫,虞亡后辗转而成秦国大夫,曾助秦穆公建霸业,其"自鬻于秦"事,散见于战国至秦的多种古籍,详可参见杨伯峻的考证。 ②晋人"假道于虞以伐虢"事,见《左传》的"僖公二年"及"僖公五年"。宫之奇:虞国大臣。 ③可与有行:可以与他有所作为。

【评析】

此章与前面讲伊尹的那章意思大致相近。关于百里奚的传说,古籍颇多记载,而所说与万章之言基本不差。孟子以他们为贤者,故语多回护,就如朱熹在《集注》中引范氏语曰:"伊尹、百里奚之事,皆圣贤出处之大节,故孟子不得不辩。"

万　章　下

【解题】

本篇下篇凡九章,其中五章是与万章的对话,还有两章是语录,两章是答人问。内容则涉及圣贤为人处世、古代的爵禄制度、交友的原则、入仕的原则、士与统治者相处的原则、理解古人的方法、君臣关系等。

孟子曰:"伯夷目不视恶色,耳不听恶声,非其君不事,非其民不使,治则进,乱则退。横①政之所出,横民之所止,不忍居也。思与乡人处,如以朝衣朝冠坐于涂炭也。当纣之时,居北海之滨,以待天下之清也。故闻伯夷之风者,顽②夫廉,懦夫有立志。

"伊尹曰:'何事非君,何使非民?'治亦进,乱亦进,曰:'天之生斯民也,使先知觉后知,使先觉觉后觉。予,天民之先觉者也;予将以此道觉此民也。'思天下之民匹夫匹妇有不与被尧舜之泽者,若己推而内之沟中。其自任以天下之重也。

"柳下惠不羞污君,不辞小官。进不隐贤,必以其道。遗佚而不怨,厄穷而不悯。与乡人处,由由然不忍去也。'尔为尔,我为我,虽袒裼裸裎于我侧,尔焉能浼我哉?'故闻柳下惠之风者,鄙③夫宽,薄夫敦。

"孔子之去齐,接淅④而行;去鲁,曰:'迟迟吾行也,去父母国之道也。'可以速而速,可以久而久,可以处而处,可以仕而仕,孔子也。"

孟子曰:"伯夷,圣之清者也;伊尹,圣之任者也;柳下惠,圣之和者也;孔子,圣之时者也。孔子之谓集大成。集大成也者,金声⑤而玉振⑥之也。金声也者,始条理也;玉振之也者,终条理也。始条理者,智之事也;终条理者,圣之事也。智,譬则巧也;圣譬则力也。由⑦射于百步之外,其至,尔力也;其中,非尔力也。"

【今译】

孟子说:"伯夷,眼睛不看丑恶的景象,耳朵不听丑恶的声音。不是他认可的君主不事奉,不是他认可的民众不使唤。世道太平就出来做官,世道昏乱便退而隐居。暴政产生的地方,暴民所住的地方,他都不忍心居住。他认为,与乡下人在一起,就像穿着礼服、戴着礼帽坐在污泥和炭灰上。当商纣王的时候,他隐居在北海边,等待天下的清平。所以,听到伯夷的风节,贪夫会变廉洁,怯懦的人也会有自立的意志。

"伊尹说:'什么君主不能事奉?什么百姓不能使唤?'世道太平也做官,世道昏乱也做官,说:'上天降生这些百姓,是要使先知的人帮助后知的人知道,使先觉的人帮助后觉的人觉悟。我,就是上天降生的百姓中先觉悟的人,我将以这个尧舜之道去帮助那些百姓觉悟。'他认为,天下百姓中有一个男人或一个女人没有得到尧舜之道恩泽的,就像是自己将他们推进沟中去一样。他自愿把天下的重担压在肩上。

"柳下惠不以事奉肮脏的君主为耻,不嫌弃做小官。进到朝廷不隐瞒自己的才干,一定根据自己的原则办事。不被上面任用无怨言,困于贫穷不忧伤。与乡下人相处,悠然自得而不忍离去。'你是你,我是我。哪怕你在我旁边赤身露体,你又怎能玷污我呢?'所以,听到柳下惠的风节,心地窄狭者会变得襟怀宽大,刻薄者会变得厚道。

"孔子离开齐国,把已浸在水中的米捞起来就走;离开鲁国,却说:'我们慢慢走吧,这是离开祖国的做法。'该快就快,该久就久,该闲处在家就闲处在家,该做官就做官。这就是孔子。"

孟子说:"伯夷,圣人中的清高者;伊尹,圣人中的尽责者;柳下惠,圣人中的随和者;孔子,圣人中的合时宜者。孔子可说是集大成了。所谓集大成,(就如奏乐)敲钟开头,击磬收尾。敲钟起音,是节奏条理的开端;击磬收尾,是节奏条理的终结。节奏条理的开端,在于智;节奏条理的终结,在于圣。智,好比技巧;圣,好比气力。就如同在百步以外射箭,射到,靠你的力量;射中,就不是单靠你的力量了。"

【注释】

①横:横逆、残暴。 ②顽:通"贪"。 ③鄙:狭陋。 ④淅:把米浸在水中,这里指还没有淘洗的米。 ⑤金声:金,金属制的乐器如钟之类;声,开始。 ⑥玉振:玉,玉或石制的乐器如磬之类;振,结束。
⑦由:同"犹"。

【评析】

此章核心是讲孔子"集大成"。伯夷、伊尹、柳下惠三位圣贤虽有长处,但也有不足。孟子以射箭作比喻,射箭是"巧"与"力"的结合,缺一不可。而惟有孔子兼备了两者,其他圣贤都或有一偏。正如朱熹所说:"此章言三子之行,各极其一偏;孔子之道,兼全乎众理。所以偏者,由其蔽于始,是以缺于终;所以全者,由其知之至,是以行之尽。"(《集注》)

北宫锜①问曰:"周室班②爵禄也,如之何?"

孟子曰:"其详不可得闻也,诸侯恶其害己也,而皆去其籍;然而轲也尝闻其略也:天子一位,公一位,侯一位,伯一位,子、男同一位,凡五等也。君一位,卿一位,大夫一位,上士一位,中士一位,下士一位,凡六等。天子之制,地方千里,公、侯皆方百里,伯七十里,子、男五十里,凡四等。不能③五十里,不达于天子,附于诸侯,曰附庸。天子之卿受地视④侯,大夫受地视伯,元士⑤受地视子、男。大国地方百里,君十卿禄,卿禄四大夫,大夫倍上士,上士倍中士,中士倍下士,下士与庶人在官者⑥同禄,禄足以代其耕也。次国地方七十里,君十卿禄,卿禄三大夫,大夫倍上士,上士倍中士,中士倍下士,下士与庶人在官者同禄,禄足以代其耕也。小国地方五十里,君十卿禄,卿禄二大夫,大夫倍上士,上士倍中士,中士倍下士,下士与庶人在官者同禄,禄足以代其耕也。耕者之所获,一夫百亩。百亩之粪⑦,上农夫食九人,上次食八人,中食七人,中次食六人,下食五人。庶人在官者,其禄以是为差。"

【今译】

北宫锜问道:"周朝王室规定爵位和俸禄的等级,是怎样做的?"

孟子说:"详细情况已不可能知道了,诸侯们因为讨厌它妨碍自己,把那些文献都毁了;不过我曾听说过大概的情况:天子一级,公一级,侯一级,伯一级,子、男同一级,总共五等。君一级,卿一级,大夫一级,上士一级,中士一级,下士一级,总共六等。天子所管辖的土地方圆千里,公、侯都是方圆百里,伯七十里,子、男各五十里,总共四等。土地方圆不到五十里的,不能直接上达天子,附属于诸侯,叫作附庸。天子的卿所受的封地同于侯,(天子的)大夫受地同于伯,(天子的)上士受地同于子、男。分侯大国的封地方圆百里,国君的俸禄十倍于卿,卿的俸禄四倍于大夫,大夫一倍于上士,上士一倍于中士,中士一倍于下士,下士与当公差的百姓拿同样的俸禄,所得俸禄足够抵上从事耕种的收入。中等国家的封地方圆七十里,国君的俸禄十倍于卿,卿的俸禄三倍于大夫，大夫一倍于上士，上士一倍于中士，中士一倍于下士，下士与当公差的百姓拿同样的俸禄，所得的俸禄足够抵上从事耕种的收入。小国的封地方圆五十里，国君的俸禄十倍于卿，卿的俸禄二倍于大夫，大夫一倍于上士，上士一倍于中士，中士一倍于下士，下士与当公差的百姓拿同样的俸禄，所得的俸禄足够抵上从事耕种的收入。农夫的收入，一夫一妇受田一百亩。百亩地施肥耕种，上等农民可供养九人，稍次的养活八人，中等的养活七人，稍次的养活六人，下等的养活五人。在公家当差的百姓，他们的俸禄比照这个来分等级。"

【注释】

①北宫锜：卫国人。　②班：列，作动词用，划定等级。　③不能：不足。　④视：比照。　⑤元士：上士。　⑥庶人在官者：百姓在官府当差的。　⑦粪：施肥。

【评析】

此章讲周朝的爵位和俸禄制度。孟子所讲，与今天所能见到的《周礼》《礼记·王制》等所记颇多不同。有学者以为这是孟子的理想，事实未必如此；也有学者以为，孟子所述有很高的学术价值，因为《周礼》《礼记·王制》等多为汉儒的追述或附会，而孟子所述是"秦火"以前的说法。不管怎么说，这段文字，对中国古代制度史的研究极为重要。

万章问曰："敢问友。"

孟子曰："不挟长，不挟贵，不挟兄弟而友①。友也者，友其德也，不可以有挟也。孟献子②，百乘之家也，有友五人焉：乐正裘、牧仲，其三人则予忘之矣③。献子之与此五人者友也，无献子之家者也。此五人者，亦有献子之家，则不与之友矣。非惟百乘之家为然也,虽小国之君亦有之。费④惠公曰:'吾于子思,则师之矣;吾于颜般,则友之矣;王顺、长息,则事我者也⑤。'非惟小国之君为然也,虽大国之君亦有之。晋平公之于亥唐⑥也,入云则入,坐云则坐,食云则食,虽蔬食菜羹未尝不饱,盖不敢不饱也。然终于此而已矣。弗与共天位也,弗与治天职也,弗与食天禄也,士之尊贤者也,非王公之尊贤也。舜尚见帝,帝馆甥于贰室⑦,亦飨舜,迭为宾主,是天子而友匹夫也。用下敬上,谓之贵贵;用上敬下,谓之尊贤。贵贵尊贤,其义一也。"

【今译】

万章问道:"请问如何交友?"

孟子说:"不倚仗年岁大,不倚仗地位高,不倚仗有钱势的兄弟。交友,是以品德相交,决不可有所倚仗。孟献子是拥有百辆马车的世家,他有五个朋友:乐正裘、牧仲,其他三人的姓名我忘了。献子与这五人相交,心里不存在我是世家的念头。这五个人,要是心里也有着献子出身世家的念头,就不会与他交友了。不仅拥有百辆马车的世家如此,即使小国的君主也有朋友。费惠公说:'我对于子思,将他当老师;对于颜般,将他当朋友;至于王顺、长息,只是事奉我的人。'不仅小国的君主如此,即使大国的君主也有朋友。晋平公对于亥唐,亥唐叫他进去就进去,叫他坐就坐,叫他吃饭就吃饭。哪怕是糙米饭、蔬菜汤,从不曾不吃饱过,因为不敢不吃饱。不过也仅此而已,不与他共居官位,不与他共理政事,不与他共享俸禄,这是士人尊敬贤人的态度,不是王公尊敬贤人应有的态度。舜上谒帝尧,帝尧让女婿住在副宫里,设宴请舜,互为宾主,这是天子与平民的结交。以地位低的尊敬地位高的,叫作尊重贵人;以地位高的尊敬地位低的,叫作尊敬贤者。尊重贵人和尊敬贤士,道理是一样的。"

【注释】

①挟:倚仗。兄弟:指有权势的兄弟。 ②孟献子:鲁国贵卿。 ③乐正裘、牧仲等五人:赵岐注为"皆贤人无位者也",不可考。 ④费:小国名。 ⑤颜般、王顺:《汉书·古今人表》颜般作颜敢,王顺作王慎。 ⑥亥唐:晋国隐居陋巷的贤人。 ⑦甥:指舜,古代妻父叫"外舅",故岳父亦可称婿为甥。贰室:副宫。

【评析】

本章谈人际之间五种最重要关系(五伦)之一的朋友关系。按儒家的观点,朋友相交重在品德,因为朋友有"辅仁"之责,曾子尝言:"君子以文会友,以友辅仁。"(《论语·颜渊》)孟子所强调的就是儒家的这一交友原则,正因为如此,所以即便是平民也可与大夫、诸侯乃至于天子相友,反之亦然。

万章问曰:"敢问交际何心也?"

孟子曰:"恭也。"

曰:"'却之却之为不恭',何哉?"

曰:"尊者赐之,曰:'其所取之者义乎,不义乎?'而后受之,以是为不恭,故弗却也。"

曰:"请无以辞却之,以心却之,曰,'其取诸民之不义也',而以他辞无受,不可乎?"

曰:"其交也以道,其接也以礼,斯孔子受之矣。"

万章曰:"今有御人①于国门之外者,其交也以道,其馈也以礼,斯可受御与?"

曰:"不可。《康诰》曰:'杀越人于货,闵不畏死,凡民罔不譈②。'是不待教而诛者也。殷受夏,周受殷,所不辞也。于今为烈,如之何其受之?"

曰:"今之诸侯取之于民也,犹御也。苟善其礼际矣,斯君子受之,敢问何说也?"

曰:"子以为有王者作,将比③今之诸侯而诛之乎?其教之不改而后诛之乎?夫谓非其有而取之者盗也,充类至义④之尽也。孔子之仕于鲁也,鲁人猎较⑤,孔子亦猎较。猎较犹可,而况受其赐乎?"

曰:"然则孔子之仕也,非事道与?"

曰:"事道也。"

"事道奚猎较也?"

曰:"孔子先簿正祭器⑥,不以四方之食供簿正。"

曰:"奚不去也?"

曰:"为之兆⑦也。兆足以行矣,而不行,而后去,是以未尝有所终三年淹⑧也。孔子有见行可之仕,有际可⑨之仕,有公养⑩之仕。于季桓子,见行可之仕也;于卫灵公,际可之仕也;于卫孝公⑪,公养之仕也。"

【今译】

万章问道:"请问,交际时应如何用心?"

孟子说:"恭敬之心。"

万章说:"'一再拒绝别人的礼物是不恭敬的。'这话什么意思呢?"

孟子说:"尊者赠送礼物,自己先考虑:'他取得这些东西是合乎义呢,还是不合乎义呢?'然后才接受,这是不恭敬的,所以就不拒绝。"

万章说:"我说,不用语言去拒绝,而在心里拒绝,心想:'他是取自百姓的不义之财。'然后以别的借口不接受,不可以吗?"

孟子说:"他以规矩来相交,以礼节来接待,这样,孔子也会接受礼物的。"

万章说:"现在有人在国都郊外杀人抢劫,他以规矩来相交,以礼节来馈赠,这样,可以接受他抢来的东西吗?"

孟子说:"不可以。《康诰》中说:'杀人抢劫,强横而不怕死,这种人,是没有百姓不痛恨的。'这种人不必等待教育就可诛杀的。殷朝接受了夏朝这条法规,周朝又接受了殷朝这条法规,这是它们所不愿更改的。现在这种杀人抢劫更厉害了,怎么能接受呢?"

万章说:"现在的诸侯从百姓那里取财物,如同杀人抢劫。如果他们把交际的礼节搞好,这样,君子也就接受了,请问这又该怎样解释呢?"

孟子说:"你以为若有圣王兴起,会将现在的诸侯一律诛杀呢?还是先教育他们,如果再不悔改然后诛杀呢?所谓不是自己所有的东西而去谋取是盗贼行径,那只是类推究义到极点的说法。孔子在鲁国做官时,鲁人争夺猎物,孔子也争夺猎物。争夺猎物都可以,更何况接受赠与呢?"

万章说:"那么,孔子做官不是为了行道义吗?"

孟子说:"是为了行道义。"

万章说:"既为了行道义,为什么又要争夺猎物呢?"

孟子说:"孔子先用文书规定祭器的数目,不以四方的食物来供祭祀之用。"

万章说:"孔子为什么不离去呢?"

孟子说:"孔子是以此为开端(以行道义),开端说明足以能行,但(国君)不愿施行,他才离去,所以孔子不曾在一个朝廷停留满三年的。孔子有见有行道的可能而做官的,有因为国君礼遇他而做官的,有因为国君能养贤而做官的。对于季桓子,是见有行道的可能而做官的;对于卫灵公,是因为国君礼遇他而做官的;对于卫孝公,是由于国君能够养贤而做官的。"

【注释】

①御:止;"御人"即以暴力拦截行人而杀之。 ②《康诰》:《尚书》篇名,今本与孟子所引略有不同。越:语助词。于:取。闵:强横。譈:怨

恨。　③比:同。　④充类至义:充其类、极其义,即类推究义的意思。⑤猎较:田猎时争夺猎物。　⑥簿正祭器:用文书规定祭器,使有定数。　⑦兆:始。　⑧淹:停留。　⑨际可:以礼接待某人。　⑩公养:国君养贤的礼遇。　⑪卫孝公:即卫出公。

【评析】

此章开首问"交际"之"用心",结果牵涉到接受为政者之馈赠以及出仕做官的原则问题,许多内容不太好理解和翻译。按朱熹的说法:"此章文义多不可晓,不必强为之说。"如"殷受夏,周受殷,所不辞也。于今为烈,如之何其受之?"这一段文字,赵岐注为"三代相传以此法",但也有学者认为"语义不伦",以为"此必有断简或阙文者",有以为是"衍字"(参见朱熹《集注》)。本书取赵注说,也只是认为较可通而已。

孟子曰:"仕非为贫也,而有时乎为贫;娶妻非为养也,而有时乎为养。为贫者,辞尊居卑,辞富居贫。辞尊居卑,辞富居贫,恶乎宜乎?抱关击柝①。孔子尝为委吏②矣,曰:'会计当而已矣。'尝为乘田③矣,曰:'牛羊茁壮长而已矣。'位卑而言高,罪也;立乎人之本朝④,而道不行,耻也。"

【今译】

孟子说:"做官不是因为贫穷,但有时是因为贫穷;娶妻不是为了奉养双亲,但有时是为了奉养双亲。由于贫穷而做官的,(就该)不作高官而甘居低职,不拿高薪而甘得低俸。不作高官而甘居低职,不拿高薪而甘得低俸,那么干点什么合宜呢?看门、打更也就行了。孔子就曾做过管仓库的小吏,他说:'做到账目清楚罢了。'他也曾当过看牲畜的小吏,他说:'把牛羊养得膘肥体壮罢了。'职位卑下而谈论朝廷大事,那是罪过;在人家的朝廷里当大官,却不能推行道义,那是耻辱。"

【注释】

①抱关:看门。击柝:打更。　②委吏:管理仓库的。　③乘田:管理牲畜园囿的。　④本朝:即朝廷。

【评析】

儒家并不排斥为了生计而去担任官职,但若为了生计而去当官,就必须做到内点:一、不能去谋求高官厚禄;二、对自己所任之职要负责尽心。反过来说,如果当官主要不是为了生计,那就必须以"行道"为职志。

万章曰:"士之不托诸侯①,何也?"

孟子曰:"不敢也。诸侯失国而后托于诸侯,礼也。士之托于诸侯,非礼也。"

万章曰:"君馈之粟,则受之乎?"

曰:"受之。"

"受之何义也?"

曰:"君之于氓也,固周之②。"

曰:"周之则受,赐之则不受,何也?"

曰:"不敢也。"

曰:"敢问其不敢何也?"

曰:"抱关击柝者皆有常职以食于上。无常职而赐于上者,以为不恭也。"

曰:"君馈之则受之,不识可常继乎?"

曰:"缪公之于子思也,亟③问,亟馈鼎肉。子思不悦。于卒也,摽④使者出诸大门之外,北面稽首再拜⑤而不受,曰:'今而后知君之犬马畜伋。'盖自是台⑥无馈也。悦贤不能举,又不能养也,可谓悦贤乎?"

曰:"敢问国君欲养君子,如何斯可谓养矣?"

曰:"以君命将⑦之,再拜稽首而受。其后廪人⑧继粟。庖人⑨继肉,不以君命将之。子思以为鼎肉使己仆仆⑩尔亟拜也,非养君子之道也。尧之于舜也,使其子九男事之,二女女焉,百官牛羊仓廪备,以养舜于畎亩之中,后举而加诸上位,故曰:王公之尊贤者也。"

【今译】

万章问道:"士不能依附诸侯过日子,这是为什么?"

孟子说:"是不敢。诸侯失掉了国家,去依附别的诸侯,这合乎礼;士依附诸侯,不合乎礼。"

万章说:"要是国君送给他粮食,那接不接受呢?"

孟子说:"接受。"

万章说:"接受是什么道理呢?"

孟子说:"国君对于外来的人士,本就可以周济的。"

万章说:"周济他就接受,赐予他就不接受,这又是为什么?"

孟子说:"是不敢。"

万章说:"请问,不敢接受的理由何在?"

孟子说:"看门、打更的小吏都是由于有职务才接受上面的给养,没有正当的职务却接受上面的赐予,被认为是不恭敬的。"

万章说:"国君送东西给他,就接受,不知可以经常不断吗?"

孟子说:"过去缪公对于子思,屡次派人去问候,并赠送肉食。子思很不高兴。到最后,他把来人赶出大门,朝北面先叩头后作揖地拒绝了,说:'今天才知道君主是把我当作狗马那样畜养的。'从此仆人就不再来送东西了。喜爱贤士既不能举用,又不能奉养,能说是喜爱贤士吗?"

万章说:"请问国君要奉养君子,怎样做才能说是奉养呢?"

孟子说:"以国君的名义馈赠,他先作揖、后叩头地接受了。以后管粮仓的经常来送粮食,管膳食的经常来送肉食,就不再以国君的名义来送了。子思认为,馈送肉食使自己十分麻烦地一再作拜行礼,这不是奉养君子的做法。尧对于舜,派他九个儿子事奉他,把两个女儿嫁给他,还有百官、牛羊、粮仓都齐备,以奉养舜于田野之中,然后提拔他到高位上,所以说,这才是王公尊敬贤士的典范。"

【注释】

①古时士有两种,一是有职位的,一是无职位的,这里所讲属后一种。托:依附。　②氓:从他国来本国的百姓。周:周济。　③亟:屡次。④摽:撵走。　⑤稽首再拜:稽首,叩头到地;稽首再拜,为凶拜(下"再拜稽首"则为吉拜),表示拒绝。　⑥台:旧注为仆役;杨伯峻引杨树达说以为是"始"之义。　⑦将:送。　⑧虞人:管仓库的小吏。　⑨庖人:厨师、管膳食的小吏。　⑩仆仆:劳顿、麻烦。

【评析】

此章是说,尊敬贤者,最主要的是在于能举用贤者,其次才是能奉养他,并且奉养也要符合礼节,否则与畜养狗、马没有两样。按赵岐"章指"的说法,此章是"孟子上陈尧、舜之大法,下刺缪公之不宏"。

万章曰:"敢问不见诸侯,何义也?"

孟子曰:"在国曰市井之臣,在野曰草莽之臣,皆谓庶人。庶人不传质①为臣,不敢见于诸侯,礼也。"

万章曰:"庶人召之役,则往役;君欲见之,召之则不往见之,何也?"

曰:"往役,义也;往见,不义也。且君之欲见之也,何为也哉?"

曰:"为其多闻也,为其贤也。"

曰:"为其多闻也,则天子不召师,而况诸侯乎? 为其贤也,则吾未闻欲见贤而召之也。缪公亟见于子思②,曰:'古千乘之国以友士,何如?'子思不悦,曰:'古之人有言曰:事之云乎,岂曰友之云乎?'子思之不悦也,岂不曰:'以位,则子君也,我臣也,何敢与君友也? 以德,则子事我者也,奚可以与我友?'千乘之君求与之友而不可得也,而况可召与? 齐景公田,招虞人以旌,不至,将杀之。'志士不忘在沟壑,勇士不忘丧其元。'孔子奚取焉? 取非其招不往也。"

曰:"敢问招虞人何以?"

曰:"以皮冠③。庶人以旃④,士以旂⑤,大夫以旌。以大夫之招招虞人,虞人死不敢往;以士之招招庶人,庶人岂敢往哉? 况乎以不贤人之招招贤人乎? 欲见贤人而不以其道,犹欲其入而闭之门也。夫义,路也;礼,门也。惟君子能由是路,出入是门。《诗》云:'周道如底,其直如矢;君子所履,小人所视。⑥'"

万章曰:"孔子,君命召,不俟驾而行。然则孔子非与?"

曰:"孔子当仕有官职,而以其官召之也。"

【今译】

万章说:"请问,不去见诸侯,这是什么道理呢?"

孟子说:"(无职位的士人)在都市的叫作市井之臣,在郊野的叫作草莽之臣,统称为百姓。百姓没有传送见面礼而为臣属,不敢谒见诸侯,这是合乎礼的。"

万章说:"百姓,召他服役就去服役;国君要见他,召他,却不去见,这是为什么呢?"

答道:"去服役,合乎义;去见,不合乎义。而且国君要见他,是为什么呢?"

万章说:"是因为他见多识广,是因为他德高望重。"

孟子说:"如果因为他见多识广,那即使天子也不能召见老师,何况诸侯呢?如果因为他德高望重,那我从未听说过想与贤士相见却是召唤他来的。鲁缪公多次去见子思,说:'古代拥有千辆兵车的国君与士人交友,是怎么做的?'子思不高兴地说:'古代人的话,是说国君应拜他为师,哪会说与他交友呢?'子思的不高兴,难道(心里)不是说:'论地位,那你是君主,我是臣下,怎么敢与君主交朋友呢?论品德,那你是该拜我为师的人,怎么可以与我交朋友呢?'拥有千辆兵车的国君想与他交友都办不到,更何况召唤他呢?齐景公打猎,拿饰有羽毛装饰的旌旗召唤管山林苑囿的小吏,小吏没有去,景公要杀掉他。(孔子得知后说:)'志士不怕弃尸山沟,勇士不怕丢掉脑袋。'孔子的赞赏是取他哪一点呢?就是取他敢于对不合乎礼仪的召唤不接受。"

万章说:"请问,召唤管山林苑囿的小吏该用什么东西?"

答:"用皮帽子。召唤百姓用旃,召唤士人用旗,召唤大夫才用旌。用召唤大夫的礼仪去召唤管山林苑囿的小吏,小吏死也不敢去;用召唤士人的礼仪去召唤百姓,百姓难道敢去吗?何况用召唤不贤之人的礼仪去召唤贤德之人呢?想见贤德之人却不遵循应有的礼节,就像请他进屋却把门关了。义,好比是路;礼,好比是门。只有君子能从这条路走,从这个门出进。《诗经》中说:'大道平如磨刀石,又如箭矢一般直;有德君子上面走,百姓步步来效法。'"

万章说:"孔子,君命召唤,不等套好马车立即便走,那孔子错了吗?"

孟子说:"孔子当时正在做官,担任了职务,国君是以他的职务召唤他的。"

【注释】

①传质:质同"贽",见面礼。庶人带见面礼去见诸侯,一定得由通报人把礼传送上去,叫传贽。 ②缪公亟见于子思:指缪公屡次去见子思。 ③皮冠:打猎时戴的皮帽子。 ④旃:用整幅丝绸做的、不加画图的旗子。 ⑤旂:画着二龙相交,并于旗杆顶端挂有铃的旗子。 ⑥《诗》:指《小雅·大东》。周道:大路。底:通"砥",磨刀石。视,效法。

【评析】

关于"不见诸侯"的问题,孟子曾回答过其弟子陈代、公孙丑(见《滕文公下》),而这一章可谓是最详尽的,可参照阅读。

孟子谓万章曰:"一乡之善士斯友一乡之善士,一国之善士斯友一国之善士,天下之善士斯友天下之善士。以友天下之善士为未足,又尚①论古之人,颂②其诗,读其书,不知其人,可乎?是以论其世也。是尚友也。"

【今译】

孟子对万章说:"一个乡的善士就与一个乡的善士交朋友,一个国家的善士就与一个国家的善士交朋友,天下的善士就与天下的善士交朋友。认为与天下的善士交朋友还不能满足,又上溯讨论古代的人,吟诵他们的诗歌,研读他们的著作,不了解他们的为人,可以吗?所以要讨论他们所处的时代。这就是上溯与古人交朋友。"

【注释】
①尚:通"上"。 ②颂:通"诵"。

【评析】

此章亦是谈交友。孟子认为,除了要与乡、国、天下的善士为友,还要与古人为友,学习古人优秀的东西。

本章中,孟子提出了一个重要的命题——"知人论世",也就是把具体的人放到当时的社会历史背景中去观察、理解。这一命题后来成为中国文学批评中一个重要方法。更进一步说,"知人论世"不仅与"颂诗""读书"并列,更是一种修身的方法和成人的道理。

齐宣王问卿。孟子曰:"王何卿之问也?"
王曰:"卿不同乎?"
曰:"不同。有贵戚之卿①,有异姓之卿。"
王曰:"请问贵戚之卿?"
曰:"君有大过则谏,反覆之而不听则易位。"
王勃然变乎色。
曰:"王勿异也。王问臣,臣不敢不以正②对。"
王色定,然后请问异姓之卿。
曰:"君有过则谏,反覆之而不听则去。"

【今译】

齐宣王问有关公卿的事。孟子说:"大王所问是哪一种卿呢?"
宣王说:"卿难道还有不同吗?"
孟子说:"有不同。有王室宗族的卿,有与王族不同姓的卿。"
宣王说:"请问王室宗族的卿?"
孟子答道:"国君有重大过错便劝谏;反复劝谏而不听从,便改立国君。"
宣王突然变了脸色。
孟子说:"大王不要奇怪。大王问我,我不敢不以实话答复。"
宣王脸色恢复了,然后请问与王族不同姓的卿。
孟子说:"国君有过错就劝谏;反复劝谏了而不听从,就离职而去。"

【注释】

①贵戚之卿:同宗族的公卿。　②正:诚实。

【评析】

此章讲的是为大臣之道。孟子认为,虽然同是公卿,但由于亲疏关系的不同而职责不同、处事方式也不同。与国君有血缘关系的公卿,因与祖宗的基业有关,所以不能"去",但在极端情况下有另立国君的权力。朱熹说:"贵戚之卿,小过非不谏也,但必大过而不听,乃可易位。异姓之卿,大过非不谏也,虽小过而不听,已可去矣。"(《集注》)

告 子 上

【解题】

本篇的内容涉及人性论、修养工夫、理想人格、知人论世等,也包括一些孟子在齐国时的活动和与人的对话。上下篇的内容区别较大,可能是编者有意这样编排的缘故。

本篇上篇凡十二章,以讨论心性问题为主,其中包括了孟子与告子那场著名的关于人性"善"还是"无善无不善"的辩论,关于"义"之内外问题的辩论,关于人性本善但又如何会不善的原因之探究,关于如何保持及扩充善性的修养工夫等,其中也涉及儒家理想人格的问题。大家知道,心性问题在孟子的思想中占据重要地位,因此本篇历来受到学者的重视。

告子曰:"性,犹杞柳①也。义,犹桮棬②也。以人性为仁义,犹以杞柳为桮棬。"

孟子曰:"子能顺杞柳之性而以为桮棬乎?将戕贼杞柳而后以为桮棬也?如将戕贼杞柳而以为桮棬,则亦将戕贼人以为仁义与?率天下之人而祸仁义者,必子之言夫!"

【今译】

告子说:"人的本性好比柜柳,仁义好比杯盘;使人性具备仁义,就像把柜柳制成杯盘。"

孟子说:"你是顺着柜柳的本性制成杯盘呢?还是残害柜柳的本

性去制成杯盘?如果是残害杞柳的本性去制成杯盘,那么也要残害人的本性去使它具备仁义吗?带领天下人去祸害仁义的,一定是你的这种言论!"

【注释】

①杞柳:柜柳。　②桮棬:桮同"杯";桮棬,杯盘。

【评析】

包括本章在内,接下来的几章都是孟子与告子辩论人性的问题。

告子其人,赵岐在其《章句》中说:"名不害,兼治儒墨之道者,尝学于孟子,而不能纯彻性命之理";《墨子》的《公孟篇》也提到了此人。关于两书中的告子是否就是一个人、告子是否孟子的学生,学术界的观点历来有分歧。据学界比较通行的观点:两书中所提到的告子当为一人,但告子不是孟子的学生,且年龄亦长于孟子。在人性论上,按告子的观点,人性无所谓善恶;而孟子的观点则认为,人性本善,于是双方展开了激烈的辩论。

在本章中,告子以杞柳与桮棬的关系来比喻人性与仁义的关系,即认为它们是材料与成品之间的关系。孟子抓住了他的比喻不当,提出在把材料加工成成品时,究竟是顺着材料的本性,还是要伤害材料的本性呢?然后推论是伤害材料的本性才能制成成品,因为顺着材料的本性是发展不出成品的。而按孟子人性本善的观点,人性中原本就有仁义(四端之二种),所以顺着人性的发展就能成就仁义。而告子的比喻则必须伤害人性才能成就仁义,这就成了"祸仁义"。

告子曰:"性犹湍水①也,决诸东方则东流,决诸西方则西流。人性之无分于善不善也,犹水之无分于东西也。"

孟子曰:"水信无分于东西,无分于上下乎?人性之善也,犹水之就下也。人无有不善,水无有不下。今夫水,搏②而跃之,可使过颡;激③而行之,可使在山。是岂水之性哉? 其势则然也。人之可使为不善,其性亦犹是也。"

【今译】
　　告子说:"人性好比急流,东面冲开个缺口便向东流,西面冲开个缺口便向西流。人性没有善、不善之分,就像水流没有东流、西流之分。"
　　孟子说:"水流诚然不分东西,但它也不分上下吗? 人本性的善,就像水(本性)的向下流。人(的本性)没有不善的,水(的本性)没有不向下流的。(当然)那水,你去拍打它使它溅起来,可以使它高过额头;你去阻挡它使它倒流,可以使它流上山去。这难道是水的本性吗? 这是情势逼迫它如此的。人可以让他干坏事,其本性也如同(水)这样受到了逼迫。"

【注释】
①湍水:急流。　②搏:击。　③激:阻遏。

【评析】
本章中,告子把人性比作急流,不分东西,只要哪里有个口子就往哪里流,但他却没提到水流更有上下的流动。孟子马上抓住这个漏洞,穷追猛打,以进一步阐述自己的观点,即人的本性是向善的,只是在受到外力的影响下人性才会改变,但这种改变却不是人的本性使然。

　　告子曰:"生之谓性。"
　　孟子曰:"生之谓性也,犹白之谓白与?"
　　曰:"然。"
　　"白羽之白也犹白雪之白;白雪之白犹白玉之白与?"
　　曰:"然。"

"然则犬之性犹牛之性,牛之性犹人之性与?"

【今译】

告子说:"天生的禀赋就叫性。"

孟子说:"天生的禀赋就叫性,就像白的就叫白吗?"

告子说:"是。"

"白羽毛的白犹如白雪的白,白雪的白犹如白玉的白吗?"

告子说:"是。"

孟子说:"那狗的本性犹如牛的本性,牛的本性犹如人的本性吗?"

【评析】

"生之谓性"是告子人性论的基础,其意思是说,人生之初,自然即被赋予了一种禀赋或曰资质,那就是"性",因此性都是相同的,没有善恶之别。孟子先以"白之谓白"来比"生之谓性",然后又以"白羽""白雪""白玉"之"白"来问是否相同;告子没有明白孟子的真正用意,即没有分辨三者之间既有共性又有殊性,所以贸然同意,上了孟子的圈套。孟子马上抓住了告子的错误,用犬、牛也是生而有禀性,难道与人性也一样吗的逼问,使告子陷入了被动。

告子曰:"食、色,性也。仁,内也,非外也;义,外也,非内也。"

孟子曰:"何以谓仁内义外也?"

曰:"彼长而我长之,非有长于我也;犹彼白而我白之,从其白于外也,故谓之外也。"

曰:"异于①白马之白也,无以异于白人之白也。不识长马之长也,无以异于长人之长与?且谓长者义乎?长之者义乎?"

曰:"吾弟则爱之,秦人之弟则不爱也,是以我为悦者也,故谓之内。长楚人之长,亦长吾之长,是以长为悦者也,故谓之外也。"

曰:"耆^②秦人之炙,无以异于耆吾炙,夫物则亦有然者也。然则耆炙亦有外与?"

【今译】

告子说:"饮食、男女,是人的本性。仁,是内在的,不是外在的;义,是外在的,不是内在的。"

孟子说:"为什么说仁是内在的、义是外在的呢?"

答道:"他年长,我尊敬他,年长在他不在于我;就像那是白的东西,我认为它白,这是由于它外表的白色所决定的,所以说它是外在的。"

问道:"白马的白和白人的白固然没有什么不同,但不知对老马的怜悯与对长者的尊敬是不是也没有什么区别呢?而且你所说的义,是在于长者呢,还是在于尊敬长者的人呢?"

告子说:"我的弟弟就爱,秦人的弟弟就不爱,这是因我的关系而乐意如此,所以说仁是内在的。尊敬楚人的长者,也尊敬我的长辈,这是因年长的关系而乐意如此,所以说义是外在的。"

孟子说:"爱吃秦人的烤肉,与爱吃我自己的烤肉没有什么不同,事物也有类似的情形,那么,爱吃烤肉的心愿难道也是外在的吗?"

【注释】

①异于:此二字朱熹疑为衍文。　②耆:同"嗜"。

【评析】

孟子在"知言养气"章(见《公孙丑上》)曾批评告子"未尝知义,以其外之也",本章就是对告子"义外"说的具体批判。

就告子与孟子两人对"义"的解释来看,他们的理解是不同的。按告子的理解,凡事物的性质是这样而我的认识也是这样,那就是"义",

如"彼长而我长之""彼白而我白之",这是事实判断,所以是外在的。但孟子理解的"义"是其"四端"说之一的"羞恶之心",那是价值判断,必须是内在的。本来两人是各说各的,但孟子的论辩技巧高明,把辩论引向了纯讲价值判断的"长人之长"一点上,而不去谈"白马之白""白人之白"这些事实判断的问题。告子也不明就里地跟着去讲什么"长楚人之长,亦长吾之长",这就落入了孟子的"圈套"。孟子最后的发问技巧很高,抓住告子"食、色性也"的命题,既然食色出自"性",是本身之所需,那就不是外在而是内在的,因此"耆炙"也必须是内而不是外,否则"食色"还能称之为"性"吗?

从以上四章的内容来看,我们可以发现一个基本特点,那就是孟子在与告子辩论时,都不是从正面去申论自己的观点,而是以抓住告子弱点、改变告子概念等方法来取得主动的。这正是孟子在辩论时的高明之处,尽管在某些方面孟子有强词夺理之嫌,但他处理得恰到好处,所以往往不易察觉。

孟季子①问公都子曰:"何以谓义内也?"

曰:"行吾敬,故谓之内也。"

"乡人长于伯兄一岁,则谁敬?"

曰:"敬兄。"

"酌则谁先?"

曰:"先酌乡人。"

"所敬在此,所长在彼,果在外,非由内也。"

公都子不能答,以告孟子。

孟子曰:"'敬叔父乎?敬弟乎?'彼将曰,'敬叔父。'曰:'弟为尸②,则谁敬?'彼将曰:'敬弟。'子曰:'恶在其敬叔父也?'彼将曰:'在位故也。'子亦曰:'在位故也。庸③敬在兄,斯须之敬在乡人。'"

季子闻之,曰:"敬叔父则敬,敬弟则敬,果在外,非由内也。"

公都子曰:"冬日则饮汤,夏日则饮水,然则饮食亦在外也?"

【今译】

　　孟季子问公都子道:"为什么说义是内在的呢?"

　　答道:"它表达我的敬意,所以说是内在的。"

　　孟季子说:"如果有个乡人比你大哥大一岁,那你敬谁呢?"

　　公都子说:"敬大哥。"

　　孟季子说:"要是同席饮酒,你先给谁斟酒呢?"

　　公都子说:"先给乡人斟。"

　　孟季子说:"你内心敬的是大哥,却礼敬年长的乡人,可见义毕竟是外在的,并不是从内心发出的。"

　　公都子不能回答,便将它告诉了孟子。

　　孟子说:"(你可以反问)'敬叔父,还是敬弟弟呢?'他会说:'敬叔父。'你说:'假如弟弟充任受祭的尸,那该敬谁呢?'他会说:'敬弟弟。'你就说:'那敬叔父又在哪里呢?'他会说:'因为弟弟处在尸位的缘故。'那你也说:'因为乡人处在客位的缘故。平常敬大哥,那一会儿敬乡人。'"

　　季子听了这话后,说:"该敬叔父时就敬叔父,该敬弟弟时就敬弟弟,可见义毕竟是外在的,不是发自内心的。"

　　公都子说:"冬天就喝热水,夏天喝凉水,那么,饮食也是外在的吗?"

【注释】

①孟季子:其人不详,或疑为孟子的从兄弟。　②尸:古时代表死者受祭的人叫"尸",多由亲属中晚辈充任。后世才以画像或牌位来代替

③庸：平时、平常。

【评析】

此章接上一章继续讨论"义"的内外问题，意思、方法也大抵相同。朱熹在《集注》中引范氏语曰："二章问答，大旨略同，皆反复譬喻以晓当世，使明仁义之在内，而皆可以为尧、舜矣。"

公都子曰："告子曰：'性无善无不善也。'或曰：'性可以为善，可以为不善。是故文、武兴则民好善，幽、厉兴则民好暴。'或曰：'有性善，有性不善。是故以尧为君而有象；以瞽瞍为父而有舜；以纣为兄之子且以为君，而有微子启、王子比干①。今曰性善，然则彼皆非与？"

孟子曰："乃若②其情③，则可以为善矣，乃所谓善也。若夫为不善，非才④之罪也。恻隐之心，人皆有之；羞恶之心，人皆有之；恭敬之心，人皆有之；是非之心，人皆有之。恻隐之心，仁也；羞恶之心，义也；恭敬之心，礼也；是非之心，智也。仁义礼智，非由外铄⑤我也，我固有之也，弗思耳矣。故曰：'求则得之，舍则失之。'或相倍蓰而无算者，不能尽其才者也。《诗》曰：'天生蒸民，有物有则。民之秉夷，好是懿德⑥。'孔子曰：'为此诗者，其知道乎！故有物必有则，民之秉夷也，故好是懿德。'"

【今译】

公都子说："告子说：'人性没有善，也没有不善。'也有人说：'人性可以为善，也可以为不善，所以周文王、武王在位，百姓就崇尚善；周幽王、厉王在位，百姓便崇尚暴戾。'还有人说：'有的人性善，有的人性不善，所以，以尧这样的圣君，却有象这样的坏蛋；以瞽瞍这样坏的父亲，却有舜这样好的儿子；以纣这样暴虐的侄子，而且做了君主，却有微子启、王子比干这样仁德的贤人。'现在老师说人性本善，那么他们说的都不对吗？"

孟子说："要说人的实情，那是可以为善的，这就是我所说的性善。至于有的人成为不善，不能归咎于他的初生之质不好。同情之心，人人都有；羞耻之心，人人都有；恭敬之心，人人都有；是非之心，人人都有。同情之心便是仁，羞耻之心便是义，恭敬之心便是礼，是非之心便是智。仁、义、礼、智，不是从外面传给我的，是我本来就具有的，只是未曾去思索罢了。所以说：'求索就可获得，放弃就会失去。'人与人有相差一倍、五倍甚至无数倍的，就是因为有些人不能充分发挥他们初生之质的缘故。《诗经》中说：'上天生育了万民，有事物便有法则。民众把握了常规，爱好优美的德行。'孔子说：'作这篇诗的人，真是懂得大道啊！所以有事物必然有法则；民众把握了常规，所以能爱好优美的德行。'"

【注释】

①微子启、王子比干：商纣王时的贤者。 ②乃若：发语辞，这里表示转折。 ③情：戴震《孟子字义疏证》释，"犹素也，实也"，这里可作实情解。 ④才：《说文解字》曰，"草木之初也"，引申为人初生时的材质。 ⑤铄：以火销金，从外到内渐渐熔化。 ⑥《诗》：指《大雅·烝民》。蒸：《诗经》作烝，众。物：事。则：法。秉：执。夷：《诗经》作彝，常。懿，美。

【评析】

此章在《孟子》一书中颇为重要，因为它是孟子对自己的"性善"理论所做的一个比较全面的正面论述。就这一理论本身而言，实际并不复杂深奥，它强调的只是一个基本的观点，即仁、义、礼、智这些道德观念是人与生俱有的，并不是人生下来以后再从外面加到人身上去的，因此它们是人的天赋的本性。孟子在其他章节中论述"性善"，都是围绕着这一点展开的。

孟子曰:"富岁子弟多赖①,凶岁子弟多暴,非天之降才尔殊也,其所以陷溺其心者然也。今夫麰麦②,播种而耰③之,其地同,树之时又同,浡然而生,至于日至④之时,皆熟矣。虽有不同,则地有肥硗⑤、雨露之养、人事之不齐也,故凡同类者,举相似也,何独至于人而疑之?圣人与我同类者。故龙子曰:'不知足而为屦,我知其不为蒉⑥也。'屦之相似,天下之足同也。口之于味,有同耆也,易牙⑦先得我口之所耆者也。如使口之于味也,其性与人殊⑧,若犬马之与我不同类也,则天下何耆皆从易牙之于味也?至于味,天下期于易牙,是天下之口相似也。惟耳亦然,至于声,天下期于师旷,是天下之耳相似也。惟目亦然,至于子都⑨,天下莫不知其姣也。不知子都之姣者,无目者也。故曰:口之于味也,有同耆焉;耳之于声也,有同听焉;目之于色也,有同美焉。至于心,独无所同然乎?心之所同然者何也?谓理也,义也。圣人先得我心之所同然耳。故理义之悦我心,犹刍豢⑩之悦我口。"

【今译】

孟子说:"丰收年成,青年子弟大多懒惰;灾荒年成,青年子弟大多横暴,并不是天生的资质如此,而是由于环境影响了他们的心,才变成这样的。譬如大麦,播下种子,把地耙平,如土壤相同,播种时节也一样,便蓬勃生长,到夏至前后都成熟了。纵使有不同,那也是因为土地的肥瘠、雨露的滋养和人工管理的好坏不同罢了。所以,凡同类的东西,大体都是相似的,为什么惟独对于人却要怀疑呢?圣人与我们是同类的。因此龙子说:'即使不知道脚的大小去编草鞋,我也知道绝不会编成草筐。'草鞋的相似,是因为天下人的脚是相同的。口对于滋味,有相同的嗜好。易牙先掌握了我们口味的嗜好。假如口对于滋味,人人生来就不同,如狗、马与我们不同类一样,那为什么天下人都随从易牙烹调的口味呢？讲到口味,天下人都期望以易牙为标准,这说明天下人的味觉是相似的。耳朵也如此,讲到声音,天下人都期望以师旷为标准,这说明天下人的听觉是相似的。眼睛也如此,讲到子都,天下人没有不知道他的漂亮的。不知道子都漂亮的,那是没眼睛的人。所以说,口对于滋味,有相同的嗜好；耳对于声音,有相同的听觉；眼睛对于容色,有相同的美感。讲到人心,惟独就没有相同之处吗？人心相同之处是什么呢？是理,是义。圣人只是先掌握了我们内心的相同之处罢了。所以理、义愉悦我们的心,就如牛肉、猪肉等愉悦我们的口味一样。"

【注释】

①赖:懒。　②麰麦:大麦。　③耰:平地的农具,这里作动词用。④日至:这里指夏至。　⑤硗:土地瘠薄。　⑥蒉:草编的筐。　⑦易牙:又名雍巫,齐桓公宠臣,擅长烹调,其故事散见于周秦古籍。⑧与人殊:杨伯峻认为省一"人"字,当为"人与人殊"。　⑨子都:传为古代的美男子。　⑩刍:草食曰刍,如牛羊。豢:谷食曰豢,如猪狗。

【评析】

此章是孟子对其"性善论"的一段著名论证。孟子所用的方法,用他的话说是"凡同类者,举相似也",在逻辑学上则可称做"类比推理"或"类比法",即根据对象某些属性的相同而推出其他属性也相同的间接推理。如他以人的脚形相同而推出鞋的形状也相似,以人的味觉、听觉、视觉的相同而推出人心的"同然"。然而真正的关键还在于"圣人与我同类"这一点上,而圣人又"先得我心之所同然",这个"同然"就是"理"和"义"；既然人心的"同然"是理和义,那说明仁义礼智是人所固有的；所以,人性是善的。

孟子的这种论证方法,具有很强的精神感召力,往往能引起人们的共鸣,如宋代大儒朱熹在他少年时代,读到"圣人与我同类"之语而备感振奋,"喜不可言"(见王懋竑《朱子年谱》卷之一上)。但是,仅从论证本身而言,孟子的方法是有不少漏洞的,譬如,孟子认定人心之"同然"是理和义,但他并没有说明人心之"同然"为什么必然是或必须是理和义?正因为存在着问题,因此也势必会引起后世不少人的反驳和批评。

孟子曰:"牛山①之木尝美矣,以其郊于大国也,斧斤伐之,可以为美乎?是其日夜之所息,雨露之所润,非无萌蘖②之生焉,牛羊又从而牧之,是以若彼濯濯③也。人见其濯濯也,以为未尝有材焉,此岂山之性也哉?虽存乎人者,岂无仁义之心哉?其所以放其良心者,亦犹斧斤之于木也,旦旦而伐之,可以为美乎?其日夜之所息,平旦之气,其好恶与人相近也者几希,则其旦昼之所为,有梏亡之矣④。梏之反复,则其夜气不足以存;夜气不足以存,则其违禽兽不远矣。人见其禽兽也,而以为未尝有才焉者,是岂人之情也哉?故苟得其养,无物不长;苟失其养,无物不消。孔子曰:'操则存,舍则亡;出入无时,莫知其乡⑤。'惟心之谓与。"

【今译】

孟子说:"牛山的树木曾很茂盛,由于它长在都市的郊外,人们经常用斧子去砍伐,它还能茂盛吗?虽然它日夜在生长,雨露也不断滋润着它,并不是说没有新枝嫩芽长出来,无奈牛羊又随之放牧其上,因此变得光秃秃的了。人们因其光秃秃了,便以为它从来没有长过树木,这难道是山的本来面目吗?就说在人身上吧,难道就没有仁义之心吗？之所以有人会丢失他本有的善心，那就像斧子对于树木一样，天天去砍伐它，它还能茂盛吗？他日夜所息养的善心，凌晨时接触的清明之气，使他的好恶与别人也差不多，可白天的作为，又使之泯灭了。这样反复地泯灭，那他夜晚所接触的清明之气就不足以保存，夜晚所接触的清明之气不足以保存，那他离禽兽就不远了。人们见他如同禽兽，便以为他不曾有过那本善的初生之质，这难道是人的实情吗？所以，如能得到培养，没有东西不会生长；如失去培养，没有东西不会丧失。孔子说：'把握就存在，舍弃就消亡，出入无定时，不知去何方。'说的就是人心吧！"

【注释】

①牛山：在齐国国都临淄南（今山东淄博市临淄区南）。 ②萌：芽。蘖：从旁长出的芽。 ③濯濯：光秃秃的。 ④有：又。牿：同"梏"，搅乱。 ⑤乡：向。

【评析】

在本章中孟子提出了一个重要概念——"良心"。"良心"这个概念在《孟子》一书尽管就出现了这么一次，但却是中国历史上的首出，因此非常重要，对后世的影响也极大。孟子所谓的"良心"就是"仁义之心"，即我们前面提到过的（参见《公孙丑上》第六章"评析"）、专指道德上善性的、第三层意义上的"心"。

孟子主张"人性本善"，即人人都有"良心"，但这个善也仅是个"端"，即萌芽而已。"良心"会受到外界各种因素的影响，就好比牛山上的树木，如果用斧子去砍伐，又有牛羊不断去吃掉新生嫩芽，山上便草木不生了。但这不是牛山的本来面目，同样，人出生之初是有"良心"的，但在外界因素的不断破坏下，"良心"被丢失了。所以，"良心"尽管人人都有，但却是"求则得之，舍则失之"，"操则存，舍则亡，出入无时，莫知其乡"的东西。因而如何保持、扩充这个"善端"——"良心"——的修养工夫也就成为必不可少的了。本章中孟子提出的"存夜气",就属于修养工夫之一种,后来受到宋儒的高度重视,如朱熹就说:"孟子发此'夜气'之说,于学者极有力,宜熟玩而深省之也。"(《集注》)

孟子曰:"无或①乎王之不智也。虽有天下易生之物也,一日暴之,十日寒之,未有能生者也。吾见亦罕矣,吾退而寒之者②至矣,吾如有萌焉何哉?今夫弈之为数③,小数也;不专心致志,则不得也。弈秋,通国之善弈者也。使弈秋诲二人弈,其一人专心致志,惟弈秋之为听。一人虽听之,一心以为有鸿鹄④将至,思援弓缴⑤而射之,虽与之俱学,弗若之矣。为⑥是其智弗若与?曰:非然也。"

【今译】
孟子说:"(齐宣)王的不明智不足为奇。即使是天下最易生长的东西,晒它一天,冻它十天,也没有能够生长的。我见王的机会很少,我一退出,那些佞谄而陷王于不义者便到了,我又能拿王刚萌发的一点善心如何呢?譬如下棋这种技艺,本是种小技艺,如不聚精会神,便学不好。弈秋,是全国的下棋能手。假如让弈秋教两人下棋,其中一个聚精会神,只听弈秋的指教。另一个虽然也在听,却又一心想着天鹅要飞来了,打算拿起弓箭去射它,此人尽管与前一个人一起在学,却比不上人家。能说这是他的才智不如人吗?我说,不是这样的。"

【注释】
①或:同"惑"。 ②寒之者:喻王左右佞谄者。 ③弈:围棋。数:技艺。 ④鸿鹄:天鹅。 ⑤缴:系着丝绳的箭。 ⑥为:同"谓"。

【评析】
此章亦是讲修养工夫问题的。孟子认为,善性固然需要养护,而且需要用心专一,"一暴十寒"是不会有成效的。后儒对此章还有引申,以批评后世的皇帝与贤者接触的时间少,亲佞人的时间多,因此

"自古国家治日常少,而乱日常多"(见朱熹《集注》引范氏语)。

孟子曰:"鱼,我所欲也,熊掌,亦我所欲也;二者不可得兼,舍鱼而取熊掌者也。生,亦我所欲也,义,亦我所欲也;二者不可得兼,舍生而取义者也。生亦我所欲,所欲有甚于生者,故不为苟得也;死亦我所恶,所恶有甚于死者,故患有所不辟也。如使人之所欲莫甚于生,则凡可以得生者,何不用也?使人之所恶莫甚于死者,则凡可以辟患者,何不为也?由是则生而有不用也,由是则可以辟患而有不为也。是故所欲有甚于生者,所恶有甚于死者。非独贤者有是心也,人皆有之,贤者能勿丧耳。一箪食,一豆①羹,得之则生,弗得则死,嘑尔②而与之,行道之人弗受;蹴尔而与之,乞人不屑也。万钟则不辨礼义而受之,万钟于我何加焉?为宫室之美,妻妾之奉,所识穷乏者得我与?乡为身死而不受,今为宫室之美为之;乡为身死而不受,今为妻妾之奉为之;乡为身死而不受,今为所识穷乏者得我而为之,是亦不可以已乎?此之谓失其本心。"

【今译】

孟子说:"鱼,是我想要的,熊掌,也是我想要的;要是两者不能兼有,就舍弃鱼而选取熊掌。生命,也是我想要的,义,也是我想要的;要是两者不能兼有,就舍弃生命而选取义。生命也是我想要的,但所想要的有胜过生命的,所以就不能苟且地去得到它;死亡也是我所厌恶的,但所厌恶的有胜过死亡的,所以对有些祸患就不能躲避。如果人们所要的东西没有胜过生命的,那一切可保持生命的手段,哪有不用的呢?如果人们所厌恶的东西没有胜过死亡的,那一切可逃避祸患的事情,哪有不做的呢?这样的手段可保存生命,可是有的人却不采用;

这样的事情可躲避祸患,有的人却不做,这是因为,人们所喜爱的东西有胜过生命的,所厌恶的东西有胜过死亡的。不独贤者有这种心,人人都有,不过贤者不会丧失它罢了。一筐饭,一碗汤,得到它就可以活,得不到它就可能要死,呵叱着施舍给人,就是饿着的过路人也不会接受;脚踏过再施舍给人,就是乞丐也不屑要。可现在万钟的俸禄却不问是否合乎礼义便接受了,万钟俸禄对我有什么好处呢?是为了住宅的豪华、妻妾的供养或相识的穷朋友能得我恩惠吗?过去宁可身死也不愿接受,今天却为住宅的豪华而接受了;过去宁可身死也不愿接受,今天却为妻妾的供养而接受了;过去宁可身死也不愿接受,今天却为相识的穷朋友能得我恩惠而接受了,这难道不可以罢手的吗?这就叫丧失了本心。"

【注释】

①豆:古代盛羹汤的器皿。 ②嘑尔:嘑同"呼";嘑尔,呵叱声。

【评析】

本章中孟子提出了"本心"这个概念,也是仅此一次,它的含义如仅从字面理解即原本固有之心,而实质与"良心"是同义的。孟子认为,"本心"人人都有,区别只在于贤者能存而不失罢了。

本章更为后人所重视的,是孟子提出了"舍生取义"这一儒家所高扬的理想人格。人愿意生存的欲望是极强烈的,反之,人厌恶死亡的心情也是极强烈的。但儒家强调,当个体的自然生存与道德原则发生冲突而又不能两全之时,应该是道德优先,即应该舍弃生命以维护理想中的道德原则。孟子的这一思想,渊源来自孔子"志士仁人,无求生以害仁,有杀身以成仁"(《论语·子罕》)的思想;而又下开荀子"人之所欲生甚矣,人之所恶死甚矣,然而人有从生成死者,非不欲生而欲死,不可以生而可以死也"(《荀子·正名》)的思想。因此是儒家所一致认同的"有义"的价值观。这种价值观为培养中华民族的浩然正气和爱国主义的高尚情操起到了非常积极的作用,曾鼓舞中国历史上许许多多志士仁人为理想而献身,如民族英雄文天祥在其临刑前自书"衣带赞":"孔曰成仁,孟曰取义,唯其义尽,所以仁至。读圣贤书,所学何事?而今而后,庶几无愧。"正是对儒家这种理想人格的一次具体实践。

孟子曰:"仁,人心也;义,人路也。舍其路而弗由,放其心而不知求,哀哉!人有鸡犬放,则知求之,有放心而不知求。学问之道无他,求其放心而已矣。"

【今译】

孟子说:"仁,是人的本心;义,是人的正路。舍弃正路而不走,放失本心而不知去找,可悲呀!有人家中的鸡狗走失了,还知去找,可放失了本心却不知去找。学问之道没别的,只是将放失的本心找回来罢了。"

【评析】

本章中所谓的"放其心""放心",与本篇第八章中的"放其良心"、第十章的"失其本心"是一个意思。

本章在《孟子》中也很重要,因为它点明孔子"仁"之实质,或可说是它规定了孔子"仁"之实质。孔子的思想核心是"仁",但何为"仁"?孔子的解释宽泛且多变,每次讲解都不尽一致。这并不奇怪,因为在孔子看来,"仁"是一种主体的体验及实践问题,不必从概念上明确界定,也无需理论论证。因为是体验和实践,所以它难以从知识论来界定。所以孔子言仁是从实践上指出如何实现仁,而所言的对象是不同的,因此答案也自然不同,他只是根据不同场合、不同的人而做出不同的回答。孟子在本章中把"仁"规定为是"人心",即人的"本心"或"良心",这一解释对后来儒家心性之学的发展具有重要意义。

本章最后提到的"学问之道"问题也颇值得注意,它点明了儒家思想的一个重大特点,即认为教育和学习的根本目的在于保持或恢复人本有的善性。这一点可说是儒家的传统,大而言之,也可说是中国文化的主流传统。用现代话说,就是教育和学习的根本目的在于伦理道德,而不是客观知识。所以,中国传统文化所指向的主要是经学、史学、文学、哲学等人文知识而非自然科学,由此引出的必然是价值理性的优势而非工具理性的优势。这可以说既是优点,也是缺点。

孟子曰:"今有无名之指屈而不信①,非疾痛害事也,如有能信之者,则不远秦楚之路,为指之不若人也。指不若人,则知恶之,心不若人则不知恶,此之谓不知类②也。"

【今译】
　　孟子说:"现在有个人无名指弯曲不能伸直,不是病痛也不碍做事,但如有人能使它伸直,就是到秦国、楚国去(求医)也不觉得路远,为的只是手指(功能)不如别人。手指不如别人知道嫌恶,心不如别人却不知道嫌恶,这就叫作不分轻重缓急。"

【注释】
①信:同伸。　②不知类:朱熹注为"不知轻重之等也"。

【评析】
此章是孟子以切身之事作喻,强调把放失的本心找回来的重要性。

孟子曰:"拱把①之桐、梓,人苟欲生之,皆知所以养之者。至于身,而不知所以养之者,岂爱身不若桐、梓哉？弗思甚也。"

【今译】
　　孟子说:"一两把手粗的桐树、梓树,人们如果要使它生长,都知道怎样去培养。对于自身却不知道怎样去修养,难道爱自身还不如桐树、梓树吗?真是太不动脑筋了。"

【注释】
①拱把:拱,两手所围;把,一手所握;此处比喻树之细小。

【评析】
本章意思与上一章同。

孟子曰:"人之于身也,兼所爱。兼所爱,则兼所养也。无尺寸之肤不爱焉,则无尺寸之肤不养也。所以考其善不善者,岂有他哉?于己取之而已矣。体有贵贱,有小大①。无以小害大,无以贱害贵。养其小者为小人,养其大者为大人。今有场师,舍其梧、槚②,养其樲、棘③,则为贱场师焉。养其一指而失其肩背,而不知也,则为狼疾④人也。饮食之人,则人贱之矣,为其养小以失大也。饮食之人无有失也,则口腹岂适⑤为尺寸之肤哉?"

【今译】
　　孟子说:"人对于身体,所有部分都爱护。所有部分都爱护,那所有部分都得保养。没有一块肌肤不爱护,便没有一块肌肤不保养。所以看他对身体保养得好不好,难道有别的方法吗?只看他注重身体的哪一部分罢了。身体的部分有重要和次要、小和大的区别。不要因为小的损害大的,也不要因为次要的损害重要的。只注意保养小的是小人,能注意保养大的是君子。现在有个园艺师,舍弃梧桐、梓树,却去培植酸枣、荆棘,那是个蹩脚的园艺师。仅注意保养自己的一个手指却遗忘了肩和背,自己还不知道,那是个糊涂透顶的人。只讲吃喝的人,人们鄙视他,因为他只注意保养小的而遗忘了大的。讲究吃喝的人不遗忘品德的培养,那满足口腹的需要难道只是为了保养口腹那一小部分吗?"

【注释】

①贱与小:喻口腹。贵与大:喻心志。 ②梧:梧桐。槚:梓树。两者都是有用的木材。 ③樲:酸枣。棘:荆棘。都是无用的木材。 ④狼疾:狼藉。 ⑤岂适:岂止;适同啻。

【评析】

此章与前两章的意思有相同处。孟子这里想强调的是,人的身体和本性都需要得到护养,但两者之间有主次、小大之分,不能颠倒了关系。最后一句的意思是说,也不能因为培养品德就可以饿肚子了,人活着固然不是仅为了吃饭,但为了活着也还需吃饭。

公都子问曰:"钧①是人也,或为大人,或为小人,何也?"

孟子曰:"从其大体为大人,从其小体为小人②。"

曰:"钧是人也,或从其大体,或从其小体,何也?"

曰:"耳目之官不思,而蔽于物。物交物,则引之而已矣。心之官则思,思则得之,不思则不得也。此天之所与我者。先立乎其大者,则其小者不能夺也。此为大人而已矣。"

【今译】

公都子问道:"同样是人,有的是君子,有的是小人,为什么呢?"

孟子说:"顺从重要器官需要的是君子,顺从次要器官需要的是小人。"

公都子说:"同样是人,有的顺从重要器官需要,有的顺从次要器官需要,为什么呢?"

孟子说:"耳朵、眼睛这类器官不能思考,所以被外物所蒙蔽。它们与外物一接触,就只能被外物所引诱罢了。心的官能是思考,思考就能得到(人的善性),不思考便得不到。这是上天特意赋予我们的。首先确立起大的东西(善性),那次要的东西就无法与之争夺了。成为君子的道理仅此而已。"

【注释】
①钧:同均。　②大体、小体:与上章"贵贱、大小"的意思基本相同。

【评析】
孟子此章所言的"心"就是指人的思维器官了,其功能就是思想、思考或反思。人通过思想、思考、反思,就能得到本就存在于每个人身上的"四端"之心——"良心"或"本心"。这也就是孟子所谓的"求则得之,舍则失之""操则存,舍则亡"。这里孟子还提出了"先立其大"的命题,也就是"大体"决定"小体"的意思。

孟子曰:"有天爵者,有人爵者。仁义忠信,乐善不倦,此天爵也;公卿大夫,此人爵也。古之人修其天爵,而人爵从之。今之人修其天爵,以要人爵;既得人爵,而弃其天爵,则惑之甚者也,终亦必亡而已矣。"

【今译】
　　孟子说:"有天然的爵位,有人世的爵位。仁义忠信,好善不止,这是天然的爵位;公、卿、大夫,这是人世的爵位。古代的人修养其天然的爵位,人世的爵位也随之而来。现在的人修养其天然的爵位,以追求人世的爵位;一旦获得人世的爵位,便抛弃天然的爵位,那真是糊涂透顶了,最终也必然会失去人世的爵位。"

【评析】
"仁义忠信,乐善不倦"是上天所赋予的"善",是天然的,所以孟子把它们称为"天爵",而公、卿、大夫只是人世间的爵位。按孟子的观点,理想的情况应该是修"天爵"而"人爵"从之,如因为"人爵"而放弃"天爵",那是糊涂透顶的事。

孟子曰:"欲贵者,人之同心也。人人有贵于己者,弗思耳。人之所贵者,非良贵也。赵孟①之所贵,赵孟能贱之。《诗》②云:'既醉以酒,既饱以德。'言饱乎仁义也,所以不愿人之膏粱之味也③。令闻广誉施于身,所以不愿人之文绣④也。"

【今译】

孟子说:"想要得到尊贵,是人们的共同心愿。每个人都有可尊贵的东西,只是未曾去思索罢了。别人给与的尊贵,不是真正的尊贵。赵孟(加官晋爵)使之尊贵的人,赵孟也能使之低贱。《诗经》中说:'酒已经醉了,德已经饱了。'这是说仁义已使我富足了,也就不羡慕别人的肥肉精米了;广为传播的好名声在我身上,也就不羡慕别人的锦绣衣裳了。"

【注释】

①赵孟:春秋时晋国正卿赵盾,字孟,其子孙也都称赵孟。 ②《诗》:指《大雅·既醉》。 ③愿:羡慕。膏,肥肉。粱,精米。 ④文绣:绣了文饰的衣裳,是古代有爵位之人穿的官服。

【评析】

此章说的是,对人而言,仁义是最可贵的,而美食锦衣充其量只是一些外在的东西,不值得过多地去羡慕。

孟子曰:"仁之胜不仁也,犹水胜火。今之为仁者,犹以一杯水救一车薪之火也;不熄,则谓之水不胜火,此又与于不仁之甚者也,亦终必亡而已矣。"

【今译】

　　孟子说:"仁胜过不仁,如水能扑灭火一样。现在行仁的人,就如以一杯水去救一车木柴所燃的火,火不熄灭,便说水扑灭不了火,这又大大助长了那些很不仁的人,最终连已行的那一点点仁也必定会消失的。"

【评析】

孟子在此章中的意思是,就一般而言,仁胜不仁,但遇到具体情况时,还有力量的对比问题,因此不能由于特殊情况而否认一般情况。

　　孟子曰:"五谷者,种之美者也;苟为不熟,不如荑稗①。夫仁,亦在乎熟之而已矣。"

【今译】

　　孟子说:"五谷,是粮食作物中的好东西;但如果种了不能成熟,那就反倒不如荑稗这类野生植物了。仁,也只在于使它成熟罢了。"

【注释】

①荑稗:长在田中,结实很小,可作饲料,古人也用来备荒。

【评析】

此章的意思与上章相似,即仁本身也有一个成熟与否的问题,仁如果不成熟,也是无用的。

　　孟子曰:"羿之教人射,必志于彀①,学者亦必志于彀。大匠诲人,必以规矩,学者亦必以规矩。"

【今译】

　　孟子说:"羿教人射箭,必定要求拉满弓;学射之人也必定期望拉满弓。著名的木匠教人,必定得依循规矩,学做木工的人也必定要依循规矩。"

【注释】

①志:期望。彀:弓拉满。

【评析】

学习必须要有高标准、严要求。学技艺如此,学做人更应如此。

告 子 下

【解题】

本篇下篇凡十六章,内容不如上篇集中,涉及的面比较广,有论礼与食色的关系、论《诗》、论理想人格、论为政、论反对战争、论君子去就之道、论税制、论教育等。

任人有问屋庐子①曰:"礼与食孰重?"

曰:"礼重。"

"色与礼孰重?"

曰:"礼重。"

曰:"以礼食,则饥而死;不以礼食,则得食,必以礼乎?亲迎②,则不得妻;不亲迎,则得妻,必亲迎乎?"

屋庐子不能对,明日之邹,以告孟子。

孟子曰:"于答是也何有③?不揣④其本,而齐其末,方寸之木可使高于岑楼⑤。金重于羽者,岂谓一钩金⑥与一舆羽之谓哉?取食之重者,与礼之轻者而比之,奚翅⑦食重?取色之重者与礼之轻者而比之,奚翅色重?往应之曰:'绐⑧兄之臂而夺食之,则得食;不绐则不得食,则将绐之乎?逾东家墙而搂其处子,则得妻;不搂,则不得妻,则将搂之乎?'"

【今译】

有个任国人问屋庐子说:"礼仪和饮食哪个重要?"

屋庐子说:"礼仪重要。"

这人又问:"性欲和礼仪哪个重要?"

屋庐子说:"礼仪重要。"

这人便说:"按照礼仪去谋食,就得饿死;不按照礼仪去谋食,就能得到食物,那一定要按照礼仪吗?行亲迎礼,就得不到妻子;不行亲迎礼,就能得到妻子,那一定要行亲迎礼吗?"

屋庐子不能回答,第二天便跑到邹国去,把这些问题告诉了孟子。

孟子说:"回答这个又有何难?不度量根基是否一致,却只比较它们顶端的高低,即使寸把厚的木块(搁在高处),也可以高过尖顶高楼。金子比羽毛重,难道说一丁点金子也比一车羽毛重?拿饮食的重要方面与礼仪的细微方面去比,岂止是饮食重要?拿性欲重要方面与礼仪的细微方面去比,岂止是性欲重要?你去回答他说:'扭折哥哥的胳膊而夺去他的食物,就能有吃;不扭折,就得不到吃的,那会去扭吗?翻过东邻的墙去搂抱他家的姑娘,就能有妻室;不去搂抱,就得不到妻室,那会去搂抱吗?'"

【注释】

①任:国名,在今山东济宁。屋庐子:名连,孟子弟子。 ②亲迎:新郎亲自去新娘家迎娶,是中国古代婚礼中"六礼"(纳采、问名、纳吉、纳征、请期、亲迎)之一。 ③何有:有何难。 ④揣:度量、衡量。 ⑤岑楼:岑本指山小而高,岑楼泛指尖顶高楼。 ⑥一钩金:做成一带钩所需的金,喻数量很小。 ⑦翅:通"啻"。 ⑧紾:扭折。 ⑨处子:处女。

【评析】

孟子此章旨在说明具体情况应具体分析及区别对待的重要性。

就一般原则而言,礼仪固然要高于、重于饮食和性欲。但事物都是有高下、主次、轻重之分的,因此不能把关涉人之存亡、人之种族延续这样重要的饮食、性欲问题与礼仪之细节这样微不足道的问题相提并论。

曹交①问曰:"人皆可以为尧舜,有诸?"

孟子曰:"然。"

"交闻文王十尺,汤九尺,今交九尺四寸以长,食粟而已,如何则可?"

曰:"奚有于是?亦为之而已矣。有人于此,力不能胜一匹雏②,则为无力人矣;今日举百钧,则为有力人矣。然则举乌获③之任,是亦为乌获而已矣。夫人岂以不胜为患哉?弗为耳。徐行后长者谓之弟④,疾行先长者谓之不弟。夫徐行者,岂人所不能哉?所不为也。尧舜之道,孝弟而已矣。子服尧之服,诵尧之言,行尧之行,是尧而已矣。子服桀之服,诵桀之言,行桀之行,是桀而已矣。"

曰:"交得见于邹君,可以假馆,愿留而受业于门。"

曰:"夫道若大路然,岂难知哉?人病不求耳。子归而求之,有余师!"

【今译】

曹交问道:"人人都可以成为尧舜,是这样吗?"

孟子说:"是的。"

曹交说:"我听说文王身高十尺,汤身高九尺,如今我身高九尺四寸,只会吃饭罢了,要怎样才可以呢?"

孟子说:"这有什么呢?只要去做就是了。这里有个人,自以为一只小鸡都提不起,那就是毫无力气的人;现在他说能举得起三千斤,那就是很有力气的人了。那么,能举起乌获所能举的重量,也就是乌获了。人怕的难道是不能胜任吗?只是不做罢了。缓慢地走在长者后面叫作悌,飞快地走在长者前面叫作不悌。缓慢地走,难道人们不能做吗?是不做罢了。尧舜之道,只是孝悌而已。你穿尧的衣服,说尧的话,做尧的事,便是尧了。你穿桀的衣服,说桀的话,做桀的事,就是桀了。"

曹交说:"我去谒见邹君,可以借个住所,愿意留在您的门下受教。"

孟子说:"道就像大路一样,难道难于知晓吗?就怕人们不去寻求。你回去自己寻求吧,老师多的是。"

【注释】

①曹交:赵岐注为"曹君之弟",后人多有怀疑,详可参焦循《正义》疏。②匹:量词。雏:小鸡。 ③乌获:古时有名的大力士。 ④弟:通"悌",顺从长上。

【评析】

儒家的理想人格就在于"成圣""成贤",而孟子提出的"人皆可以为尧舜",则可谓是最高的"成圣"理想。孟子这里强调的倒不在于一定要或一定能成为尧舜这样的"圣人",而在于一个人要有这样的境界,这样一辈子努力追求的理想目标。至于具体的实践,就在于每个人尽可能地去做,尽可能地朝着这一最高理想目标去努力。

公孙丑问曰:"高子①曰:'《小弁》②,小人之诗也。'"

孟子曰:"何以言之?"

曰:"怨。"

曰:"固哉,高叟之为诗也!有人于此,越人关弓而射之,则己谈笑而道之;无他,疏之也。其兄关弓而射之,则己垂涕泣而道之;无他,戚之也。《小弁》之怨,亲亲也。亲亲,仁也。固矣夫,高叟之为诗也!"

曰:"《凯风》③何以不怨?"

曰:"《凯风》,亲之过小者也。《小弁》,亲之过大者也。亲之过大而不怨,是愈疏也;亲之过小而怨,是不可矶④也。愈疏,不孝也;不可矶,亦不孝也。孔子曰:'舜其至孝矣,五十而慕⑤。'"

【今译】

公孙丑问道:"高子说:'《小弁》,是小人的诗。'"

孟子说:"为什么这么说呢?"

公孙丑说:"因为它有怨恨之情。"

孟子说:"高老夫子解诗未免太机械了!这里有个人,越国人开弓射他,他可以有说有笑地讲这件事;没别的原因,因为越国人与他关系疏远。要是他哥哥开弓射他,那他会啼哭着讲这件事;没别的原因,因为哥哥是他的亲人。《小弁》的怨恨,是出于爱护亲人。爱护亲人,是仁的表现。高老夫子解诗未免太机械了!"

公孙丑说:"《凯风》这首诗为什么没有怨恨之情呢?"

孟子说:"《凯风》是因为亲人过错小,《小弁》是因为亲人过错大。父母的过错大却不抱怨,就愈显得与父母疏远;父母亲的过错小却抱怨,是不应该的激怒。更疏远父母,是不孝;不应该的激怒,也是不孝。孔子说:'舜算是最孝顺的了,到五十岁还依恋父母。'"

【注释】

①高子:高子在《孟子》中曾提到四次。赵岐注时亦有所不同:《公孙丑下》第十二章中注为"齐人,孟子弟子",本章中注为"齐人也",《尽心下》第二十一章注为"齐人也,尝学于孟子,乡道而未明,去而学于他术"。他们是否一人已不可考,本章中孟子称他为"高叟",年纪应大于孟子,似不当为弟子。 ②《小弁》:《诗经·小雅》中的篇名。 ③《凯风》:《诗经·邶风》中的篇名。 ④矶:激。 ⑤舜五十而慕:参见《万

章上》第一章。

【评析】
前面提到过,孟子论诗讲求"以意逆志""知人论世",此章可谓具体表现之一。《小弁》《凯风》两诗主题近似,但孟子能根据具体情况做出不同的评价。首先他发挥了孔子诗"可以怨"(参见《论语·阳货》)的精神,肯定"怨"是可以的;其次他又强调应根据作者的遭遇、亲人的过失大小等的不同进行判断,可怨可不怨,不必偏固于一说。这是孟子的智慧。

宋牼①将之楚,孟子遇于石丘②,曰:"先生将何之?"

曰:"吾闻秦楚构兵,我将见楚王说而罢之。楚王不悦,我将见秦王说而罢之。二王我将有所遇焉。"

曰:"轲也请无问其详,愿闻其指。说之将何如?"

曰:"我将言其不利也。"

曰:"先生之志则大③矣,先生之号④则不可。先生以利说秦楚之王,秦楚之王悦于利,以罢三军之师,是三军之士乐罢而悦于利也。为人臣者怀利以事其君,为人子者怀利以事其父,为人弟者怀利以事其兄,是君臣、父子、兄弟终⑤去仁义。怀利以相接,然而不亡者,未之有也。先生以仁义说秦楚之王,秦楚之王悦于仁义,而罢三军之师,是三军之士乐罢而悦于仁义也。为人臣者怀仁义以事其君,为人子者怀仁义以事其父,为人弟者怀仁义以事其兄,是君臣、父子、兄弟去利,怀仁义以相接也,然而不王者,未之有也。何必曰利?"

【今译】

宋牼要去楚国,孟子在石丘遇见他,问道:"先生要到哪里去?"

宋牼说:"我听说秦楚两国交战,我要去进见楚王劝说他罢兵。楚王要是不听,我就去进见秦王劝说他罢兵。两个君王中我总会遇上听从的。"

孟子说:"我不想打听详细内容,只想听听你的大意。您将怎样劝说呢?"

宋牼说:"我将陈说交兵的不利。"

孟子道:"先生的用心是好的,但先生的提法却不行。先生以利去劝说秦楚两国君王,秦楚两国君王因对利感兴趣而罢兵,这就使三军官兵乐于罢兵而喜欢利。做人臣的怀着利去事奉君主,做人子的怀着利去事奉父亲,做人弟的怀着利去事奉哥哥,这就使得君臣、父子、兄弟间完全去除仁义,怀着利来相互对待,如此而不灭亡的,还未曾有过。先生要是以仁义去劝说秦楚两国君王,秦楚两国君王因对仁义感兴趣而罢兵,这就使三军官兵乐于罢兵而喜欢仁义。做人臣的怀着仁义去事奉君主,做人子的怀着仁义去事奉父亲,做人弟的怀着仁义去事奉哥哥,这就使得君臣、父子、兄弟间完全去除利,怀着仁义来相互对待,如此而不称王天下的,还未曾有过。何必说利呢?"

【注释】

①宋牼:又作宋钘或宋荣,战国时与孟子、尹文子、慎到等同时而齐名的"稷下学宫"学者,有人把他归为道家学派中人,但《汉书·艺文志》把他的著作归入小说家。其思想片断散见于《孟子》《庄子》《荀子》和《韩非子》。　②石丘:地名,未详所在,有以为属宋国。　③大:这里是"善"的意思。　④号:提法、说法。　⑤终:尽。

【评析】

此章与孟子初见梁惠王时说的内容有相通之处,即讲求功利不是上策,惟讲求仁义才是上策。就本章含义作更具体点的分析,那就是孟子认为,同样的实际效果,可能出于不同的出发点,因此动机问题也是君子所应重视的。朱熹深明此点,故强调说:"学者所当深察而明辨之也。"(《集注》)

孟子居邹,季任①为任处守,以币交,受之而不报。处于平陆,储子为相②,以币交,受之而不报。他日,由邹之任,见季子;由平陆之齐,不见储子。屋庐子喜曰:"连得间③矣。"问曰:"夫子之任,见季子;之齐,不见储子,为其为相与?"

曰:"非也。《书》曰:'享多仪,仪不及物曰不享,惟不役志于享④。'为其不成享也。"

屋庐子悦。或问之,屋庐子曰:"季子不得之邹,储子得之平陆。"

【今译】

孟子住在邹国时,季任代理任国的国政,送礼物来结交,孟子接受了礼物却不回报。孟子住在平陆时,储子做齐国的相,送礼物来结交,孟子接受了礼物却不回报。过了些日子,孟子从邹国到任国,拜访了季子;从平陆到齐都,却没去拜访储子。屋庐子高兴地说:"我明白其中的区别了。"便问道:"老师到任国,拜访了季子;到齐都,却不拜访储子,是因为他仅是个国相吧?"

孟子说:"不是的。《尚书》中说:'进献以有仪节为贵,仪节与礼物不相称只能称作没有进献,这是进献之人没把心意用在进献上。'是因为他不成其为进献。"

屋庐子很高兴。有人问他,屋庐子说:"季子不能去邹国,储子却能去平陆的。"

【注释】

①季任：任国君主之弟。　②平陆：齐国下邑。储子：齐国宰相。③间：赵岐、朱熹均注为"间隙"，即两者间差别的意思。　④《书》：指《尚书·洛诰》。享多仪：多有"贵""美"的意思。

【评析】

季子与储子同样送礼物去与孟子结交，孟子认为季子因重任在身，不能亲自到邹国去，但礼数是到了；而储子则礼数不备，因为他可以亲自去见孟子却未去。

淳于髡曰："先名实①者，为人也；后名实者，自为也。夫子在三卿之中，名实未加于上下而去之②，仁者固如此乎？"

孟子曰："居下位，不以贤事不肖者，伯夷也。五就汤、五就桀者，伊尹也。不恶污君，不辞小官者，柳下惠也。三子者不同道，其趋一也。一者何也？曰：仁也。君子亦仁而已矣，何必同？"

曰："鲁缪公之时，公仪子为政，子柳、子思为臣③，鲁之削地也滋甚。若是乎贤者之无益于国也？"

曰："虞不用百里奚而亡，秦穆公用之而霸。不用贤则亡，削何可得与？"

曰："昔者王豹处于淇而河西善讴④，绵驹处于高唐而齐右善歌⑤，华周、杞梁之妻善哭其夫而变国俗⑥。有诸内，必形诸外。为其事而无其功者，髡未尝睹之也。是故无贤者也，有则髡必识之。"

曰："孔子为鲁司寇，不用，从而祭，燔肉不至，不税冕而行⑦。不知者以为为肉也,其知者以为为无礼也。乃孔子则欲以微罪行,不欲为苟去。君子之所为,众人固不识也。"

【今译】

淳于髡说:"以名誉功业为重的人,是志在为民众;不重视名誉功业的人,是为了其身。先生身居齐国三卿之中,从上辅君王到下济万民的名誉功业都还无所建树,却要离开齐国,仁人原来是这样的吗?"

孟子说:"身居下位,不愿以贤者的身份去事奉不中用的人,是伯夷;五次投到汤的门下,又五次投到桀的门下的,是伊尹;不嫌弃恶浊的君主,不拒绝微贱职务的,是柳下惠。三个人的行事态度不同,但取向却是一致的。一致的取向是什么呢?应该说就是仁。君子只要趋于仁就行了,何必要相同呢?"

淳于髡说:"当鲁缪公时,公仪子主持国政,子柳和子思当大臣,可鲁国被削弱得更厉害。贤者的无益于国家竟是像这样呀!"

孟子说:"虞国不用百里奚而灭亡,秦穆公用了他而成就霸业。不用贤者就灭亡,哪里又仅是削弱一点呢?"

淳于髡说:"从前王豹住在淇水边,河西的人因而都擅长唱歌;绵驹住在高唐,齐国西部的人因而也都擅长唱歌。华周、杞梁的妻子很会痛哭她们的丈夫,因而改变了国家的习俗。里面有什么,外面也一定会表现出来。从事某件事却见不到功效,我还不曾看到过。所以,是没有贤者;如果有,我一定会知道的。"

孟子说:"孔子做鲁国司寇。不被信用,跟随去祭祀,祭肉也没有按规定送来,于是立刻离去了。不了解孔子的人以为是为了祭肉的缘故,了解孔子的人知道是由于无礼的缘故。而孔子是想找个微小的过错离开,不愿意随便出走。君子的作为,普通人本来就不易明白的。"

【注释】

①名:声誉;实:事功。　②三卿:上卿、亚卿、下卿。上下:上指君,下

指民。　③公仪子:公仪休,鲁国博士,曾任鲁相,事迹见《史记·循吏列传》。子柳,即泄柳。　④王豹:卫(一说齐)之善歌者。淇:水名。河西,卫在黄河西面。　⑤绵驹:善歌者。高唐:齐国邑名。齐右:高唐在齐国西面,西在右。　⑥华周、杞梁:齐国大夫,传说他们战死,妻子痛哭而哭倒城墙,国人仿效,善哭成风。　⑦燔肉:烤肉,祭祀用。税冕:税,通"脱"。

【评析】

淳于髡曾因对孟子坚持原则的做法不满而给孟子出过难题(见《离娄上》第十七章),结果给孟子驳了回去。这次他又发难了,先是批评孟子不应该在没有建功立业的情况下就离开齐国,继而又讥刺孟子不是贤者,纵然不离开齐国,也未必能有所作为。孟子则给予了正面的驳斥,指出:治国必须要任用贤者,这是不容怀疑的;而在如何界定"仁"的问题上,则贤者有自己的准则,而这些准则又不会违背总体上一致的取向。因此,圣贤的用心与行事,并不是常人所能轻易理解的。

孟子曰:"五霸①者,三王②之罪人也。今之诸侯,五霸之罪人也。今之大夫,今之诸侯之罪人也。天子适诸侯曰巡狩,诸侯朝于天子曰述职。春省耕而补不足,秋省敛而助不给。入其疆,土地辟,田野治,养老尊贤,俊杰在位,则有庆③;庆以地。入其疆,土地荒芜,遗老失贤,掊克在位,则有让④。一不朝,则贬其爵;再不朝,则削其地;三不朝,则六师⑤移之。是故天子讨而不伐,诸侯伐而不讨。五霸者,搂诸侯以伐诸侯者也。故曰:五霸者,三王之罪人也。五霸,桓公为盛。葵丘之会⑥,诸侯束牲载书而不歃血⑦。初命曰,诛不孝,无易树子,无以妾为妻。再命曰,尊贤育才,以彰有德。三命曰,敬老慈幼,无忘宾旅。四命曰,士无世官,官事无摄,取士必得⑧,无专杀大夫。五命曰,无曲防,无遏籴,无有封而不告⑨。曰:凡我同盟之人,既盟之后,言归于好。今之诸侯皆犯此五禁,故曰:今之诸侯,五霸之罪人也。长君之恶其罪小,逢君之恶其罪大。今之大夫皆逢君之恶,故曰:今之大夫,今之诸侯之罪人也。"

【今译】

　　孟子说:"五霸,是三王的罪人;现在的诸侯,是五霸的罪人;现在的大夫,是现在诸侯的罪人。天子到诸侯的国家去叫作巡狩,诸侯去朝见天子叫作述职。春天视察耕种而补助穷困户,秋天视察收割而周济缺粮户。进入某诸侯的疆界,如果土地开垦,农事井井有条,老人得到赡养,贤人受到尊敬,杰出人才任官职,就有奖赏;赏给土地。进入某诸侯的疆界,如果土地荒芜,老人被遗弃,贤人散在野,搜括民财者任官职,就给予责罚。(诸侯)一次不朝见,便降低爵位,两次不朝见,便削减封地;三次不朝见,便派出军队进行讨伐。所以天子只声讨而不亲自征伐,诸侯只奉命征伐而不声讨。五霸,是强拉着诸侯去攻伐诸侯,所以说,五霸是三王的罪人。五霸中,齐桓公是最强大的。在葵丘的盟会上,与诸侯们捆绑祭神的牲口,把盟书放在它的身上,(因相信诸侯不敢负约)而没有歃血。第一条盟约说:诛罚不孝者,不改立太子,不立妾为妻。第二条盟约说:尊敬贤人,培育人才,以此表彰有德者。第三条盟约说:尊敬老人,慈爱幼儿,不怠慢宾客、旅人。第四条盟约说:士人不世袭官职,公务不要兼代,选拔人才要任贤,不擅自杀戮大夫。第五条盟约说:不遍筑堤防,不阻止邻国来买粮食,不要有封赏而不报告。最后说:凡是参加盟会者,订立盟约后,恢复正常的友好邦交。现在的诸侯都违犯了这五条禁令,所以说,现在的诸侯,是五霸的罪人。助长君主的恶行,这罪还小一点;逢迎君主的恶行,这罪行就大了。现在的大夫都逢迎君主的恶行,所以说,现在的大夫,是现在诸侯的罪人。"

【注释】

①五霸:春秋时诸侯中的五个霸主,较通行的说法是齐桓、晋文、秦穆、宋襄、楚庄,但另有几说,详可参杨伯峻《译注》。　②三王:三代之王,即夏禹、商汤、周文王武王。　③庆:赏赐。　④掊克:聚敛、搜括民财。让:责罚。　⑤六师:军队。　⑥葵丘:春秋时属宋国,在今河南兰考、民权境内;公元前651年,齐桓公与宋、卫、郑、许、曹等诸侯会盟,史称"葵丘之会"。　⑦束牲:定盟时仅束缚牺牲而不杀。载书:将盟书加在牲口上。不歃血:立盟一般当歃血(用嘴微吸一点牲口血),当时齐桓公威信高,故不歃血进行盟誓。　⑧摄:兼任。得:得贤才。　⑨曲防:赵岐注为王法所不禁而曲意设防,朱熹则注为不得曲为堤防而壅泉激水以专小利,焦循从朱注。遏籴:阻止受灾邻邦来买粮食。封:封赏。告:报告盟主。

【评析】

在《孟子》一书中,我们经常可以看到孟子关于"王道"与"霸道"的论述,孟子总的观点是尊"王道"而黜"霸道"。本章在于说明,由于有了"五霸"对"三王"的背离,所以就有"今之诸侯"对"五霸"的背离,以及"今之大夫"对"今之诸侯"的背离。为政之道的被破坏是自上而下的,所以孟子要坚持他尊"王道"黜"霸道"的观点,强调"仲尼之徒无道桓、文之事"。

鲁欲使慎子①为将军。孟子曰:"不教民而用之,谓之殃民。殃民者,不容于尧舜之世。一战胜齐,遂有南阳②,然且不可……③"

慎子勃然不悦曰:"此则滑厘所不识也。"

曰:"吾明告子。天子之地方千里,不千里,不足以待诸侯;诸侯之地方百里,不百里,不足以守宗庙之典籍。周公之封于鲁,为方百里也,地非不足也,而俭④于百里。太公之封于齐也,亦为方百里也,地非不足也,而俭于百里。今鲁方百里者五⑤,子以为有王者作,则鲁在所损乎,在所益乎？徒取诸彼以与此,然且仁者不为,况于杀人以求之乎！君子之事君也,务引其君以当道,志于仁而已。"

【今译】

　　鲁国打算让慎子做将军。孟子说:"不先教导百姓就使用他们,这叫作坑害百姓。坑害百姓的人,在尧舜的时代是容不得的,即使一次战斗便打赢齐国,得到了南阳,这仍然不行……"

　　慎子顿时不高兴地说:"这是我所不明白的。"

　　孟子说:"我明白地告诉你。天子的土地方圆千里,不到千里,便不足以接待诸侯;诸侯的土地方圆百里,不到百里,便不足以奉守历代相传的文物典章。周公被封在鲁,是方圆百里,土地并非不够,实际却少于百里。太公被封在齐,也是方圆百里,土地并非不够,实际却少于百里。现今鲁国的土地有五个方圆百里,你认为如有称王天下者兴起,鲁国的土地是在削减之列,还是在增加之列呢？白白地从那里取来给与这里,仁者尚且不干,更何况用杀人来求取呢！君子事奉君主,务必引导他的君主做事合于大道,有志于仁罢了。"

【注释】

①慎子:赵岐注为"善用兵者",朱熹注为"鲁臣",难考其详。　②南阳:据清儒考订即汶阳,在今山东泰安西南一带。　③然且不可:杨伯峻《孟子译注》认为此句因慎子抢着说话而未完。　④俭:约,少。　⑤鲁国自周公之子伯禽封于曲阜后,子孙从隐公到哀公,先后攻打宋、项、邾、莒等国,多次侵占别国土地,所以国土增加了不少。

【评析】

　　孟子的政治理想是"王道仁政",而反对战争是这一理想的题中应有之义。在本章中,孟子借对慎子的批评,表达了他反对穷兵黩武的思想。

孟子曰:"今之事君者皆曰:'我能为君辟土地,充府库。'今之所谓良臣,古之所谓民贼也。君不乡①道,不志于仁,而求富之,是富桀也。'我能为君约与国,战必克。'今之所谓良臣,古之所谓民贼也。君不乡道,不志于仁,而求为之强战,是辅桀也。由今之道,无变今之俗,虽与之天下,不能一朝居也。"

【今译】

孟子说:"现在事奉君主的人都说:'我能替君主开拓疆土,充实府库。'现在所谓的好臣子,是古代所谓的贼害民众者。君主不向往大道,无心行仁义,你却谋求使他富足,这等于使夏桀富足。(又说:)'我能替君主邀结盟国,每战必胜。'现在所谓的好臣子,是古代所谓的贼害民众者。君主不向往大道,无心行仁义,你却谋求替他恃强作战,这就等于是辅佐夏桀。沿着现在的路走,不改变现在的习俗,哪怕把整个天下给他,他也不能有一天安居。"

【注释】

①乡:同"向"。

【评析】

此章与上章意思一致。

白圭①曰:"吾欲二十而取一,何如?"

孟子曰:"子之道,貉②道也。万室之国,一人陶,则可乎?"

曰:"不可。器不足用也。"

曰:"夫貉,五谷不生,惟黍生之。无城郭、宫室、宗庙、祭祀之礼,无诸侯币帛饔飧③,无百官有司,故二十取一而足也。今居中国,去人伦,无君子,如之何其可也?陶以寡,且不可以为国,况无君子乎?欲轻之于尧舜之道者,大貉小貉也。欲重之于尧舜之道者,大桀小桀也。"

【今译】

白圭说:"我想以二十抽一来收税,怎么样?"

孟子说:"你的做法是貉国的做法。有万户的国家,一个人做陶器,行吗?"

白圭说:"不行,陶器不够用。"

孟子说:"貉国,五谷不生,只有黍才能成活。没有城墙、房舍、祖庙及祭祀礼仪,没有诸侯间互送礼物和宴饮,没有官吏、衙门,所以税收率二十抽一也够了。现在你住在中原,不要社会的伦常,不要官吏,那怎么行呢?做陶器的太少了,尚且不能搞好国家,何况没有官吏呢?想把税率定得比尧舜轻的,那就是大貉、小貉;想把税率定得比尧舜重的,那就是大桀、小桀。"

【注释】

①白圭:名丹,周人,善治水、经商,事迹散见于《战国策》《韩非子》《吕氏春秋》《史记·货殖列传》等。　②貉:同貊,古代北方少数民族。③饔飧:本指早餐、晚餐,这里指以饮食馈客之礼。

【评析】

传说尧舜之时是"什一而税",即税率为十分取一。孟子认为这是理想的税率,过高则损及百姓的利益,过低则无法维持一个国家必要的开支。

白圭曰:"丹之治水也愈于禹。"

孟子曰："子过矣。禹之治水，水之道也，是故禹以四海为壑①。今吾子以邻国为壑。水逆行谓之洚水；洚水者，洪水也，仁人之所恶也。吾子过矣！"

【今译】
　　白圭说："我治水胜过禹。"
　　孟子说："你错了。禹治水，是循着水原来所走的道路加以疏导，所以禹是把四海作为纳水之处。现在你却把邻国作为纳水之处。水逆行叫作洚水，洚水就是洪水，它是仁者所憎恶的。你错了！"

【注释】
①壑：本指山沟或水坑，这里引申为受纳水之处。

【评析】
　　白圭治水，据《韩非子·喻老》中的记载，他的方法不是疏通河道，导入江海，而是构筑堤防，让水流到邻国去。所以，孟子批评他这种只顾自己，不管他人的做法是"以邻为壑"。

孟子曰："君子不亮①，恶乎执？"

【今译】
　　孟子说："君子不讲诚信，如何能有操守？"

【注释】
①亮：同"谅"，意为诚信。

【评析】
　　诚信是儒家一贯坚持的一个原则，也是其极为重要的修养工夫之一。孟子认为，缺乏诚实守信，就什么东西都把握不住。

鲁欲使乐正子①为政。孟子曰："吾闻之，喜而不寐。"

公孙丑曰:"乐正子强乎?"

曰:"否。"

"有知虑乎?"

曰:"否。"

"多闻识乎?"

曰:"否。"

"然则奚为喜而不寐?"

曰:"其为人也好善。"

"好善足乎?"

曰:"好善优于天下②,而况鲁国乎?夫苟好善,则四海之内皆将轻千里③而来告之以善。夫苟不好善,则人将曰:'訑訑④,予既已知之矣!'訑訑之声音颜色,距人于千里之外。士止于千里之外,则谗谄面谀之人至矣。与谗谄面谀之人居,国欲治,可得乎?"

【今译】

鲁国想让乐正子治理国政。孟子说:"我听到这消息,高兴得睡不着。"

公孙丑说:"乐正子坚强吗?"

孟子说:"不。"

公孙丑说:"他有智谋、会思考吗?"

孟子说:"不。"

公孙丑说:"他见多识广吗?"

孟子说:"不。"

公孙丑说:"那您为什么会高兴得睡不着呢?"

孟子说:"他的为人喜好善。"

公孙丑说:"喜好善就足够了吗?"

孟子说:"喜好善足以治理天下,更何况鲁国呢?假如喜好善,那四方的人都会不远千里地赶来把善告诉他;假如不喜好善,那人会说:'嗯,嗯!我早已知道了!'这种嗯嗯的声音、脸色,把别人拒绝在千里之外了。好善之士止步在千里之外,那些进谗言、拍马屁的人就来了。与进谗言、拍马屁的人在一起,要想把国家治理好,能做到吗?"

【注释】

①乐正子:孟子弟子乐正克。　②优于天下:优于治天下。　③轻千里:不以千里为难。　④訑訑:自满自足的样子。

【评析】

鲁国打算起用孟子的弟子乐正子治理国政,孟子十分高兴。孟子高兴的原因,不在于乐正子这个人的能力如何,而在于他的德行。孟子的观点代表了儒家的用人观点。儒家认为,在用人这一点上,最理想的状况是德才兼备,否则就是德行优先,才能其次。这与当时法家等主张"惟才是举"是很不同的。儒家的这一用人观在后世一直影响很大,如司马光在其《资治通鉴》中就曾大谈用人当重德的问题。

陈子①曰:"古之君子何如则仕?"

孟子曰:"所就三,所去三。迎之致敬以有礼;言,将行其言也,则就之。礼貌未衰,言弗行也,则去之。其次,虽未行其言也,迎之致敬以有礼,则就之。礼貌衰,则去之。其下,朝不食,夕不食,饥饿不能出门户,君闻之,曰:'吾大者不能行其道,又不能从其言也,使饥饿于我土地,吾耻之。'周之,亦可受也,免死而已矣。"

【今译】

陈子说:"古代的君子怎样才出来做官呢?"

孟子说:"就职有三种情况,去职也有三种情况。迎接时恭敬而有礼貌,有所进言,就打算实行,便就职。礼貌虽未减弱,可对他的进言不实行了,就去职。其次,虽没有实行他的进言,但迎接时能恭敬而有礼貌,便就职。如果礼貌减弱了,就去职。最下的,早上没有吃,晚上也没有吃,饿得无力出门,国君知道后,说:'从大的说我不能实行他的主张,又不能听从他的进言,使他在我的国土上挨饿,我感到耻辱。'如果给予周济,也可以接受,这不过是为了免于一死罢了。"

【注释】
①陈子:孟子弟子陈臻。

【评析】
本章中孟子提出了君子出仕的三条原则,按赵岐的概括,"听言为上;礼貌次之;困而免死,斯为下矣"。其中的第三条中的"可受"是"可就"的意思,即仅为免死而就,到免除饥饿后,还是要去的,这中间也包括了一就一去。

孟子曰:"舜发于畎亩之中①,傅说举于版筑之间②,胶鬲举于鱼盐之中③,管夷吾举于士④,孙叔敖举于海⑤,百里奚举于市⑥。故天将降大任于斯人也,必先苦其心志,劳其筋骨,饿其体肤,空乏其身,行拂乱其所为,所以动心忍性⑦,曾⑧益其所不能。人恒过,然后能改;困于心,衡⑨于虑,而后作;征于色,发于声,而后喻。入则无法家拂士⑩,出则无敌国外患者,国恒亡。然后知生于忧患而死于安乐也。"

【今译】
孟子说:"舜兴起于田野之中,傅说被提拔于筑墙的苦役中,胶鬲被提拔于贩卖鱼盐的行当中,管仲被提拔于牢狱官的手中,孙叔敖被提拔于海边僻远之地,百里奚被提拔于集市上。因此,上天将要把重任加在此人的肩上,一定先要苦恼他的心志,劳累他的筋骨,饥饿他的肠胃,穷困他的身子,他想做点什么便干扰打乱,这是为了震动他的内心,坚韧他的性格,增加他所不具备的能力。一个人经常犯错误,然后才能改正;内心困苦,思虑阻塞,然后才能有所愤发作为;表现在脸色上,吐发在言谈中,然后才能被人了解。(一个国家)国内没有知法度的大臣和辅弼之士,国外又缺乏相抗衡之国和外患忧虑,这样的国家常常会灭亡。由此可知,忧患能使人生存,而安逸享乐能使人死亡。"

【注释】

①传说舜曾耕于历山。 ②傅说:殷高宗武丁时的相,其事迹见《史记·殷本纪》。版筑:在夹版中填土,再用杵筑以成墙。 ③胶鬲:殷末贤者,据说遇纣之乱,隐于民间贩鱼盐,周武王发现并提拔了他。 ④管夷吾:管仲,其事迹见《左传·庄公九年》。士:狱官。 ⑤孙叔敖:楚国令尹,楚庄王起用他于海滨。 ⑥百里奚事见《万章上》第九章。 ⑦动心忍性:动惊其心,坚忍其性。 ⑧曾,同增。 ⑨衡:横、塞。 ⑩法家:法度大臣之家。拂:辅弼。

【评析】

此章是《孟子》一书中的名章,它勉励人们从逆境中奋起,在艰苦的环境中磨炼自己的意志,而"生于忧患,死于安乐"则更是传诵千古的名句。

孟子曰:"教亦多术矣,予不屑之教诲也者,是亦教诲之而已矣。"

【今译】

孟子说:"教育也有很多方式,我不屑于去教诲他,这也是对他的一种教诲啊。"

【评析】

孟子此章的意思是说,他所不屑于去教诲的人如果有所感悟,改过从善,就已经起到了教诲的作用;如果此人毫无感悟,那教又有何益呢?

尽 心 上

【解题】

本篇是《孟子》七篇中章节最多的一篇,共有八十四章,所涉及的内容既多且杂。

本篇上篇凡四十六章,比较突出的内容是讲心性理论,此外如修养工夫、理想人格、王霸之辨、治世之道等亦多有涉及。

孟子曰:"尽其心者,知其性也。知其性,则知天矣。存其心,养其性,所以事天①也。夭寿不贰②,修身以俟之,所以立命也。"

【今译】

孟子说:"能够尽人的本心,便能知晓人的本性。知晓人的本性,便能知晓上天。保持人的本心,培养人的本性,这就是事奉上天的方法。短命、长寿都不三心二意,修身养性以等待天命的安排,这就是安身立命的方法。"

【注释】

①事天:赵岐注为"行与天合";朱熹注"事"为"奉承而不违"。
②贰:赵岐注为"二",即二心;朱熹注为"疑";"不贰"也就是无二心、不怀疑。

【评析】

本章在《孟子》一书中非常重要,历来受到研究者的重视。它之所以重要,是因为在这短短数语中,包含了孟子思想中八个极为重要的概念:尽心、知性、知天、存心、养性、事天、修身、立命,这些概念涉及孟子的认识论、人性论、工夫论、伦理观、天命观等诸多方面,而儒家所谓"身心性命之学"中的身、心、性、命,它都谈到了。按孟子的观点,通过向内心的追求、思索,就可以把握人的善良本性,而把握了人的善良本性,那就是知道了"天命"。而保持本心、培养本性,就能做到行事符合于"天命"。"天命"不是个人所能左右的,长短难定,但不必怀疑,人只能尽力去做到"知天""事天",即尽心、知性和存心、养性,这就是对"天命"的基本态度,有了这种态度也就可以安身立命了。以上当然仅是从字面上去理解,历代研究者有不少发挥,这里就不去引述了,因为他们所说尽管很玄妙,但也只是一家之言,关键还在读者自己领悟。

孟子曰:"莫非命①也,顺受其正;是故知命者不立乎岩墙②之下。尽其道而死者,正命也;桎梏③死者,非正命也。"

【今译】

孟子说:"人无不受命运的支配,顺应命运就是承受正常命运;所以懂得命运的人不会站在将要倾倒的墙下面。完全按正道行事而死的人,他所受的就是正常的命运;犯罪而死的人,所受的就不是正常的命运。"

【注释】

①莫非命:赵岐、朱熹的注都是"莫非"相连,意为"无非";焦循《正义》认为当"非命"相连,而"莫"是毋、不要之意,"莫非命"即"谓不可非命而死也",是"禁戒之辞",亦可通。 ②岩墙:将要倒塌的墙。 ③桎梏:古代拘束犯人的刑具,此喻犯罪。

【评析】

就此章的内容而言,是紧接着上一章的,按朱熹的说法:"所以发其末句未尽之意"(《集注》),也就是说阐发上一章中"立命"的意蕴。

但此章翻译不易,因为对文本可有不同的理解,这里的翻译也只是根据一种理解,未必就一定准确。所谓不同的理解,除了注中提到的对"莫非命"作何解外,还有对"尽其道而死"作何解的问题。按中国传统说法,"命"有三种:受命、遭命、随命(亦称寿命、遭命、随命,或正命、随命、遭命,意思大同小异,详可参《孝经援神契》《白虎通·寿命》《论衡·命义》及赵岐注)。就一般而言,受命(寿命、正命)是正常的年寿;遭命是因遭遇而决定生死;随命是根据操行而决定生死(各家的解说略有不同)。按赵岐注解,三者中惟"受命"属于孟子所说的"正命",其余都是"非正命"。但"尽其道而死",可能是受命,也可能是遭命,即可能是按年寿走完人生道路,也有可能遭遇某事而死。但孟子又说"尽其道而死者,正命也",那"舍生取义"而死属"尽其道",但又不是受命而是遭命,这说明赵岐的注解也未必圆通。

孟子曰:"求则得之,舍则失之,是求有益于得也,求在我者也。求之有道,得之有命,是求无益于得也,求在外者也。"

【今译】

孟子说:"追求就能得到,放弃就会失掉,这种追求有益于获得,因为所追求的东西就在我本身之内。追求有一定的方式,能否得到由命运的安排,这种追求无益于获得,因为所追求的东西存在于我本身之外。"

【评析】

孟子此章想说明的是:仁、义、礼、智这些东西,存在于我们每个人身上,只要去追求就能获得。而富贵、权势这些东西,外在于我们本身,虽然可以根据一定的方式去追求,但能否得到却须听从命运的安排。此章意蕴,历代注家发挥颇备,就不多申论了。

孟子曰:"万物皆备于我①矣。反身而诚,乐莫大焉。强恕②而行,求仁莫近焉。"

【今译】

孟子说:"万事万物的道理都具备在我自身之内。反躬自问而觉得它们都真实无妄,快乐就没有比这个更大的了。努力不懈地以推己及人的恕道去行事,求仁的道路便没有比这更近的了。"

【注释】

① 万物皆备于我:赵岐注为"备知天下万物";朱熹认为"此言理之本然",大小事物"无一不具于性分之内也",朱注稍胜一筹。 ② 强:勉强、勉力。恕:推己及人的恕道。

【评析】

此章中"万物皆备于我"这个命题,既是讲认识问题,又是讲修养工夫,前者与孟子的"尽心""知性""知天"(参本篇首章)思想有关;后者与孟子的"思诚"(参《离娄上》第十二章)思想有关。

孟子曰:"行之而不著焉,习矣而不察焉①,终身由之而不知其道者,众②也。"

【今译】

孟子说:"做了却不明白为何要这样做,习以为常却不问个所以然,一生遵循却不知它的道理,这种便是普通的人。"

【注释】

①著、察:都是明白的意思,朱熹注"著"为"知之明","察"为"识之精"。

②众:庶众、普通人;有人解为"多",亦可通,但译文的"普通人"当改为"多数人"。

【评析】

此章与前章是关联的,前章讲君子,此章讲庶众。君子能"反身而诚",因此能"乐"道;庶众只是不自觉地循"道"而行,即《周易》中说的"百姓日用而不知"。因此,尽管人人都有"明善"的基础,但不做"思诚"的修养的工夫,也只能成为一个普通人。

孟子曰:"人不可以无耻。无耻之耻①,无耻矣。"

【今译】

孟子说:"人不可以没有羞耻;如果能以没有羞耻为耻辱,便不再有耻辱了。"

【注释】

①无耻之耻:赵岐注曰:"人能耻己之无所耻,是为改行从善之人,终身无复有耻辱之累也。"朱熹同意此注,故全引赵注为注。

【评析】

此章可有不同理解,如杨伯峻认为"无耻之耻"的"之"不当作动词解,所以按他的译文就是:"人不可以没有羞耻,不知羞耻的那种羞耻,真是不知羞耻!"(《孟子译注》)

孟子曰:"耻之于人大矣。为机变之巧①者,无所用耻焉。不耻不若人,何若人有?"

【今译】

孟子说:"羞耻对于人来说关系重大。搞机巧诈变的人,是没有地方用得着羞耻的。不把不如别人看作是羞耻,那还有什么地方能比得上别人呢？"

【注释】

①机变之巧:机巧诈变。

【评析】

知耻才能知道什么该做、什么不该做;知耻才能知道自己的不足,从而成为改正的起点。

孟子曰:"古之贤王好善而忘势①;古之贤士何独不然？乐其道而忘人之势,故王公不致敬尽礼,则不得亟②见之。见且由③不得亟,而况得而臣之乎？"

【今译】

孟子说:"古代的贤君喜好善而忘记自己的权势,古代的贤士何尝不是这样？乐于自己信奉的道理而忘记别人的权势,所以王公们对他们不恭敬尽礼,就不能多次见到他们。相见的次数尚且不能多,何况把他们作为臣下呢？"

【注释】

①势:权势。　②亟:多次。　③由:同"犹"。

【评析】

孟子此章以古喻今,认为君主应该尊重贤士,不以权势自恃;士人应该乐于大道,不为权势所屈。这也可视为是孟子的"夫子自道",即为什么他"不见诸侯""不仕"的原因所在(参见《滕文公下》诸章)。

孟子谓宋句践①曰:"子好游②乎？吾语子游。人知之,亦嚣嚣③;人不知,亦嚣嚣。"

曰:"何如斯可以嚣嚣矣？"

曰:"尊德乐义,则可以嚣嚣矣。故士穷不失义,达不离道。穷不失义,故士得己④焉;达不离道,故民不失望焉。古之人,得志,泽加于民;不得志,修身见⑤于世。穷则独善其身,达则兼善天下。"

【今译】

孟子对宋句践说:"你喜欢游说吗？我告诉你游说应取的态度。别人理解我,也悠闲自得;别人不理解我,也悠闲自得。"

宋句践说:"怎样才能做到悠闲自得呢？"

孟子说:"尊崇德、乐于义,就可以悠闲自得了。所以,士人穷困时不丢失义,得志时不偏离道。穷困时不丢失义,所以能自得其乐;得志时不偏离道,所以百姓不会感到失望。古代的人,得志,便把惠泽施于百姓;不得志,自修德性以表现于世。穷困就做好自身的修养,得志便把善普施于天下。"

【注释】

①宋句践:人名,事迹不详,赵岐注为"好以道德游,欲行其道者。"②游:游说。 ③嚣嚣:嚣通"闲",嚣嚣即自得无欲的样子。 ④得己:自得。 ⑤见:同"现"。

【评析】

战国时代,游说之风盛行,纵横策士固属于游说之士,孟子实也可归入游说之士之列,只是孟子的游说有自己的原则,而纵横策士则无。孟子游说的原则,就是"穷不失义,达不离道","得志,泽加于民;不得志,修身见于世"。通俗点说,就是游说也要遵循道德原则,要以行道为目的。至于"穷则独善其身,达则兼善天下"的境界,就已不全是游说的原则了,而是中国古代读书人守身处世的理想原则之一。

孟子曰:"待文王而后兴①者,凡民也。若夫豪杰之士,虽无文王犹兴。"

【今译】

　　孟子说:"要等待文王出现然后才奋起的,是普通百姓。至于杰出人士,即使没有文王也会奋起的。"

【注释】

①兴:感动奋发。

【评析】

此章即指出"豪杰之士"的与众不同,同时也是在勉励人们争取做一个"豪杰之士"。

　　孟子曰:"附之以韩、魏之家①,如其自视欿然②,则过人远矣。"

【今译】

　　孟子说:"拿晋国韩、魏两大家族的财富加给他,如果他并不自满,那他超出常人就很远了。"

【注释】

①附:增益。韩、魏之家:春秋时晋国六卿中最富有的两个家族。
②欿:通"坎"。欿然,不自满的意思。

【评析】

此章与孟子所谓"富贵不能淫"之意颇近,也是谈理想人格的,即:富贵是常人所追求的,不为富贵所动心,是因为有比富贵更值得追求的东西,那他一定不同于常人。

　　孟子曰:"以佚道①使民,虽劳不怨。以生道②杀民,虽死不怨杀者。"

【今译】

孟子说:"为谋求百姓生活安逸而役使百姓,他们即使劳累也不会怨恨。为谋求百姓生存而不得已杀人,被杀者也不会怨恨杀他的人。"

【注释】

①佚:通"逸",逸道即安乐之道。 ②生道:谋求生存之道。

【评析】

此章是告诫统治者,无论是役使还是刑罚,都必须是为了老百姓的利益。如果做到这样,即使劳累、杀人,也不会引起百姓的怨恨。

孟子曰:"霸者之民,欢虞①如也;王者之民,皞皞②如也。杀之而不怨,利之而不庸③,民日迁善不知为之者。夫君子④所过者化,所存者神,上下与天地同流,岂曰小补之哉?"

【今译】

孟子说:"称霸诸侯者的百姓欢喜快乐,称王天下者的百姓怡然自得。百姓被杀,却并不怨恨;蒙受好处,也不酬谢谁,百姓天天向善而不知是谁使他们这样的。圣人所到之处,人们受到感化;他所留存的东西神妙莫测,上与天下与地一同运转不息,这难道说仅是小小的补益吗?"

【注释】

①欢虞:同"欢娱"。 ②皞皞:通"浩浩",广大自得的样子。 ③庸:功,这里是酬功之意。 ④这里的"君子",按朱熹注是指"圣人之通称"。

【评析】

此章阐明"王道"与"霸道"间的不同。在"霸道"政治下,由于明显地看到君主的惠泽,因而百姓感恩戴德,欢喜快乐。而在"王道"政治下,百姓身受德泽而不自觉,因而怡然自得,也不必去酬谢谁。就孟子而言,他的政治理想是"王道",所以他充分肯定了"王道"的广大深远。孟子关于"王道""霸道"的辨析,以后被儒家不断引申,后世有所谓"王霸之辨",其源盖出于此。

孟子曰:"仁言不如仁声①之入人深也,善政不如善教之得民也。善政民畏之,善教民爱之。善政得民财,善教得民心。"

【今译】
　　孟子说:"仁爱的言辞不如仁爱的声望深入人心,良善的政措不如良善的教育更能赢得民众。良善的政措为百姓所畏惧;良善的教育为百姓所喜爱。良善的政措得到的是百姓的财物,良善的教育得到的是百姓的心。"

【注释】
①仁声:赵岐注为"乐声《雅》《颂》也",即指音乐;朱熹注为"仁闻,谓有仁之实而为众所称道者也",译文取朱注。

【评析】
孟子一贯强调"保民而王",而"保民"的基本条件之一就在于得民心,得民心的方法一在于要有惠民的实际举措,二在于教化。

孟子曰:"人之所不学而能者,其良能也;所不虑而知者,其良知也。孩提之童①,无不知爱其亲者,及其长也,无不知敬其兄也。亲亲,仁也;敬长,义也。无他,达之天下也。"

【今译】
　　孟子说:"人无需学就会的,是他的良能;无需思考就知道的,是他的良知。二三岁的小孩没有不知道爱自己父母的,等到长大了,没有不知道尊敬自己兄长的。亲爱父母是仁,尊敬兄长是义。这没有其他原因,因为仁义是通行于天下的。"

【注释】
①孩提之童:赵岐注为"二三岁之间在襁褓,知咳笑、可提抱者也"。

【评析】
此章也是孟子讲性善论的重要一章。孟子认为,仁和义是人不必通过学习和思考就具有的"良知""良能",换言之,也就是人人所固有的"良心"或"本心"。

孟子曰:"舜之居深山之中,与木石居,与鹿豕游,其所以异于深山之野人者几希。及其闻一善言,见一善行,若决江河,沛然莫之能御也。"

【今译】
孟子说:"舜住在深山时,和树木、石头相处,和麋鹿野猪为伴,与深山中草野之人的区别很少。可等到他听到一句善言,看到一件善行,(便立即采纳实行)就像江河决口,浩浩荡荡地没有什么力量能阻挡得了。"

【评析】
此章讲舜从善如流,也间接说明圣人与常人在起点上并无什么差异。

孟子曰:"无为其所不为,无欲其所不欲,如此而已矣。"

【今译】
孟子说:"不做不该做的,不要不该要的,做到这样就行了。"

【评析】

此章所言道理简单明白,可谓是最基本的做人之理。

孟子曰:"人之有德慧术知①者,恒存乎疢疾②。独孤臣孽子③,其操心也危,其虑患也深,故达。"

【今译】

孟子说:"那些有德行、聪明、本领和知识的人,常常是由于他们灾患的处境。只有那些孤立之臣、庶孽之子,他们提心吊胆,对于祸患考虑得深,所以能通达事理人情。"

【注释】

①德慧术知:赵岐注为"德行、知慧、道术、才智"。 ②疢疾:灾患。 ③孽子:非嫡妻所生之子,亦称庶子。

【评析】

此章与孟子讲过的"生于忧患,死于安乐"(《告子下》第十六章)意思大致相近,都在于激励人们不要为艰难困苦的处境所屈服,而应该利用它们来促使自己奋发向上。

孟子曰:"有事君人者,事是君则为容悦者也;有安社稷臣者,以安社稷为悦者也;有天民者,达可行于天下而后行之者;有大人者,正己而物正者也。"

【今译】

孟子说:"有事奉君主的人,那是事奉这个君主即为讨得君主欢心的人;有安邦定国的臣子,那是以安邦定国为乐事的人;有天民,那是要他的道可行于天下时然后实行的人;有大人,那是端正自己外物便随之也端正的人。"

【评析】

此章讲了四种人的品格,从语气上看,孟子是赞赏后两者的。"天民"和"大人",按一般说法是"知道者"和"圣人",但翻译不易,还是不译为好。至于两者的区别,按朱熹的注解,前者"犹有意",而后者则"无意无必",从而使"物无不化",这只有"圣人"才能做到。

孟子曰:"君子有三乐,而王天下不与存焉。父母俱存,兄弟无故,一乐也;仰不愧于天,俯不怍①于人,二乐也;得天下英才而教育之,三乐也。君子有三乐,而王天下不与存焉!"

【今译】

孟子说:"君子有三种乐趣,但称王天下不在其中。父母健在,兄弟没病没灾,是第一种乐趣;上无愧于天,下无愧于人,是第二种乐趣;得到天下优秀的人才而对他们进行教育,是第三种乐趣。君子有三种乐趣,但称王天下不在其中。"

【注释】

①怍:惭愧。

【评析】

孟子所说的"三乐",在中国历史上很有名。其中,第一种属于天意,第二种在于自身的修养,第三种则在乎他人。

孟子曰:"广土众民,君子欲之,所乐不存焉。中天下而立,定四海之民,君子乐之,所性不存焉。君子所性,虽大行①不加焉,虽穷居不损焉,分定故也。君子所性,仁义礼智根于心,其生色也睟然②,见于面,盎③于背,施④于四体,四体不言而喻。"

【今译】

孟子说:"国土广阔,人民众多,是君子所希望的,但乐趣不在于此;居天下的中央,安定四方百姓,君子以此为乐,但本性不在于此。君子的本性,即使理想通行于天下并不因此而增,即使穷困隐居并不因此而减,因为本分已定的缘故。君子的本性,仁义礼智根植于心中,生发出来的神色温润纯和,它表现在颜面,显露于肩背,遍及于四肢,四肢的动作不必言说就能使人了解。"

【注释】

①大行:赵岐注为"行政于天下",朱熹注为"通达"。 ②睟然:润泽的样子。 ③盎:显现。 ④施:延及。

【评析】

此章讲君子的愿望、乐趣、本性之间既有联系,又有区别。君子行道固然与本性有关,是本性的彰扬,但本性却是内在的。而外面表现出来的君子之性,是因为有了内在的仁义礼智之心,即孟子所说的"良心""本心"。

孟子曰:"伯夷辟纣,居北海之滨,闻文王作,兴曰:'盍归乎来!吾闻西伯善养老者。'太公辟纣,居东海之滨,闻文王作,兴曰:'盍归乎来!吾闻西伯善养老者。'①天下善养老,则仁人以为己归矣。五亩之宅,树墙下以桑,匹妇蚕之,则老者足以衣帛矣。五母鸡,二母彘,无失其时,老者足以无失肉矣。百亩之田,匹夫耕之,八口之家足以无饥矣②。所谓西伯善养老者,制其田里,教之树畜,导其妻子使养其老。五十非帛不暖,七十非肉不饱。不暖不饱,谓之冻馁。文王之民无冻馁之老者,此之谓也。"

【今译】

　　孟子说:"伯夷躲避商纣,居住在北海边上,听说文王兴盛起来了,振奋地说:'何不去归属!我听说西伯是善于奉养老人的。'太公姜尚躲避商纣,居住在东海边上,听说文王兴盛起来了,振奋地说:'何不去归属!我听说西伯是善于奉养老人的。'天下有善于养老的人,那么仁人们便把他当作自己的依靠了。五亩的宅田,在墙下种植桑树,妇女养蚕缫丝,老年人就足以有丝织衣服穿了。五只母鸡,二头母猪,不失时节地饲养繁殖,老年人就足以有肉吃了。百亩田地,男人去耕种,八口之家就足以有饭吃了。所谓的西伯善于养老,指的是他规定土地制度,教会百姓栽种和畜牧,引导他们的妻子儿女奉养家中的老人。到了五十岁没有丝棉便穿不暖,到了七十岁没有肉食便吃不饱。穿不暖、吃不饱,叫作挨冻受饿。文王的百姓中没有挨冻受饿的老人,说的就是这个意思。"

【注释】

①此段内容参见《离娄上》第十三章。　②此段内容参见《梁惠王上》第三、七章。

【评析】

　　此章内容孟子前面已有分别论述,讲的是周文王的"仁政",亦即孟子的政治理想。

　　孟子曰:"易①其田畴,薄其税敛,民可使富也。食之以时,用之以礼,财不可胜用也。民非水火不生活,昏暮叩人之门户求水火,无弗与者,至足矣。圣人治天下,使有菽粟如水火。菽粟如水火,而民焉有不仁者乎?"

【今译】

　　孟子说:"整治耕地,减轻税收,是可以使百姓富足的。按时饮食,依礼消费,财物是用不尽的。百姓没有水和火是活不下去的,黑夜敲门向别人求觅水或火,是没有人不会给的,因为水火家家都很多。圣人治理天下,就要使百姓家有粮食如有水火那样多。粮食如水火那样多了,百姓哪有不仁爱的呢?"

【注释】

①易:整治。

【评析】

类似此章的内容,在《孟子》书中很多,其主旨不外乎是"富之"然后"教之"的思想,即中国人普遍认同的一个传统想法。

　　孟子曰:"孔子登东山①而小鲁,登泰山而小天下。故观于海者难为水,游于圣人之门者难为言。观水有术,必观其澜。日月有明,容光②必照焉。流水之为物也,不盈科不行。君子之志于道也,不成章③不达。"

【今译】

　　孟子说:"孔子登上东山便觉得鲁国小了,登上泰山就觉得天下也小了。所以,看过大海的人就难以注意一般的水流了;在圣人门下游学过的人就难以注意别的言论了。观看水有方法,一定要观看它的波澜。太阳和月亮有光辉,凡能容纳光线的地方就一定能照到。流水这东西,不流满坎洼地就不会前行;君子有志于大道,不到一定的程度就不能通达。"

【注释】

①东山:朱熹注为"鲁城东之高山",一说在今山东蒙阴县南。　②容光:赵岐注为"小郤";焦循《正义》认为容光是"苟有丝发之际可以容

纳,则光必入照焉",而不是小隙之名;焦注准确。 ③成章:古称乐终为一章,这里引申为达到一定阶段或程度。

【评析】
此章首先是讲境界问题,人只有达到一定的层次才会有一定的境界;其次是讲循序渐进问题,圣人之道虽然宏大,境界甚高,却是有根基的,有志于圣人之道固然重要,但这只是起点,不经过修养,没达到一定阶段还是不能通达。

孟子曰:"鸡鸣而起,孳孳①为善者,舜之徒也;鸡鸣而起,孳孳为利者,蹠②之徒也。欲知舜与蹠之分,无他,利与善之间③也。"

【今译】
孟子说:"鸡叫便起,努力行善的人,是舜一类的人;鸡叫便起,努力求利的人,是蹠一类的人。想知道舜与蹠的区分,没别的,只是利和善的不同。"

【注释】
①孳孳:勤勉。 ②蹠:同"跖",即《滕文公下》卒章中的"盗跖"。 ③间:不同。

【评析】
此章要说明的问题是孟子反复强调的,即人与人的区别原本很小,舜是圣人,跖是盗贼,但究其源头的差别,只在利与善之间。

孟子曰:"杨子取为我①,拔一毛而利天下,不为也。墨子兼爱,摩顶放踵②利天下,为之。子莫③执中。执中为近之。执中无权,犹执一也。所恶执一者,为其贼道也,举一而废百也。"

【今译】

孟子说："杨子主张为我，拔去一根毫毛能对天下有利，都不愿做；墨子主张兼爱，摩秃头顶、走破脚跟而有利于天下，也去做。子莫取折中的主张。折中的主张算近乎正确。但折中而不知变通，那还是固执一偏了。之所以嫌恶固执一偏，是因为它损害大道，抓住一点而废弃其余。"

【注释】

①杨子：杨朱。取：主张。 ②摩：摩秃。顶：头顶。放：到。踵，脚跟。 ③子莫：鲁国的贤人；近人罗根泽、钱穆等以为即《说苑·修文》中的颛孙子莫。

【评析】

关于杨子和墨子的思想，参见《滕文公下》第九章的"评析"。孟子此章所要强调的是"执中"而能"行权"的思想。"执中"能避免极端化，但如果不管什么情况下都"执中"的话，就变成了"执一"，那又是极端化了。所以就需既懂"执中"而又会"行权"。

孟子曰："饥者甘食，渴者甘饮，是未得饮食之正也，饥渴害之也。岂惟口腹有饥渴之害？人心亦皆有害。人能无以饥渴之害为心害，则不及人不为忧矣。"

【今译】

孟子说："饥饿的人觉得食物都美，口渴的人觉得饮料都甜，这是没有尝到饮料食物的正常滋味，原因是饥渴妨害了他们的正常感觉。难道只是嘴巴和肠胃有饥渴的妨害吗？人心也都有类似的妨害。人们如能使他们的心不受像饥渴对于嘴巴肠胃那样的妨害，那就不会因及不上别人而忧愁了。"

【评析】

孟子这里讲的还是他的心性理论。他以嘴巴、肠胃会受外因影响而偏离正常感觉,来比喻人心也会因受外界影响而偏离其正常的状态——"良心",即"放其良心"(《告子上》)。所以,修身养性的工夫非常重要,尤其是外界影响严重或外部条件恶劣的情况下。应当注意,末句中的"不及人",是指在权势、富贵方面的不及人。

孟子曰:"柳下惠不以三公易其介①。"

【今译】

孟子说:"柳下惠不因为居高官之位而改变他的操守。"

【注释】

①介:操守。

【评析】

此章也是讲不受外物影响的问题。

孟子曰:"有为者辟若掘井,掘井九轫①而不及泉,犹为弃井也。"

【今译】

孟子说:"有作为的人譬如打井一样,井挖到六七丈深还没有挖到泉水,也还是一口废井。"

【注释】

①轫:同"仞",八尺为仞,一说七尺为仞。

【评析】

此章讲做事当善始善终,不可半途而废。

孟子曰:"尧、舜性之也,汤、武身之也,五霸假之也。久假而不归,恶知其非有也?"

【今译】
　　孟子说:"尧、舜(行仁)是本性使然,商汤、周武王是身体力行,五霸是假借利用。借久了不归还,怎么知道他们不是真有呢?"

【评析】
　　在孟子看来,尧舜、汤武、五霸在功业上都有成就,但他们的出发点和行事方式却各有不同。尤其是春秋五霸,他们是假借仁义之名而行的。最后一句的理解可有不同,有人认为是讲五霸行仁义还是假的,也有人认为是讲五霸弄假成真了。但从孟子的一贯态度来分析,前一种理解似乎更合理一些。

公孙丑曰:"伊尹曰:'予不狎①于不顺。'放太甲于桐②,民大悦。太甲贤,又反之,民大悦。贤者之为人臣也,其君不贤,则固可放与?"
　　孟子曰:"有伊尹之志则可,无伊尹之志则篡也。"

【今译】
　　公孙丑说:"伊尹说:'我不亲近不顺礼义的人。'他把太甲放逐到桐邑,百姓十分高兴。太甲改过自新了,又将他接回来,百姓也十分高兴。贤人作为臣子,他的君主不好,一定可以放逐吗?"
　　孟子说:"有伊尹那样的心思就可以;没有伊尹那样的心思,便是篡位了。"

【注释】
①狎:亲近。　②放太甲于桐:参见《万章上》第六章。

【评析】

传说历史上伊尹曾放逐其君太甲,后太甲改过又被伊尹接回来做君。公孙丑之问隐含有对伊尹以下犯上的批评,孟子强调了动机的问题,即认为伊尹的动机是出于公心,所以不能算是违背了原则。

公孙丑曰:"《诗》曰:'不素餐兮!'①君子之不耕而食,何也?"

孟子曰:"君子居是国也,其君用之,则安富尊荣;其子弟从之,则孝悌忠信。'不素餐兮',孰大于是?"

【今译】

公孙丑说:"《诗经》中说:'不白吃饭呀!'那君子不耕种也可吃饭,为什么呢?"

孟子说:"君子居住在这个国家,国君用他,能使国君安定富足、尊贵荣耀;少年子弟跟他学习,能孝父母,敬兄长,忠心而守信。'不白吃饭呀',还有比这个更功劳大的吗?"

【注释】

①《诗》:《诗经·魏风·伐檀》。素餐:白吃饭,无功受禄。

【评析】

此章亦是讲社会分工问题,参见《滕文公》诸篇。

王子垫①问曰:"士何事?"

孟子曰:"尚志。"

曰:"何谓尚志?"

曰:"仁义而已矣。杀一无罪,非仁也;非其有而取之,非义也。居恶在? 仁是也;路恶在? 义是也。居仁由义,大人②之事备矣。"

【今译】

王子垫问道:"士干什么事?"

孟子说:"使心志高尚。"

王子垫说:"什么叫使心志高尚呢?"

孟子说:"行仁义罢了。杀一个无罪的人,是不仁;不是自己所有却取了,是不义。居处在哪里?就在于仁;行路在哪里?就在于义。居住于仁,行走由义,大人的事务便齐备了。"

【注释】

①王子垫:齐王之子,名垫。 ②这里的"大人",朱熹注为"公卿大夫"。

【评析】

在中国古代,士为"四民"(士农工商)之首,上面就是公卿大夫这些官了。无论上下,均有具体事干,惟独士除游学、读书外,没有什么具体的事务。所以孟子认为士从事的就是"尚志"。而"志"的内容无非是仁和义,只要能"居仁由义",那就为以后出仕为官做好了必要的准备。

孟子曰:"仲子①,不义与之齐国而弗受,人皆信之,是舍箪食豆羹之义也。人莫大焉亡亲戚君臣上下。以其小者信其大者,奚可哉?"

【今译】

孟子说:"陈仲子这个人,要是不合道义地把齐国给他是不会接受的,人们都相信这一点,但这只是放弃一筐饭一碗汤的义。人(的罪过)再没有比不要父兄、君臣、尊卑更大的了。因为他的小节而相信他的大节,怎么行呢?"

【注释】

①仲子,即《滕文公下》第十章中提到的陈仲子。

【评析】

陈仲子的事迹已见于《滕文公下》第十章,孟子对他重小节而失大节有过批评。所以此章强调的是,看人需看大节,不能为小节所惑。

桃应①问曰:"舜为天子,皋陶为士,瞽瞍杀人,则如之何?"

孟子曰:"执之而已矣。"

"然则舜不禁与?"

曰:"夫舜恶得而禁之?夫有所受之也。"

"然则舜如之何?"

曰:"舜视弃天下犹弃敝蹝②也。窃负而逃,遵海滨而处,终身䜣③然,乐而忘天下。"

【今译】

桃应问道:"舜做天子,皋陶当法官,如瞽瞍杀了人,那该怎么办?"

孟子说:"抓起来就是了。"

桃应说:"那舜不会阻止吗?"

孟子说:"舜怎么能阻止呢?皋陶(执法)是承受了职责的。"

桃应说:"那舜怎么办呢?"

孟子说:"舜把抛弃王位看作扔掉破鞋一样。偷偷地背着父亲逃走,沿着海边住下来,一辈子高兴,乐得把曾做过天子事都忘了。"

【注释】

①桃应:孟子弟子。 ②蹝:亦作屣,无跟鞋,一曰草鞋。 ③䜣:同"欣"。

【评析】

这是一个两难的话题。孟子认为,首先不能因父子之情而徇私枉法,但又不能因公法而废了父子私情,怎么办? 孟子设想的办法就是抛弃王位、带父出逃,逃到政令难达的海边隐居,享受天伦之乐。这实际是孟子对孔子"父为子隐,子为父隐,直在其中矣"(《论语·子路》)思想的发挥。

孟子"窃负而逃"的设想,对不太理解中国历史和儒家思想的现代人而言,恐怕很难接受。最近中国哲学界正在为这个问题打笔仗。缘起是北京师范大学哲学系刘清平在《哲学研究》2002年第2期发表了《美德还是腐败?——析〈孟子〉中有关舜的两个案例》一文,马上引起了武汉大学哲学系郭齐勇、复旦大学哲学系杨泽波、陕西师范大学哲学系丁为祥等的批评回应,刘清平又作了反批评。有兴趣的读者可上"孔子2000"网站查读他们的文章。

孟子自范①之齐,望见齐王之子,喟然叹曰:"居移气,养移体,大哉居乎! 夫非尽人之子与?"

孟子曰:"王子宫室、车马、衣服多与人同,而王子若彼者,其居使之然也;况居天下之广居②者乎? 鲁君之宋,呼于垤泽③之门,守者曰:'此非吾君也,何其声之似我君也?'此无他,居相似也。"

【今译】

孟子从范邑到齐都,远远望见了齐王的儿子,深有感触地叹道:"居处改变气度,奉养改变体质,居处的影响是多么大啊! 他不也是人的儿子吗?"

孟子说:"王子的住房、车马、衣服大多与别人相同,可王子却显得那样不同,这是因为他居处的环境造成的;何况住在天下最宽广居处(指仁)中的人呢? 鲁君到宋国去,在宋国垤泽城门下呼喊,守门人说:

'这不是我的君主,为什么他的声音像我的君主呢?'这没别的原因,只是居处环境相似罢了。"

【注释】
①范:地名,在今河南省范县东南。 ②广居:喻指仁。 ③垤泽:宋城门名。

【评析】
此章是讲环境对人的气质的影响作用。由此引申开去,孟子希望人们以"仁"这个天下最广大的居所来涵养自己的气质、心志。

孟子曰:"食而弗爱,豕交之也;爱而不敬,兽畜之也。恭敬者,币之未将①者也。恭敬而无实,君子不可虚拘②。"

【今译】
孟子说:"养活而不爱,那与养猪差不多;爱而不恭敬,那与豢养禽兽差不多。恭敬之心,是在礼物致送之前就具备了的。恭敬而没有实质,君子不可以为虚假的礼数所留住。"

【注释】
①币:礼物。将:送。 ②拘:留。

【评析】
此章是孟子感叹当时诸侯对贤者徒有恭敬的形式,如赠送礼物、待遇优厚等,而无恭敬的实质,即不愿采纳贤者的主张。所以,即使齐宣王对孟子很恭敬,他还是要离开齐国,不为虚假的礼数而留下来。

孟子曰:"形色,天性①也;惟圣人然后可以践②形。"

【今译】
孟子说:"人的形体容貌是天生的,只有圣人才能体现它们的天性。"

【注释】

①天性:先天的本性,这里是天生之意。　②践:践履、实践。

【评析】

此章的意思不好理解也不好翻译,历来注家也语焉不详,惟朱熹的解释稍可取,他说:"人之有形有色,无不各有自然之理,所谓天性也。践,如践言之践。盖众人有是形而不能尽其理,故无以践其形;惟圣人有是形而又能尽其理,然后可以践其形而无歉也。"(《集注》)朱熹的意思大致是:人的形体容貌是先天赋予的本性,但人之所以为人还有做人的道理在里面,即做人要像个人样,否则不是行尸走肉就是衣冠禽兽;一般人由于没能完全符合做人之理,所以无法完全"践其形",只有圣人能做到"有是形而又能尽其理",真正达到了"践形"。

齐宣王欲短丧。公孙丑曰:"为期①之丧,犹愈于已乎?"

孟子曰:"是犹或纾其兄之臂,子谓之姑徐徐云尔,亦教之孝悌而已矣。"

王子有其母死者,其傅为之请数月之丧。公孙丑曰:"若此者何如也?"

曰:"是欲终之而不可得也。虽加一日于已,谓夫莫之禁而弗为者也。"

【今译】

　　齐宣王想缩短服丧的时间。公孙丑说:"(父母死)服丧一年,还是比完全不服丧好些吧?"

　　孟子说:"这好比有人在扭他哥哥的胳膊,你对他说姑且慢慢地扭,(这又有什么用呢。)也只有教他孝父母敬兄长罢了。"

有个王子死了生母,他老师替他请求服丧几个月。公孙丑说:"像这样的事该怎么样呢?"

孟子说:"这是王子想服完三年丧而做不到。哪怕多服一天丧也比完全不服好,这是对那些没有谁禁止他服丧却不服的人而言的。"

【注释】

①期:一年。

【评析】

齐宣王与那个王子都没服完三年丧,但前者是没人限制而自己缩短服丧期,后者却因礼制所限不能服完丧,因此他老师代他请求延长几个月。这个王子为什么不能服完三年丧?文中没有交待。但根据古代的礼制,父亲还在就不能为母亲服三年丧(参见《仪礼·丧服》),有的甚至无服。另外也有可能这位王子的生母出身低微,礼制不允许身份显贵的王子为她服三年丧。总之,孟子的观点是批评齐宣王而肯定这位王子的做法。

孟子曰:"君子之所以教者五:有如时雨化之者,有成德者,有达财①者,有答问者,有私淑艾②者。此五者,君子之所以教也。"

【今译】

孟子说:"君子用以教育的方式有五种:有像及时雨那样化育万物的,有成全品德的,有培养才干的,有解答疑问的,有以自身品德学问影响那些不能登门受业的。这五种方式,便是君子用以教育的方式。"

【注释】

①财:同"材""才"。 ②艾:取、拾;私淑艾,与私淑基本同义。

【评析】

此章讲君子教人,方式很多,主要是根据不同情况而因材施教。

公孙丑曰:"道则高矣,美矣,宜若登天然,似不可及也。何不使彼为可几①及而日孳孳也?"

孟子曰:"大匠不为拙工改废绳墨,羿不为拙射变其彀率②。君子引而不发,跃如也;中道而立,能者从之。"

【今译】

公孙丑说:"道很崇高,很完美,可好像登天一样,似乎不可企及。为什么不使它变成可以接近而让人每日孜孜去努力呢?"

孟子说:"高明的工匠不会因笨拙的工人而改变或废弃规矩,羿不会因拙劣的射手而改变开弓的标准。君子(教人如教射)搭上箭、拉满弓却不发射,让箭在弦上跃跃欲出;他站在正确的道路中,有能力的就跟上来。"

【注释】

①几:近,将及。　②彀率:开弓的限度。

【评析】

此章与上一章是关联的。教育者固然应该因材施教,而受教育者也必须充分发挥自己的主观能动性,所以君子不会因为某个受教育者的才能、悟性低下而改变原则。

孟子曰:"天下有道,以道殉①身;天下无道,以身殉道。未闻以道殉乎人者也。"

【今译】

孟子说:"天下清明,以道与自身相从;天下黑暗,以自身与道相从。没听说过以道来迁就世人的。"

【注释】

①殉:赵岐注为"从也"。

【评析】

此章讲君子无论在什么情况下都与大道相始终,甚至以死相从而不离,决不能放弃原则来迁就世人。孟子这里的"人",隐含有公爵王侯的意思。

公都子曰:"滕更①之在门也,若在所礼而不答,何也?"

孟子曰:"挟贵而问,挟贤而问,挟长而问,挟有勋劳而问,挟故而问,皆所不答也。滕更有二焉。"

【今译】

公都子说:"滕更在您门下,似应在以礼相待的人之列,您却不回答他的询问,为什么呢?"

孟子说:"仗着权势来问,仗着才干来问,仗着年长来问,仗着有功来问,仗着有交情来问,都是我不予回答的。滕更占了其中的两条。"

【注释】

① 滕更:滕君之弟,当时在孟子处学习。

【评析】

滕君之弟滕更"挟贵""挟贤"而问,所以孟子不予回答,这说明学者学习要诚心诚意。

孟子曰:"于不可已①而已者,无所不已。于所厚者薄,无所不薄也。其进锐者,其退速。"

【今译】

孟子说:"对不可废弃的却废弃了,那就没什么不可废弃的了。对应当厚待的却薄待了,那就没什么不可薄待的了。进得快的,退得也快。"

【注释】

①已:赵岐注为"弃",朱熹注为"止",译文从赵注。

【评析】

此章既可对人,也可对事对物,关键还在于读者自己体悟其中所讲的哲理。

孟子曰:"君子之于物也,爱之而弗仁;于民也,仁之而弗亲。亲亲而仁民,仁民而爱物。"

【今译】

孟子说:"君子对万物,爱惜而不待以仁德;对百姓,待以仁德而不亲爱。君子亲爱亲人,推而以仁德待百姓;以仁德待百姓,推而爱惜万物。"

【评析】

此章讲由近及远,推己及人、及物的仁爱原则,这可说是儒家的一贯原则,而孟子对此原则的论述和发挥尤多。

孟子曰:"知者无不知也,当务之为急;仁者无不爱也,急亲贤之为务。尧舜之知而不遍物,急先务也;尧舜之仁不遍爱人,急亲贤也。不能三年之丧而缌、小功①之察,放饭、流歠而问无齿决②,是之谓不知务。"

【今译】

孟子说:"智者无所不知,但急于当前的要务;仁者无所不爱,但把急于亲近贤人为要务。尧舜的智慧虽高却不遍知一切事物,因为他们急于知道首要事务;尧舜的仁德虽大却不遍爱所有的人,因为他们急于亲近贤人。不能行三年的丧礼,却苛察缌麻、小功这样轻的丧礼;(与长辈同席,没有礼貌地)大口吃饭、喝汤,却讲究不用牙齿咬断干肉,这叫作不识大体。"

【注释】

①缌、小功:是古代五种丧服(斩衰、齐衰、大功、小功、缌麻)中等级最轻的两种,前者以细麻布为孝服,服期三个月;后者以稍粗熟的麻布为孝服,服期五个月。 ②放饭:赵岐注为"大饭"即大口吃饭;《礼记·曲礼》郑玄注"放饭"为把吃剩的饭放回饭器。流歠:大口喝汤。齿决:决,断。《礼记·曲礼》记,"濡肉齿决,干肉不齿决",即吃湿肉用牙齿咬断,吃干肉须用手折断送入口中而不能用牙齿去咬断。相对放饭、流歠举动的不礼貌,齿决干肉小多了。

【评析】

此章讲处理事务一定要有主次、缓急、先后的次序,否则就成了不识大体的人。

尽心下

【解题】

本篇下篇凡三十八章,内容比较庞杂,涉及的面亦相当广泛,但却不乏重要的章节,如关于"民贵君轻"思想的论述、关于"性""命"关系的分疏、关于"仁"之概念的界定、关于理想人格层次的划分、关于"养心"的方法问题、关于儒家"道统"的论述等。

孟子曰:"不仁哉梁惠王也!仁者以其所爱及其所不爱,不仁者以其所不爱及其所爱。"

公孙丑问曰:"何谓也?"

"梁惠王以土地之故,糜烂其民而战之,大败,将复之,恐不能胜,故驱其所爱子弟以殉之,是之谓以其所不爱及其所爱也。"

【今译】

孟子说:"梁惠王真是不仁啊!仁人把他所喜爱的推及他所不喜爱的,不仁的人把他所不喜爱的推及他所喜爱的。"

公孙丑问道:"此话怎么讲?"

答道:"梁惠王为了土地的缘故,不惜百姓的血肉之躯去打仗,大败之后,又想报复,担心不能取胜,所以驱使他所喜爱的子弟去献身,这便叫作把他所不喜爱的推及他所喜爱的。"

【评析】

此章是批评梁惠王穷兵黩武的不义行为。至于梁惠王好战、战败、谋求报复的具体情况,参看《梁惠王上》诸章。

孟子曰:"春秋无义战,彼善于此,则有之矣。征者,上伐下也,敌①国不相征也。"

【今译】

孟子说:"春秋时代没有正义的战争,那一方比这一方好点,则是有的。'征'的意思,是指在上者讨伐在下者,对等的国家是不能互相征伐的。"

【注释】

①敌:匹敌、对等。

【评析】

春秋时代,"礼崩乐坏",其表现就是周天子权力旁落,"礼乐征伐自诸侯出"。所以,无论孔子还是孟子,都认为春秋时代没有正义的战争。

孟子曰:"尽信《书》①,则不如无《书》。吾于《武成》②,取二三策③而已矣。仁人无敌于天下,以至仁伐至不仁,而何其血之流杵④也?"

【今译】

孟子说:"完全相信《书》,还不如没有《书》。我对于《武成》篇,不过取它两片竹简罢了。仁人无敌于天下,凭最仁的(周武王)讨伐最不仁的(商纣王),怎么会血流成河,连舂米的木棒都漂起来呢?"

【注释】

①《书》:《尚书》。　②《武成》:古《尚书》篇名,内容记周武王伐纣事,

约在秦汉之际已亡佚,今本《尚书·武成》学界公认为伪古文《尚书》。　③策:古代书写工具竹简,一片竹简称一策。　④血之流杵:杵,舂米的木棒,或作"卤",与"橹"通;伪古文《尚书·武成》篇说武王伐纣时"血流漂杵"。

【评析】

《尚书》是上古文献,儒家尊为经典。孟子认为,即使对经典,也不能盲目崇信。这与他治《诗》主张"不以文害辞,不以辞害志,以意逆志"(《万章上》)思想是一致的。"尽信《书》,则不如无《书》",后来成为学者强调治学要学会独立思考的名言。

孟子曰:"有人曰:'我善为陈①,我善为战',大罪也。国君好仁,天下无敌焉。南面而征北狄怨,东面而征西夷怨,曰:'奚为后我?'②武王之伐殷也,革车三百两③,虎贲④三千人。王曰:'无畏!宁尔也,非敌百姓也。'若崩厥角⑤稽首。征之为言正也,各欲正己也,焉用战?"

【今译】

　　孟子说:"有人说:'我善于布阵,我善于打仗',这是大罪恶。国君喜好仁,就天下无敌。(商汤)征讨南方,北方的狄族便埋怨,征伐东方,西方的夷族便埋怨,说:'为什么把我们放在后面?'周武王讨伐殷纣,兵车三百辆,勇士三千人。武王说:'别害怕!我是来安定你们的,不是来与百姓作对的。'百姓叩头的响声如山崩。'征'的意思是正,各人都能端正自己,又何必战争呢?"

【注释】

①陈:通"阵"。　②参见《梁惠王下》第十一章、《滕文公下》第五章。　③革车:兵车。两:同"辆"。　④虎贲:勇士。　⑤厥角:"叩头"的意思。

【评析】

此章亦是孟子阐发其"仁者无敌"的思想。

孟子曰:"梓匠轮舆能与人规矩,不能使人巧。"

【今译】

孟子说:"木工和制作车轮、车厢的人能把规矩法度传授给人,但却不能使人技艺精巧。"

【评析】

孟子的意思是,师傅只能带进门,修行如何还得靠自己。

孟子曰:"舜之饭糗茹草①也,若将终身焉。及其为天子也,被袗衣②,鼓琴,二女果③,若固有之。"

【今译】

孟子说:"舜啃干粮吃野菜时,好像一辈子这样下去了。等他做了天子,身着贵重衣服,弹着琴,尧的两个女儿侍候着,又好像本就拥有了的。"

【注释】

①饭:吃。糗:干粮。茹,吃。　②袗衣:有花纹的衣服,一说细葛布。③果:侍候。

【评析】

此章讲圣人无论处在困厄或优裕的环境都一样,即所谓"君子所性,虽大行不加焉,虽穷居不损焉,分定故也"(《尽心上》)。

孟子曰:"吾今而后知杀人亲之重也。杀人之父,人亦杀其父;杀人之兄,人亦杀其兄。然则非自杀之也? 一间①耳。"

【今译】

　　孟子说："我从今以后才知道杀害别人亲人的严重性：杀别人的父亲，别人也会杀他的父亲；杀别人的兄长，别人也会杀他的兄长。这样，虽不是自己杀了父兄，但相去也不远了。"

【注释】
①一间：间，隔；一间意为相距很近。

【评析】
孟子此言恐怕是针对某一特殊事件有感而发的议论，所以会说"吾今而后知"。从上下文的意思看，大概是与当时血亲复仇之风颇盛有关。

　　孟子曰："古之为关也，将以御暴；今之为关也，将以为暴。"

【今译】

　　孟子说："古时候设立关卡，是用来抵御强暴；现在设立关卡，却是用来实行强暴。"

【评析】
这是抨击当时各诸侯国设立关卡扰民。

　　孟子曰："身不行道，不行于妻子；使人不以道，不能行于妻子。"

【今译】

　　孟子说："自身行事不依正道，那对妻室、子女也推行不了；不按正道使唤别人，那连妻室、子女也使唤不动。"

【评析】

此章讲以身作则问题。所讲的对象应该是从政者,从政者如果不能以身作则,连自己的老婆、孩子也管不了,更谈不上要求别人了。

孟子曰:"周①于利者,凶年不能杀②;周于德者,邪世不能乱。"

【今译】

孟子说:"财物富足的人,荒年也不受窘困;道德富足的人,乱世也不会迷惑。"

【注释】

①周:足。 ②杀:窘乏。

【评析】

只有平时积蓄,用时才不匮乏;积财固然要紧,积德更为重要。

孟子曰:"好名之人,能让千乘之国。苟非其人,箪食、豆羹见于色。"

【今译】

孟子说:"喜好名声的人,能把有兵车千辆的国家让给人。假如不是这种人,哪怕让一筐饭、一碗汤,不高兴也会表露在脸上。"

【评析】

此章可有二解,主要是对"好名之人"作何解。赵岐注从正面解,认为是"好不朽之名者";朱熹从反面解,认为是"矫情干誉"者。如果按朱注,这种"矫情干誉"者为名可让"千乘之国",但在小事上却会斤斤计较,所以看人"不于其所勉,而于其所忽,然后可以见其所安之实也",意即有时可从一件小事上看出一个人的品格,而大事往往有做作的味道。朱解自然可通,但先秦儒家是十分重视名声的,所谓儒家"名教",本有"以名为教"之义,所以还是赵注稍好,焦循也同意赵注。

孟子曰:"不信仁贤则国空虚,无礼义则上下乱,无政事则财用不足。"

【今译】
　　孟子说:"不信任仁德贤能之人,国家就空虚;没有礼义,上下关系就混乱;没人施政办事,财用就不足。"

【评析】
此章讲治国的三点要务,赵岐认为"圣人以三者为急也",朱熹则认为"三者以仁贤为本"。

孟子曰:"不仁而得国者,有之矣;不仁而得天下者,未之有也。"

【今译】
　　孟子说:"不行仁德能得到一个国家,有这样的事;不行仁德能得到天下,从未有过这样的事。"

【评析】
不仁者或侥幸可得到一个诸侯国,但想得到整个天下却是不可能,因为不仁者不可能得到天下的民心。

孟子曰:"民为贵,社稷①次之,君为轻。是故得乎丘②民而为天子,得乎天子为诸侯,得乎诸侯为大夫。诸侯危社稷,则变置。牺牲既成,粢盛既洁,祭祀以时,然而旱干水溢,则变置社稷。"

【今译】

孟子说:"百姓最重要,其次是国家,国君为轻。所以,得到百姓信任可成为天子,得到天子信任可成为诸侯,得到诸侯信任可成为大夫。诸侯危及国家,那就改立他人。祭祀的牲口已合标准,祭品已清洁,祭祀按时进行,但仍然干旱水涝,那就改立土、谷之神。"

【注释】

①社:土地神。稷:谷神。社稷,古时作为国家的象征。 ②丘:众,一说小。

【评析】

这是《孟子》中最出名的章节之一,孟子的"重民"思想在此章中反映得最具体而明显,被认为是中国古代民本主义思想的结晶。"民贵君轻"成为千古传诵的名句,当然也是朱元璋之类专制暴君最痛恨的话。

孟子曰:"圣人,百世之师也,伯夷、柳下惠是也。故闻伯夷之风者,顽夫廉,懦夫有立志;闻柳下惠之风者,薄者敦,鄙夫宽。奋乎百世之上,百世之下闻者莫不兴起也,非圣人而能若是乎?而况于亲炙之者乎?"

【今译】

孟子说:"圣人能为百代所效法,伯夷、柳下惠就是如此。所以听到伯夷的风节,贪夫会变得廉洁,怯懦的人会有自立的意志;听到柳下惠的风节,刻薄者会变得厚道,心胸狭窄者会变得襟怀宽大。在百代之前奋发,百代之后听说的人没有不感奋振作的,不是圣人能这样吗?何况亲身受到熏陶的人呢?"

【评析】

此章讲圣人高风亮节的感召力和影响力,参见《万章下》首章。

孟子曰："仁也者，人也。合而言之，道也。"

【今译】
孟子说："'仁'的意思就是'人'，合起来讲就是'道'。"

【评析】
"仁"这个字很有意思，《说文解字》曰："仁，亲也，从人，从二。"从造字原则来看，"仁"既是形声，又是指事；形旁的"人"既是字义，又是字音。"二"是指事，指二个人。这说明，"仁"字的本义与"人"有关，是指人与人之间的关系；人与人能够发生关联，就必须二人以上，否则无法建立关系。这在先秦古籍中可得到证明，除了本章所说"仁也者，人也"之外，如《国语·周语下》中说"言仁必及人"，《中庸》中也说"仁者，人也"。而后来所谓的"仁德""仁爱"之义，都可认为是"仁"字的引申义。至于对本章的具体诠释，朱熹说得很好："仁者，人之所以为人之理也。然仁，理也；人，物也。以仁之理，合于人之身而言之，乃所谓道者也。"（《集注》）

孟子曰："孔子之去鲁，曰：'迟迟吾行也。'去父母国之道也。去齐，接淅而行，去他国之道也。"

【今译】
孟子说："孔子离开鲁国时，说：'我们慢慢走吧。'这是离开祖国的态度。离开齐国时，把已浸在水中的米捞起来就走，这是离开别国的态度。"

【评析】
此章所言已见于《万章下》首章。

孟子曰："君子之厄于陈、蔡之间①，无上下之交也。"

【今译】

孟子说："孔子在陈国、蔡国之间被围困，是没有与两国君臣交往的缘故。"

【注释】

①君子：指孔子。《论语·卫灵公》记孔子"在陈绝粮，从者病，莫能兴。"《史记·孔子世家》记：鲁哀公四年（公元前491年），孔子在陈、蔡两国之间时，楚国派人来聘孔子，陈、蔡的大夫不愿孔子为楚所用，派人围困孔子，一度粮食也断绝了。

【评析】

此章讲孔子在陈国、蔡国间之所以被围困，是因为孔子不与两国的君臣交往。言外之意是，孔子不是因其道而受困厄，而是因小人所为而受困厄。

貉稽①曰："稽大不理于口②。"

孟子曰："无伤也。士憎兹多口。《诗》云：'忧心悄悄，愠于群小'③，孔子也。'肆不殄厥愠，亦不殒厥问'④，文王也。"

【今译】

貉稽说："我被别人说得很坏。"

孟子说："这没关系。士人憎恶这种多嘴多舌。《诗经》中说：'烦恼沉沉压在心，小人当我眼中钉。'孔子的遭遇便如此。又说：'别人的怨恨虽未消，自己的名声并不损。'这是说周文王。"

【注释】

①貉稽：人名，赵岐注为"仕者"。　②理：通"顺""利"。"不理于口"即不顺于（或不利于）人口。　③《诗》：《诗经·邶风·柏舟》。　④诗

句引自《诗经·大雅·绵》。肆:发语词。殄:绝。问:名声。

【评析】

孟子认为,只要自己问心无愧,就不必在意别人的多嘴多舌。

孟子曰:"贤者以其昭昭,使人昭昭;今以其昏昏,使人昭昭。"

【今译】

孟子说:"贤明的人以自己的透彻明了,使别人透彻明了;如今(一些人)以自己的糊里糊涂,去使别人透彻明了。"

【评析】

这是孟子批评当时的许多统治者,自己还糊里糊涂,什么都不明白,却又要担负教化民众的责任。"以其昏昏,使人昭昭"后来成为一句著名成语,用来讽刺那些一知半解、不懂装懂而又想教导别人的人。

孟子谓高子①曰:"山径之蹊②间,介然③用之而成路;为间④不用,则茅塞之矣。今茅塞子之心矣。"

【今译】

孟子对高子说:"山坡上的小路很窄,人们一直走的话就成了路;只要一段时间不走,就会被茅草堵塞。现在茅草堵塞了你的心。"

【注释】

①高子:参见《告子下》第三章注。 ②山径:小路,一说山坡。蹊:始行以待后行之径,一说人行处。 ③介然:坚持、专一。 ④为间:为时不久。

【评析】

山间小径何以能成为路?路又何以能不为茅草堵塞?原因在于

有人不间断地在上面行走。一个人求道也是如此,如果不能坚持、不能专一,人的心路也会被堵塞。

高子曰:"禹之声尚文王之声①。"

孟子曰:"何以言之?"

曰:"以追蠡②。"

曰:"是奚足哉?城内之轨,两马之力与?"

【今译】

高子说:"禹的音乐超过文王的音乐。"

孟子说:"为什么这样讲?"

高子答道:"因为(禹传下来的)钟钮都快断了。"

孟子说:"这怎么足以说明呢?城门内的车辙那样深,难道是一辆马车的力量所造成的吗?"

【注释】

①声:音乐。尚:上,胜过。　②追:钟钮,编钟悬挂处。蠡:要断的样子。

【评析】

高子以钟钮将断作为判断不同时代音乐的优劣,显然是有问题的。孟子以城门内的车辙来比喻时间作用,说明禹的钟钮将断也是时间久远的问题。

齐饥,陈臻曰:"国人皆以夫子将复为发棠①,殆不可复。"

孟子曰:"是为冯妇②也。晋人有冯妇者,善搏虎,卒为善士。则之野,有众逐虎。虎负嵎,莫之敢撄。望见冯妇,趋而迎之。冯妇攘臂下车,众皆悦之,其为士者笑之。"

【今译】

　　齐国饥荒,陈臻说:"国人都以为老师将再次请求齐王打开棠地的粮仓赈灾,大概不便再请求了吧。"

　　孟子说:"再这样就成了冯妇了。晋国有个叫冯妇的人,善于打老虎,后来成了善士(不再打虎了)。有次他去野外,有许多人正在追赶老虎。老虎背靠着山角,没有人敢去碰它。大家望见冯妇,便跑上去迎接。冯妇捋袖伸臂走下车来,大家都很高兴,可作为士的那些人却讥笑他。"

【注释】

①发:发放仓库存粮赈灾。棠:齐地名,在今山东即墨附近。孟子曾劝齐王发放棠邑的仓粮救灾。　②冯妇:人名。

【评析】

　　此章在《孟子》中也颇为有名,原因是有"再为冯妇"这个典故。一般认为这时孟子确定齐王不能用他,准备去齐时讲的话。孟子认为,既然不能用,就应该"知止",否则就成了冯妇了。

　　本章中"卒为善士则之野有众逐虎"句,是历史上有名的难断句例,本书所依是传统的断法,但自宋代后还有一种断法:"卒为善,士则之。野有众逐虎。"亦可通。对文言断句有兴趣的读者,可参看杨树达《古书句读释例》中有关条目。

　　孟子曰:"口之于味也,目之于色也,耳之于声也,鼻之于臭①也,四肢之于安佚也,性也。有命焉,君子不谓性也。仁之于父子也,义之于君臣也,礼之于宾主也,知之于贤者也,圣人之于天道也,命也。有性焉,君子不谓命也。"

【今译】

　　孟子说:"口对于美味,眼对于美色,耳对于美妙声音,鼻对于芳香气味,四肢对于安逸舒适,都是天性,但能否得到却由命运决定,所以君子不认为它们是天性的必然(因而不去强求)。仁对于父子,义对于君臣,礼对于宾主,智对于贤者,圣人对于天道,都是命运,但能否实现却是天性的必然,所以君子不认为它们是由命运决定的(因而努力求其实现)。"

【注释】
①臭:同"嗅",气味。"味""色""声""嗅",原都是不含美恶的中性词,但用在此处有美的意思,说见杨伯峻《孟子译注》。

【评析】
此章是准确理解孟子人性理论极为重要的一章,读者须仔细玩味。

"性"这个字,从"心"、从"生",说明它与"生"有密切关系。告子曾说过"生之谓性"(见《告子上》),孟子对此做了批判,由此引出一个误解,认为孟子否认这个命题。实际上孟子并未否认"生之谓性",此章就是证明。另外,孟子说"形色,天性也"(《心性上》),也是证明。从本章我们可知,孟子讲的"性"实际有两种:一种是味、色、声、臭、安佚之类的,一种是仁、义、礼、智、圣人之类的。前者属于人的本能的、动物的"性",后者属于人之所以为人的、道德的"性"。这两种"性"都是天生的,所以都与"命"有关系,即两者都兼有"性"与"命"的性质。而孟子讲人性本善,讲的只是其中的后者。换言之,孟子认为,人之所以为人的"性"只在于他的道德的"性"。

至于本章的具体含义则不难理解,即人的本能和道德都兼有天性和命运成分,一般人得不到前者就拼命追求;对后者,如不具备就听之任之。所以,孟子突出强调了前者的命运成分和后者的天性成分,以教导人们对前者不必强求,对后者则须力行。因为前者是"求之有道,得之有命",后者却是"求则得之,舍则失之"(参见《尽心上》第三章)。

浩生不害①问曰:"乐正子何人也?"

孟子曰:"善人也,信人也。"

"何谓善?何谓信?"

曰:"可欲之谓善,有诸己之谓信,充实之谓美,充实而有光辉之谓大,大而化之之谓圣,圣而不可知之之谓神。乐正子,二之中、四之下也。"

【今译】

　　浩生不害问道:"乐正子是怎样的人?"

　　孟子说:"是个善人,是个信人。"

　　浩生不害说:"什么叫善?什么叫信?"

　　孟子说:"值得喜欢叫作'善';善确实存于自身叫作'信';使善和信充实叫作'美';充实而能发扬出来叫作'大';发扬光大而能化育天下叫作'圣';圣达到妙不可测之境叫作'神'。乐正子处在前二者中间、后四者下面。"

【注释】

①浩生不害:复姓浩生,名不害,齐国人。

【评析】

在此章中,孟子借对弟子乐正子的评价,阐述了他关于人格层次划分的思想,而"圣"和"神"则属于最高层次的、理想的人格。

　　孟子曰:"逃墨必归于杨,逃杨必归于儒。归,斯受之而已矣。今之与杨、墨辩者,如追放豚,既入其苙①,又从而招②之。"

【今译】

　　孟子说:"脱离墨家必定归向杨朱一派,脱离杨朱一派必定归向儒家。回来,接受他们就是了。现在与杨、墨两家辩论的人,就像追逐走失的猪一样,已经赶回猪圈了,还要缚住它的脚。"

【注释】
①苙:圈养牲畜的栏。　②招:羁绊其足。

【评析】
孟子对杨、墨之徒批判的严厉是众所周知的,但对脱离杨、墨学派之人却采取既往不咎的态度。此章就是针对当时儒家中有人对已脱离杨、墨学派之人仍抓住不放的批评。

孟子曰:"有布缕之征,粟米之征,力役之征。君子用其一,缓其二。用其二而民有殍,用其三而父子离。"

【今译】
　　孟子说:"赋税有征收布帛的,有征收粮食的,有征发人力的。君子采用其中的一种,其他两种就暂时不用。同时用两种,百姓就会有饿死的;同时用三种,那父子骨肉就要离散了。"

【评析】
孟子强调"保民而王",如国家赋税无度,百姓就活不下去了,国家也因此会分崩离析。

孟子曰:"诸侯之宝三:土地,人民,政事。宝珠玉者,殃必及身。"

【今译】
　　孟子说:"诸侯的珍宝有三件:土地,百姓,政务。以珍珠美玉为宝的人,灾祸必定会降到他身上。"

【评析】

这是孟子对当时统治者的规劝——应该宝贵的绝不是金银珠宝。

盆成括①仕于齐,孟子曰:"死矣盆成括!"

盆成括见杀,门人问曰:"夫子何以知其将见杀?"

曰:"其为人也小有才,未闻君子之大道也,则足以杀其躯而已矣。"

【今译】

盆成括在齐国做官,孟子说:"盆成括要死了!"

盆成括被杀,学生问道:"老师怎么知道他会被杀?"

孟子说:"此人有点小聪明,但不懂君子的大道,这就足以招致杀身之祸了。"

【注释】

①盆成括:人名,曾问学于孟子,"问道未达而去"。

【评析】

小聪明往往会误事误人,只有大道才是立身之本。

孟子之滕,馆于上宫①。有业屦②于牖上,馆人求之弗得。或问之曰:"若是乎从者之廋③也?"

曰:"子以是为窃屦来与?"

曰:"殆非也。"

"夫子④之设科也,往者不追,来者不拒。苟以是心至,斯受之而已矣。"

【今译】

孟子到滕国,住在上宫。有双没织完的草鞋放在窗台上,馆人找不到了。有人便问孟子说:"这是不是随从您的人藏起来了呢?"

　　孟子说:"你以为他们是为偷草鞋而来的吗?"

　　那人说:"恐怕不是的。"

　　孟子说:"我开设课程,(对学生的态度是)离去的不追赶,前来的不拒绝。只要他们抱着向学之心而来,就接受他们而已。"

【注释】

①上宫:赵岐注为"楼",朱熹注为"别宫",焦循认为是上等馆舍。②业屦:没织完的草鞋。　③廋:藏匿。　④夫子:赵岐本作"夫予",阮元《十三经校勘记》录宋本、岳本、廖本、孔本、韩本均如此,则"夫"为发语词,"予"为孟子自称。朱熹认为"夫子如字",阮元《十三经校勘记》录闽本、监本、毛本均如此,则"夫子"为馆人对孟子的尊称,以下为馆人言,亦可通。从《孟子》全书的行文和语气看,赵岐本似略胜,译文从之。

【评析】

此章讲孟子对学生的态度,孟子所重视的是学生本人的主观选择。

　　孟子曰:"人皆有所不忍,达之于其所忍,仁也;人皆有所不为,达之于其所为,义也。人能充无欲害人之心,而仁不可胜用也;人能充无穿逾①之心,而义不可胜用也;人能充无受尔、汝②之实,无所往而不为义也。士未可以言而言,是以言餂③之也。可以言而不言,是以不言餂之也,是皆穿逾之类也。"

【今译】

　　孟子说:"人都有他所不忍心之处,将它推及他所忍心之处,便是仁;人都有他所不愿做的事,将它推及他所愿做的事上,便是义。人能够扩充不愿害人的心,仁就用不尽了;人能够扩充不挖洞跳墙的心,义就用不尽了;人能够扩充不受人轻贱的言行,那不管到哪里都不会不合于义。士人不可以言谈却与之言谈,这是用言语诱惑他以便自己取利;可以言谈却不与之言谈,这是用沉默诱惑他以便自己取利,这都属于挖洞跳墙一类的行为。"

【注释】
①穿逾:挖洞跳墙,喻盗窃。　②尔、汝:本是尊长对卑幼用的代词,这里表示轻贱之称。　③铦:挑取东西。

【评析】
孟子认为仁、义、礼、智"四端"是人与生俱来的"良心""本心",是不虑而知、不学而能的"良知""良能",只要把它们扩充、推广,就可以成为一个真正的人。

孟子曰:"言近而指远者,善言也;守约而施①博者,善道也。君子之言也,不下带②而道存焉;君子之守,修其身而天下平。人病舍其田而芸③人之田,所求于人者重,而所以自任者轻。"

【今译】
孟子说:"言语浅近而含意深远,这是善言;操守简要而恩惠广博,这是善道。君子的言谈,内容平常而道理却在其中;君子的操守,修饬自身而使天下太平。有些人的毛病在于放着自己的田不耘,却去耘别人的田;要求别人的很重,自己负担的却很轻。"

【注释】
①施:恩惠。　②带:束腰的衣带。不下带:赵岐注"正心守仁,皆在胸臆,吐口而言之,四体不与焉",即心在衣带上面之意;朱熹注"古人视不下于带,则带之上乃目前常见至近之处也,举目之近事而至理存焉",即常见之意。译文从朱注。　③芸:通"耘"。

【评析】

此章是讲,道理往往在平常的言语中,操守应该从自身做起,想要求别人就先要求自己。

孟子曰:"尧、舜,性者也;汤、武,反之也。动容周旋中礼者,盛德之至也。哭死而哀,非为生者也。经德不回①,非以干禄也。言语必信,非以正行②也。君子行法以俟命而已矣。"

【今译】

孟子说:"尧、舜(的行事)是天性;商汤、周武王(的行事)是返回天性。举动、容貌都合于礼,是美德中的极点。哭死者而悲哀,不是做给生者看的。按道德行事而不违背,不是为了谋求官位。说话必守信用,不是为了博取行为端正的名声。君子依法度行事,(结果如何)就等待命运安排罢了。"

【注释】

①经德不回:经,行;回,违。 ②非以正行:不是以正行为名。

【评析】

此章告诫人们行事不要以功利为目的。尧舜行事是出于天性;汤武稍差一点,是经过修养而回复到天性。他们都是圣人。对君子而言,行事不要存"为了什么"的念头,只要依法度就可以了,结果则由天命安排。

孟子曰:"说大人则藐之,勿视其巍巍然。堂高①数仞,榱题②数尺,我得志,弗为也。食前方丈,侍妾数百人,我得志,弗为也。般③乐饮酒,驱骋田猎,后车千乘,我得志,弗为也。在彼者,皆我所不为也;在我者,皆古之制也,吾何畏彼哉?"

【今译】

孟子说:"去游说显贵就要藐视他,不要把他高高在上的样子放在眼里。殿堂台阶数丈高,屋檐几尺宽,我得志,不这样做。面前食物摆满一丈见方的地方,侍候的姬妾几百人,我得志,不这样做。饮酒作乐,跑马打猎,随从的车子上千辆,我得志,不这样做。凡他所做的,都是我所不做的;凡我所做的,都合乎古代制度,我为什么怕他呢?"

【注释】

①堂高:堂阶,即堂基。　②榱题:本指房椽子,这里指屋檐。
③般:大。

【评析】

孟子此章讲对显贵人物游说的方法,颇有点心理学的味道,正如赵岐所说:"心当有以轻藐之,勿敢视之魏魏富贵若此而不畏之,则心舒意展,言语得尽。"这是一种心理上的调节,使自己进言时能状态良好,该说的就说。老实讲,孟子的这种态度,在孔子那里是见不到的。孔子讲"君子有三畏",而"畏大人"就是其中之一(参见《论语·季氏》)。所以后儒有谓:"孟子此章,以己之长,方人之短,犹有此等气象,在孔子则无此矣。"(朱熹《集注》引杨氏语)

如换个视角看,那此章也是孟子"富贵不能淫,贫贱不能移,威武不能屈"的"大丈夫"精神的另一种表述。

孟子曰:"养心莫善于寡欲。其为人也寡欲,虽有不存①焉者,寡矣;其为人也多欲,虽有存焉者,寡矣。"

【今译】

孟子说:"养心的方法没有比减少欲望更好了。他的为人,减少了欲望,虽也会失去善性,但失去不多;他的为人,增多了欲望,虽也会保存善性，但保存很少。"

【注释】

①存：是"存其本心"之意，下一个"存"亦然，说见杨伯峻《孟子译注》。

【评析】

孟子认为，减少了"味""色""声""臭""安佚"这类欲望，就减少了影响人丧失其"本心"的外在因素，这对修身养性是大有益处的。此说当然有一定的道理，但也容易引出误解，尤其是容易被统治者利用来压制老百姓的正常的物质欲望。理学占统治地位的明清时代就是如此，"寡欲""灭人欲"成了统治者的口头禅，连皇帝的居所也名之曰"养心殿"，但他们却从来也没有"寡欲"过。

曾皙嗜羊枣①，而曾子不忍食羊枣。公孙丑问曰："脍炙②与羊枣孰美？"

孟子曰："脍炙哉！"

公孙丑曰："然则曾子何为食脍炙而不食羊枣？"

曰："脍炙所同也，羊枣所独也。讳③名不讳姓，姓所同也，名所独也。"

【今译】

曾皙喜欢吃羊枣，曾子因而不忍吃羊枣。公孙丑问道："小烤肉与羊枣哪一种好吃？"

孟子说："当然是小烤肉嘛！"

公孙丑说："那曾子为什么吃小烤肉而不吃羊枣呢？"

孟子说："小烤肉是大家都爱吃的，羊枣却是个别人爱吃的。（这如同）避尊长的名讳而不避讳姓，因为姓是大家共同的，而名却是个人独有的。"

【注释】

①羊枣:一说是小柿子。 ②脍:细切肉。炙:烤肉。但脍炙是与羊枣对称的,究为何物已不可知,姑译为小烤肉。 ③讳:避讳,不直呼、写尊长之名。

【评析】

从表面上看,曾子吃的是一般认为的好东西。孟子解释了其中的缘由,是因为曾子不忍心吃父亲爱吃的东西,这就体现了他孝父之心。

万章问曰:"孔子在陈曰:'盍归乎来!吾党之士狂简,进取,不忘其初。'①孔子在陈,何思鲁之狂士?"

孟子曰:"孔子'不得中道而与之,必也狂狷乎!狂者进取,狷者有所不为也。'②孔子岂不欲中道哉?不可必得,故思其次也。"

"敢问何如斯可谓狂矣?"

曰:"如琴张、曾晳、牧皮者③,孔子之所谓狂矣。"

"何以谓之狂也?"

曰:"其志嘐嘐④然,曰:'古之人,古之人。'夷⑤考其行而不掩焉者也。狂者又不可得,欲得不屑不洁之士而与之,是狷也,是又其次也。孔子曰:'过我门而不入我室,我不憾焉者,其惟乡原⑥乎!乡原,德之贼也。'"

曰:"何如斯可谓乡原矣?"

曰:"'何以是嘐嘐也?言不顾行,行不顾言,则曰,古之人,古之人。行何为踽踽凉凉?生斯世也,为斯世也,善斯可矣。'⑦阉然媚于世也者,是乡原也。"

万子曰:"一乡皆称原人焉,无所往而不为原人,孔子以为德之贼,何哉?"

曰:"非之无举也,刺之无刺也,同乎流俗,合乎污世,居之似忠信,行之似廉洁,众皆悦之,自以为是,而不可与入尧舜之道,故曰'德之贼'也。孔子曰,恶似而非者:恶莠,恐其乱苗也;恶佞,恐其乱义也;恶利口,恐其乱信也;恶郑声⑧,恐其乱乐也;恶紫,恐其乱朱也⑨;恶乡原,恐其乱德也。君子反经⑩而已矣。经正,则庶民兴;庶民兴,斯无邪慝矣。"

【今译】

万章问道:"孔子在陈国时说:'何不回去呢!我乡里的学生狂放志大而疏略,进取而不改旧貌。'孔子在陈国,为什么思念鲁国的狂放者呢?"

孟子说:"孔子说过:'得不到不偏不倚之士而与之相交,那必定是与狂放者和狷介者相交了!狂放者有进取心,狷介者有所不为。'孔子难道不想得到不偏不倚之士吗?不能一定得到,所以只好想次一等的了。"

万章说:"请问怎样的人才能叫作狂放呢?"

孟子说:"如琴张、曾皙、牧皮这类人,就是孔子所称的狂放之士。"

万章说:"为什么说他们狂放呢?"

孟子说:"他们志向大口气也大,嘴里常说:'古代人、古代人。'但考察他们的行为却不能和言语吻合。狂放者再不能得到,便想找到洁身自好的人而与之相交,那就是狷介者,这又次了一等。孔子说:'经过我的门却不进我的屋,而我并不感到遗憾的,那只有好好先生吧!好好先生,是道德的损害者。'"

万章说:"怎么样的人才能叫作好好先生呢?"

孟子说:"(好好先生讥讽狂放者说,)'干嘛要这样志大口气大呢?说的不顾及做的,做的不顾及说的,只会叫嚷古代人、古代人。(又讥讽狷介者说,)干嘛要这样孤单冷落呢?生在这个世道,就迎合这个世道吧,过得去就可以了。'低贱地献媚于世人,那就是好好先生。"

万章说:"全乡的人都称赞他是好人,他无论到哪里都表现为好人,孔子却认为他是道德的损害者,为什么呢?"

孟子说:"(这种人)指责他却举不出过错,责骂他却找不到理由,他与世俗同流合污,为人似乎忠厚老实,行为似乎方正廉洁,大家都喜欢他,他也自以为不错,但就是不能与这种人深入尧舜之道,所以说是'道德的损害者'。孔子说,厌恶那些外表相似实际全非的东西:厌恶莠草,是怕它搞乱了禾苗;厌恶歪才,是怕它搞乱了道义;厌恶伶牙俐齿,是怕它搞乱了诚信;厌恶郑国的乐曲,是怕它搞乱了雅乐;厌恶紫色,是怕它搞乱了红色;厌恶好好先生,是怕他们搞乱了道德。君子只是(使一切)回到不变的常道上来罢了。常道不被歪曲,百姓们便积极奋发;百姓们积极奋发,就没有邪恶了。"

【注释】

①此段话见《论语·公冶长》,字句略有不同。党:乡里。 ②此亦为孔子语,参见《论语·子路》。狷:一作獧,狷介,即性情正直,不愿同流合污者。 ③琴张:一般以为是孔子弟子子张,但有疑问。牧皮:不可考。 ④嘐嘐:赵岐注为"志大言大者也"。 ⑤夷:此字不可解,有以为是发语词。 ⑥乡原:《论语·阳货》作"乡愿",不讲是非原则、与世俗同流合污的"好好先生",详下文。 ⑦此段话旧注以为是乡原讽刺狂者狷者,俞樾《古书疑义举例》以为简策有错乱,今仍从旧。踽踽:独行不进的样子。凉凉:薄,不被人亲厚。 ⑧郑声:郑地区的乐歌,孔子认为"郑声淫"(《论语·卫灵公》),会"乱雅乐"(《论语·阳货》)。 ⑨朱:大红色,古人认为是"正色"即纯色,而紫属于"间色"即杂色。孔子说过,"恶紫之夺朱也"(《论语·阳货》)。 ⑩反经:反,返。经:常,万世不变的常道。

【评析】

此章颇长,主要内容是讲要依据"中道"行事,反对不讲原则、似是而非。其主要矛头所指就是那些八面玲珑、到处讨好、圆滑媚俗、没有骨气、没有原则、和稀泥、捣糨糊的所谓"好好先生"。一个要追求理想人格的人,就必须摒弃"乡原"的心态和情结。

孟子曰:"由尧、舜至于汤五百有余岁,若禹、皋陶则见而知之,若汤则闻而知之。由汤至于文王五百有余岁,若伊尹、莱朱①则见而知之,若文王则闻而知之。由文王至于孔子五百有余岁,若太公望、散宜生②则见而知之,若孔子则闻而知之。由孔子而来至于今百有余岁,去圣人之世若此其未远也,近圣人之居若此其甚也,然而无有乎尔,则亦无有乎尔。"

【今译】

孟子说:"从尧、舜到商汤经历了五百多年,像禹、皋陶等人是亲自看见而知道的;像商汤则是听说而知道的。从商汤到文王经历了五百多年,像伊尹、莱朱等人是亲自看见而知道的;像文王则是听说而知道的。从文王到孔子经历了五百多年,像太公望、散宜生等人是亲自看见而知道的,像孔子则是听说而知道的。从孔子以来到今天经历了一百多年,离开圣人的时代是如此的不远,距离圣人的故乡如此接近,可是没有继承的人,也竟然没有继承的人了。"

【注释】

①莱朱:一名仲虺,汤贤臣,任左相。　②散宜生:周文王贤臣,后辅佐周武王灭商。

【评析】

孟子坚信"五百年必有王者兴,其间必有名世者"(《公孙丑下》),所以在此章中他叙述了历史上那些具有里程碑性质的"王者"和"名世者"。最后隐含着他对"道"之传统可能中断的忧患,同时也隐然地表示了他就是这一传统的继承者。《孟子》一书的编者把此章作为全书之结,具有深意。唐宋之间儒学复兴,韩愈提出了儒家的"道统"论,主要就是受了此章的启发。

主要参考书目

1. 《孟子章句》　　　　　［东汉］赵岐　　　　《四部丛刊》初次本
2. 《四书集注》　　　　　［南宋］朱熹　　　　中华书局1983年版
3. 《孟子集注大全》　　　［明］胡广 等编　　　德馨堂《四书大全》本
4. 《孟子节文》　　　　　［明刻本］　　　　　书目文献出版社1991年版
5. 《孟子正义》　　　　　［清］焦循　　　　　中华书局1987年版
6. 《十三经注疏》　　　　　　　　　　　　　　中华书局1979年版
7. 《白文十三经》　　　　［现代］黄侃 手批
　　　　　　　　　　　　　　　　　　　　　　上海古籍出版社1983年版
8. 《孟子译注》　　　　　［现代］杨伯峻　　　中华书局1960年版
9. 《孟子今译》　　　　　［现代］刘方元　　　江西人民出版社1985年版
10. 《孟子译注》　　　　　［现代］金良年　　　上海古籍出版社1995年版
11. 《孟子评点》　　　　　［北宋］苏洵　　　　《全刻周秦经书十种》本
12. 《孟子解》　　　　　　［北宋］苏辙　　　　《四库全书》本
13. 《尊孟辨》　　　　　　［南宋］余允文　　　《丛书集成》初编本
14. 《孟子传》　　　　　　［南宋］张九成　　　《四库全书》本
15. 《孟子精义》　　　　　［南宋］朱熹
　　　　　　　　　　　　　　　　　　　　　　《西京清麓丛书正编》本《朱子遗书》
16. 《孟子或问》　　　　　［南宋］朱熹
　　　　　　　　　　　　　　　　　　　　　　《西京清麓丛书正编》本《朱子遗书》
17. 《南轩先生孟子说》　　［南宋］张栻　　　　《通志堂经解》本
18. 《孟子年谱》　　　　　［元］程复心　　　　商务印书馆1929年版

19.《孟子杂记》	[明]陈士元	《四库全书》本
20.《孟子师说》	[清]黄宗羲	《四库全书》本
21.《读四书大全说》	[清]王夫之	中华书局 1975 年版
22.《读孟子札记》	[清]李光地	《榕村全书》本
23.《孟子字义疏证》	[清]戴震	中华书局 1982 年版
24.《孟子四考》	[清]周广业	《皇清经解》第一册 上海书店 1988 年版
25.《孟子微》	[近代]康有为	中华书局 1987 年版
26.《孟子学案》	[现代]郎擎霄	商务印书馆 1928 年版
27.《孟子评传》	[现代]罗根泽	商务印书馆 1932 年版
28.《孟子名理思想及其辩说实况》	[现代]陈大齐	台湾商务印书馆 1968 年版
29.《孟子探微》	[现代]林汉仕	台湾文史哲出版社 1978 年版
30.《孟子思想研究论集》	[现代]吴康 等	台湾黎明文化事业公司 1982 年版
31.《孟子研究论文集》	[现代]王兴业 编	山东大学出版社 1984 年版
32.《孟子思想研究》	[现代]谢祥皓 编	山东大学出版社 1986 年版
33.《孟子评传》	[现代]吕涛	山西人民出版社 1987 年版
34.《孟学思想史论》(卷一)	[现代]黄俊杰	台湾东大图书公司 1990 年版
35.《〈论语〉〈孟子〉研究》	[现代]谭承耕	湖南教育出版社 1990 年版
36.《孟子旁通》	[现代]南怀瑾	复旦大学出版社 1996 年版
37.《孟子思想评析与探源》	[现代]翟廷晋	上海社会科学出版社 1992 年版

38.《孟子三辨之学的历史　　［现代］袁保新
　　省察与现代诠释》　　　　　　　　　　　台湾文津出版社 1992 年版
39.《孟子传》　　　　　　［现代］曹尧德　花山文艺出版社 1992 年版
40.《孟子》　　　　　　　［现代］黄俊杰　台湾东大图书公司 1993 年版
41.《孟子评传》　　　　　［现代］杨国荣　广西教育出版社 1994 年版
42.《孟子性善论研究》　　［现代］杨泽波
　　　　　　　　　　　　　　　　　　　　中国社会科学出版社 1995 年版
43.《孟子思想的哲学探讨》［现代］李明辉
　　　　　　　　　　　　台湾"中研院"中国文哲所筹备处 1995 年版
44.《孟子思想的历史发展》［现代］黄俊杰
　　　　　　　　　　　　台湾"中研院"中国文哲所筹备处 1995 年版
45.《孟子思想史论》(卷二)［现代］黄俊杰
　　　　　　　　　　　　台湾"中研院"中国文哲所筹备处 1997 年版
46.《孟子十日谈》　　　　［现代］关桐
　　　　　　　　　　　　　　　　　　　　安徽文艺出版社 1997 年版
47.《孟子评传》　　　　　［现代］杨泽波　南京大学出版社 1998 年版
48.《孟子与中国文化》　　［现代］杨泽波　贵州人民出版社 2000 年版
49.《先秦诸子系年考辨》　［现代］钱穆　　商务印书馆 1935 年版
50.《国语》　　　　　　　　　　　　　　　上海古籍出版社 1988 年版
51.《战国策》　　　　　　［西汉］刘向 集录上海古籍出版社 1985 年版
52.《战国史》　　　　　　［现代］杨宽　　上海人民出版社 1980 年版
53.《史记》　　　　　　　［西汉］司马迁　中华书局 1959 年版
54.《荀子集解》　　　　　［清］王先谦　　中华书局 1988 年版
55.《论衡》　　　　　　　［东汉］王充　　上海人民出版社 1974 年版
56.《韩昌黎集》　　　　　［唐］韩愈　　　世界书局 1935 年版
57.《孙明复小集》　　　　［南宋］孙复　　《四库全书》本
58.《李觏集》　　　　　　［北宋］李觏　　中华书局 1982 年版
59.《二程集》　　　　　　［北宋］程颢、程颐　中华书局 1981 年版
60.《张载集》　　　　　　［北宋］张载　　中华书局 1978 年版

61.《王文公文集》　　　　［北宋］王安石
　　　　　　　　　　　　　　　　　　上海人民出版社 1974 年版
62.《司马文正集》　　　　［北宋］司马光　　　　《四部备要》本
63.《朱子语类》　　　　　［南宋］朱熹　　　中华书局 1983 年版
64.《陆九渊集》　　　　　［南宋］陆九渊　　中华书局 1980 年版
65.《习学记言序目》　　　［南宋］叶适　　　中华书局 1977 年版
66.《王阳明全集》　　　　［明］王守仁　　上海古籍出版社 1992 年版
67.《中国思想通史》　　　［现代］侯外庐等　　人民出版社 1959 年版
68.《中国古代思想史论》　［现代］李泽厚
　　　　　　　　　　　　　　　　　　　　　人民出版社 1986 年版
69.《古代宗教与伦理　　　［现代］陈来　　　三联书店 1996 年版
　　——儒家思想的根源》
70.《思想的转型　　　　　［现代］徐洪兴
　　——理学发生过程研究》　　　　上海人民出版社 1996 年版
71.《中国哲学史新编》　　［现代］冯友兰
　　　　　　　　　　　　　　　　　　　　　人民出版社 1998 年版
72.《中华文化通志·经学志》［现代］许道勋　徐洪兴
　　　　　　　　　　　　　　　　　　上海人民出版社 1998 年版

图书在版编目(CIP)数据

孟子直解/徐洪兴撰. —上海：复旦大学出版社,2024.6
(中华经典直解)
ISBN 978-7-309-17232-4

Ⅰ.①孟…　Ⅱ.①徐…　Ⅲ.①《孟子》-注释②《孟子》-译文　Ⅳ.①B222.5

中国国家版本馆 CIP 数据核字(2024)第 023458 号

孟子直解
徐洪兴　撰
责任编辑/方尚芩

复旦大学出版社有限公司出版发行
上海市国权路 579 号　邮编：200433
网址：fupnet@fudanpress.com　http://www.fudanpress.com
门市零售：86-21-65102580　团体订购：86-21-65104505
出版部电话：86-21-65642845
上海盛通时代印刷有限公司

开本 890 毫米×1240 毫米　1/32　印张 11.375　字数 296 千字
2024 年 6 月第 1 版
2024 年 6 月第 1 版第 1 次印刷

ISBN 978-7-309-17232-4/B·801
定价：45.00 元

如有印装质量问题，请向复旦大学出版社有限公司出版部调换。
版权所有　　侵权必究